天津随谈

张春生 / 著

津门故里

天津出版传媒集团

百花文艺出版社

图书在版编目（CIP）数据

天津随谈 / 张春生著. -- 天津：百花文艺出版社，
2023.8
ISBN 978-7-5306-8198-5

Ⅰ.①天… Ⅱ.①张… Ⅲ.①随笔-作品集-中国-
当代 Ⅳ.①I267.1

中国版本图书馆 CIP 数据核字(2022)第 034022 号

天津随谈
TIANJIN SUITAN
张春生　著

出 版 人：薛印胜　　　　封面题字：汪惠仁
责任编辑：胡晓童　　　　美术编辑：张振洪
封面设计：润山设计　　　剪纸作品：尚　君
出版发行：百花文艺出版社
地址：天津市和平区西康路 35 号　邮编：300051
电话传真：+86-22-23332651（发行部）
　　　　　+86-22-23332656（总编室）
　　　　　+86-22-23332478（邮购部）
网址：http://www.baihuawenyi.com
印刷：天津鸿景印刷有限公司
开本：787 毫米×1092 毫米　　1/16
字数：220 千字
印张：17.75
版次：2023 年 8 月第 1 版
印次：2023 年 8 月第 1 次印刷
定价：55.00元

如有印装质量问题,请与天津鸿景印刷有限公司联系调换
地址:天津市武清区梅厂镇财源路 1 号
电话:(022)29300192
邮编:301701

目 录

第二章　天津的文脉

第三章　天津的非遗

第六章　"哏儿都"与相声

卷前的话

　　这不是一部全面阐释和梳理津沽文化的读物。它只是笔者长期进行小说批评时，因为多着墨于天津作家作品，便逐步涉及津卫风貌、沽上遗痕、海河文踪、市井倩影、非遗表现，以及津门的文学与影视创作。后来，笔者参与《中国地域文化通览·天津卷》的统稿与撰写，就有了更多的相关文字，有的登载在报刊，有的留在书簏，林林总总竟有百十篇之多。

　　放在一起看了看，虽没有对天津历史予以系统、周纳的论述，却在关注津沽文脉中做了有些跳跃却也连绵的阐释，并用散点描述、不拘笔风的文字，诉说着作者看到、听到和理解的津门文事文趣。各篇文字虽不是事先安排，却在着眼文化上把津沽的韵致做了一家之言的释读，列出篇目、增补不足、整理之后成书。

　　需要起个题目。记得，曾与和来津小憩的朋友聊天，谈到津沽文化,对方的眼神竟现出疑惑,那意思是"文化在哪啊"。笔者立马回眸过去并讲"天津文化多彩,还与众不同"。现在,有机会能用较长篇幅写咱这"要冲之地""京畿门户",于是就取名为《天津随谈》,用纵横拓展的文字顺势爬梳我所了解的津卫人文,并以"解读沽上文化,追寻津门今昔"为宗旨,抒写津沽足迹的模样与肌理。同时,本书还有这样一层意思:"随谈"之"随"不是"随意",而是随时关注海河两岸的文脉,随时感悟都市百态的人生,以便体味其不凡的演进步履和闪光实绩,并让本书所涉及的内容抛砖引玉、深入拓展、常谈常新、常谈常深。倘若在读者中引起,哪怕只是一点点,对"天津从哪来到哪去"的热烈讨论,那么这个"随"便还有不断引发阅书者认知沽上今昔的含义。书名虽有指向,而笔者限于学识,难以归纳梳理全部,好在知道多少说多少,尽力写出"九河下梢天津卫"应有的风采。

只盼开卷有益,帮助读者借此进一步了解沽上天津的文化。

第一章　环境与文化形态

第一节　"山、河、海"与城区"三足鼎立"

十多年前,陈雍先生以他的考古经验和潜心琢磨,对天津城市文化、城市历史、城市特征,用"山、河、海,万、千、百,中、外、新,古、今、现"这12个字予以概括。其中"万、千、百,中、外、新,古、今、现"是津沽的历史足迹和发展特征,"山、河、海"是津门的地貌环境。

(一)坐拥山、河、海

1.依山、靠海、河水贯通

天津位于华北平原的东北部,依燕山,临京城,面渤海,海河流域蜿蜒全境。其地理:东经116°44′至118°01′,北纬38°33′至44°15′,海拔2-5米。因濒临渤海,素有"渤海明珠"之称。其气候:属暖温带半湿润大陆性气候,四季虽明显,但春、秋略短;年平均气温在13℃以上。7月气温最高,在26℃以上,1月气温最低,在零下4℃以下。年降雨量为500-700毫米。春、秋两季的天津温润而舒适,间或有风沙吹过。

海河贯穿津城核心,上游支流甚多,全域又被称为九河下梢;沽汊星罗棋布、鳞次栉比,很适合物资运输、码头装卸、贸易往来。一旦紧邻京师并成为首都的海口与屏障,必会快速兴盛。元时,诗人张翥经过这里,当时此地为"直沽",他在诗中写道"一日粮船到直沽,吴罂越布满街衢"可见津沽已步入蕃昌。清代天津诗人梅小树撰写的鼓楼对联："高敞快登临，看七十二沽往来帆影；繁华谁唤醒，听一百八杵早晚钟声。"从中可窥见津城沽水流霞之盛。且河海通津，陆路与海岸相映成辉。大运河流经此地穿海河上端，成三岔河地貌，清代《望海楼观潮歌》中描绘此处："海光天风上下连，有客看潮三岔口，滚滚倒流八瀛水，小波未平大波起，横卷云霞彩凌乱，滔滔涌岸浪欲浮。"凭借大运河形成的这一生态，津沽不仅是"运河驮来的城市"，而且居中国北方航运枢纽，又因是京畿门户，终于经移民往来人口聚集，由集市而街市再成商埠，至近代风云际会，城市的政治经济文化地位日显。

在"天津"平原的成陆过程中，黄河三次北迁津沽附近夺道入海，泥沙淤积使耕地面积扩大。"夺道"让津沽在海退陆进中奠定了自己的底色。在张贵庄、巨葛庄、沙井子一带，白沙岭、泥沽一带，汉沽双桥子和塘沽高沙岭一带，淤泥不断涌来，海生贝类动物在海潮推动下逐渐堆积，进而形成与今海岸线平行的三道贝壳堤。这实证了天津有过凹凸明显的指型海岸，陆进海退的环境烙印十分清晰。由此也使精卫填海和哪吒闹海等神话，有了存在的空间和流布的可能。

同时，海退陆进和黄河文化北来，尤其是与之相适应的腹地政治建制和管理的实施，既带来中原主流文明，又使本土文化有所竞争，不同人文群落在海河流域各有体现，各有发展。而人文印记较早又为人称道的是，曹操在这一带"魏武挥鞭"留下的印痕。

东汉时的曹操平袁绍北攻乌桓，开凿人工河渠以方便"扩土安疆"。《三国志》记载："太祖患军粮难致……凿渠自滹沱河入泒水，名曰平虏渠，又从泃河口凿潞河名曰泉州渠，入海、通运。"平虏渠开凿成功后，又开凿了泉州渠连接泃河。因与平虏渠相接于泉州（今天津武清一带）境内，故名"泉州渠"。海河水系渐自独立。于是津沽有了"河"，有了"海口"。

而进一步推动"天津"城市发展的还在于，隋唐时的大运河在金、元

立都北京以后,随着政治轴心由东西横向转为南北纵向,京城大都的物资需求剧增,京杭大运河也从淮扬经山东、河北(直隶)再以津沽三岔河口为转运枢纽,以方便盐粮入京。此时的大运河作为内陆水运主要通道和物流命脉,极大推动了海河三岔河口的繁荣。《天津聚落之源起》(侯仁之著)一书明确说,津城初显于直沽寨"直沽之发展,决定于河流",海河遂成为天津的母亲河。

"山"原本与三津之地有些"遥远";在冲积平原未适合人群生活之前,燕山一带因青山碧水的滋润,使古代先民的生产生活十分活跃。至今在蓟州考古中,不断有新、旧石器发现,留有穿芳峪、杏花山、朝阳洞、夏家店等遗存。经旧石器时期、新石器时期,中原的夏商文化北抬,尤其西周封燕于幽蓟,燕文化为主的封国文化使这一区域积淀成延续绵长的潮白河、蓟运河文化群落。与津沽板块文化越发接近。战国时期,湿热与干冷气候的转换以及农耕的需要,令人群逐步离开山区河谷走向平坦的陆地。天津的陆地和冲积平原,乃至海退之地逐步得到规模开发。

虽说幽燕与蓟州相连,但在张贵庄一带考古发现中,燕国的货币"明刀",以及夹云母屑的红陶三足器,鱼、鸟纹饰的陶壶和铁质的镬、锄、铲、镰、斧、凿,甚至渔网坠等,都有所出土。这表明农业、渔业及商业在"天津地区"已有了相当程度的发展。所挖掘的居住遗址中还有大量墙砖、筒瓦、板瓦和印有猛兽纹样的瓦当等等,说明了当时已有了较好的房屋建筑。同时,津沽所背倚的蓟州燕山也形成津沽境内有了"山",而长城的修筑更增添了"黄崖关胜景"。它与大运河比翼齐飞。

2.四周古镇围绕城区

谈津门城市空间之前,应当看看津沽核心区周边的情形。依照地形,津沽"北拱神京,南控诸夏,东连沧海,西望太行,形胜甲于天下"(《续天津县志》)。若缩小范围观察天津四周,可以说津门城区被诸多古镇"众星捧月"。北边的蓟州、南边的独流、西边的杨柳青、东边的大沽,再加上这四点连线包围其中的杨村、林亭口、梅厂、北塘、葛沽、军粮城等传统村镇,如串珍珠般地连起来,既成为闪亮津城的美丽项链。显示出津沽文脉的地缘走势:一边从南面的独流镇沿大运河,经杨柳青、武清到北京近郊,另一边也可沿咸水沽、张贵庄,过大沽口入渤海。无论去京师还是到海边,各个点位都有着"连接北京"与"河海通津"的"要冲"属性,只是每座古镇的大小强弱有些区别。可见,天津守护都城的职责虽体现在整个津门,各个古镇却需要具备既内守又外防的职责。尽管城市核心区是"门户"的重中之重,但大小乡镇要在点位上承担起各自的责任。也就是说,津沽的要冲之地是以大小古镇发出光彩而彰显的。当年明朝朱棣"靖难"成功,视北京为"龙兴之地",经过的直沽地区成为"天子渡河处",于是明成祖特将此地命名"天津"。并于永乐二年(1404),颁旨"设卫筑城","天津卫"自此发端,很快就以"舟楫之所咸临,商贾之所萃集"(《天津卫志》),远超"卫"的功能。同时带动周边的杨村、独流、葛沽、林亭口等古镇越发活跃,形成津门文化的多元共生。天津周围各镇人口稠密,交易兴旺,城区也富鱼盐之利,商业繁荣。更因城市肌理发轫不同,形成不同板块,文化各色呈现,又汇聚一起。

天津的城市空间,明显分为三块:一是传统城区,也是天津的重心,含天津卫城和城东(宫南宫北大街附近)、城北(北大关附近)等区域。二是曾经的九国租界地。三是以大经路(今中山路)为核心的河北新区,是近代执行"新政"时规划、建设的区域。

天津租界存续期间,据《中国地域文化通览·天津卷》介绍,百姓对城市空间还有着另一种叫法:这里是"中国地儿",那边"租界地儿",并衍化成"上边儿"和"下边儿"。"上边儿"一般特指天津卫城,有时也可包括城东、城北一带商贸繁华区(但绝对不含河北新区);"下边儿"则基本等同于"租界地儿"。若用天津口音说"下边儿",带有点轻蔑色彩,表示对"租借地"不那么感冒。其实"上边儿"和"下边儿"的产生,应该与天津城区的地理位置有关。天津卫城所处地势较高,又属沽上城市发展的基点,因此称为"上";租界地所处地势低洼,自然是"下"了。

天津早期城市发展,大体在南运河南岸与海河西岸所形成的三岔河口西南一带。考虑到卫城只是军事指挥机构的所在地,所以采取了"局部封闭,总体敞开"的原则,前面说的津门有"三足鼎立"格局,是从诞生津沽之地伊始,就带有自然与人文相应积累的形态,并沿海河两岸,自上游向中下游发展。

上面三段话,只是初层级的认知天津。当"万、千、百"的历史到了津门百年,变化就快速起来,人文积累迅速增加,天津呈现出历史文化名城的身姿,对津沽的认知也逐步深入。1986 年 12 月 8 日,国务院正式批转《建设环境部、文化部关于请示公布第二批国家历史文化名城名单的报告通知》(国发[1986]4 号)由此天津成为"历史文化名城"。附件中对天津的历史发展和城区特点作了如下概要介绍——

天津是我国北方重要的港口贸易城市、交通枢纽。从金、元时起,由于漕运兴盛促进商业繁荣而发展起来。明代在此设卫建城,进一步奠定了古城的基础。保存的文物古迹有天后宫、文庙、广东会馆等。革命遗址有大沽口炮台、望海楼遗址、义和团吕祖堂坛口遗址、觉悟社、平津战役前线指挥部等。传统文化艺术有泥人张彩塑、杨柳青年画、天津曲艺等。现存的过去各国租界地的外国式建筑和清末民国初年的别墅式建筑、街道,如同一个近代"建筑博物馆",很有特色。

仔细解读上面这段文字,可以看出天津作为历史文化名城,除了非物质文化遗产外,物质文化遗产主要涵盖"天津卫城"和沿海"九国租界",还包括"河北新区"(今中山路两侧)。可以说这是一个由天津传统文化和九国租界文化交汇而成的城市文化空间。

造成这一局面的关键,是外国列强坚持要把天津辟为通商口岸。究其原因,是入侵者要建立一个"足以威胁京城的基地",迫使清朝统治者彻底屈服。同时,清王朝顽固闭锁,拒绝"洋人外交"进京,便把离紫禁城不算太远,又有河海码头的津门,视为"洋务之地"。北洋大臣由直隶总督兼领,常驻天津处理对外事务。以致天津的直隶总督行馆被外国人视为中国的"第二政府"。民国年间有人一针见血地指出,近代以来"吾国外事尽萃于天津,外交之利害,全国之安危,而恒于是乎卜之,故往往动中外人之视听"。开埠前,北京是首都,也是华北地区乃至全国的经济、消费和文化中心,天津的只是提供功能保障。开埠以后,天津的经济地位和文化地位都发生了改变,甚至是北洋水师和修建船造炮弹的基地。很短时间,津沽一跃成为连接传统中国与近代世界的窗口与跳板。

文明的闸门一旦开启,大潮袭来,都会自主不自主地发生嬗变,进而不得不改变自己衍化之路。天津被迫开埠,让国人在痛苦中睁开眼睛看世界和学习先进文明。近代天津之所以能够涌现出一批"先进中国人",在电报、邮政、铁路、桥梁、采矿、海洋化工、教育、法律、艺术等许多领域开中国风气之先河,绝不是偶然的历史现象。近代的天津城市,在一百多年前,已具有了国际性和先进性,浓缩出中国近代变化的步履。

(二)"三足鼎立"的城区

1.天津城市的"根"

海河造就了天津,天津城市空间结构也是同样,从古到今一直受着海河的眷顾。最初设卫筑城,天津作为漕运的重要枢纽,依大运河穿过海河形的"三岔河口地貌",并与海河、运河保持相对最佳位置,建设天津城。因城垣形状似"算盘",百姓俗称天津卫城是"算盘城"。由于出北门就是卫运河,出东门则是三岔河口,天津城便以北门为正门。

卫城建成后,在城外暂时设衙的天津左中右三卫指挥机关便迁入城内,建起各自的衙门。开始分布在鼓楼以北的东西两个街区,并以"文东武西"分布。因为衙署是城区最早出现的,往往是先建衙门后铺道,街区内形成了诸多以衙署名称命名的道路,如府署街、户部街、运署西街、镇

署西箭道等。

清代天津由卫改州再升为府，由军事驻防城市改为区域的行政中心。随着城市行政级别的提高，城内的衙署不断增加，"镇、道、府、县皆住城内"，管辖范围在华北地区的一些专职官署也移驻天津。如户部钞关由河西务移驻天津，长芦盐运使司及相关衙署由沧州移驻天津。到了19世纪后期，对外开放提高了天津的城市地位。设三口通商衙门大臣常驻天津。李鸿章任直隶总督兼北洋大臣，总督行辕也设在天津，天津实际上成为省会。相关各类衙门不断增加，多数也建在天津城内，如海防营务处、洋务局、水利局、筹赈局、厘捐局、支应局、官车局、官船局、军械所等。

天津城内另一类主要建筑是庙宇。明时天津修建庙宇大约有52座。到了19世纪中叶，天津城内外以及郊区的寺庙数量多达523座，其中34座建在城内。最早出现的庙宇大都是城内官员们常常光顾的，如城隍庙、文庙、武庙等。

清代以后，天津作为府城，官僚阶层人数攀升，城市商业的发展使富商大贾增多和财力日显，许多人在城内兴土木建宅院。这些社会上层人士的院落多分布在城的东北角、东南角以及西北角三个街区。三个街区内各自形成了一条东西向的道路，即户部街、二道街和府署街。这几条之外，几乎都是狭街窄巷，长短曲直不一。尤其是西南角街区，水坑面积占据近一半，下层百姓围着水边因陋就简，搭建泥屋窝铺，即使成片也布局凌乱无章。这使津沽有了"北门富、东门贵、南门贱、西门贫"之说。

1860年天津被迫开埠，光绪二十六年（1900）八国联军侵占天津，天津老城遭到巨大破坏。随后，根据《辛丑条约》天津城墙被拆毁，城厢作为行政和商业中心的功能日益衰弱。再经历"壬子兵变"和两次"直奉战争"，老城迭遭战乱，有产者纷纷迁至租界，城内反倒多是一般百姓和贫民居住。

据研究者统计，天津老城内1949年前较为显赫的建筑遗存尚有近二十处，其中包括明代建筑有文庙、经司衙署旧址、涌泉寺遗址、天津卫故城城墙城门基址;清代建筑有金声茶园、广东会馆、中营小学、问津书院旧址、天津基督教会仓门口堂;民国时期有崇化学会和崇化中学旧址、沈家栅栏卞家大院、天津中华基督教青年会等。这近二十处遗存,见证着天津城市的"根"。

2.被迫对外开放

1840年起,西方列强通过一系列侵略战争,强迫清政府签订了大量不平等条约。列强通过这些条约,在中国众多城市设立了租界,使中国逐渐沦为半殖民地。天津是世界上租界最多的城市,先后有英国、法国、美国、德国、日本、俄国、意大利、奥匈帝国、比利时九国租界。被迫的开放,造成了天津城区有多种"异国"风貌,西方流行各种冠以复兴名义的建筑形式,如古典主义、折衷主义乃至现代主义建筑,在天津多处存在,形成建筑多元包容的特点。世界各地建筑新材料、新技术的传入,也使中国传统建筑发生变化。

天津租界始设于1860年。咸丰十年(1860),《中英续增条约》签订,规定"天津郡城海口作为通商之埠",准许英国人"在此居住贸易"。第二天,法国与清廷也签订了《续增条约》:"直隶之天津府,克日通商,与别口无异。"同年,在海河西岸紫竹林村以南一带,划定为英租界;紫竹林村以北一带,划定为法租界;不久,美国又在英租界之南划出美租界。中日甲午战争(1895)之后,德国、日本在津也强划了租界。1900年八国联军占领天津后,俄国、意大利、奥匈帝国、比利时又先后强占了租界地,至此天津遂有九国租界。光绪二十八年(1902),美、英两国私相授受,将美租界并入英租界,天津由九国租界变成"八国租界"。最初的美国、瑞典、加拿大、芬兰、挪威、日本等国领事机构,也都设于英租界内。

天津租界是西方列强入侵中国的重要桥头堡,也是威胁京都的"基地"。所谓"开埠"与"通商",是把侵略行为合法化。租界地成了帝国主义国家在中国的"国中之国",他们享有自治权、司法权等,对中国主权造成极大践踏。他们在租界内开设洋行、银行等,成为经济侵略的吸血管道,

同时又倾销廉价商品、军火甚至毒品等,戕害中国人民。

天津租界地"洋"建筑是特殊文化遗产。目前,可清晰看到的历史街区包括解放北路、中心公园、赤峰道、劝业场、五大道、一宫(意风区)、鞍山道以及宁波道一带,涉及英、法、德、日、意等国租界,这些区域包括的著名公共建筑、名人旧居等数以百计,近现代天津的不可移动文物,也主要集中在这里,现已被划入历史风貌保护区。海河东岸的原俄、奥、比等国租界,受损程度较大。其中,奥租界的奥国领事馆、奥国俱乐部、袁氏宅邸、冯国璋旧居、曹锟旧居、鲍贵卿旧居以及龚心湛等旧居,民国天津市政府遗存、致安里等还在。俄、比租界地区建设时相对落后,至今也有一定数量的历史建筑遗存。意大利在津的租借地虽不算大,却以"马可·波罗广场周围的建筑"和"兵营"被人们所熟知。

3.中国城市近代化缩影

今天河北区中山路的两侧,清末民国以来,取代天津老城成为天津市的行政中心。它肇始于清末袁世凯的"河北新区"规划,民国期间这一规划大体上得到延续。因此某种意义上,河北新区可说是中国城市规划的一个实验区,也是中国城建开始近代化的一个缩影。

从1860年天津开埠以来,天津行政中心就体现了向河北区转移的趋向,直隶总督衙门、三口通商大臣衙门和海军公所等,都迁出老城而陆续在三岔河口一带选址。清光绪二十七年(1901),袁世凯出任直隶总督,开始推行"北洋新政"。

河北新区,滥觞于袁世凯的北洋新政,是一块新政的"试验田"。北至新开河,南至金钟河(现金钟河大街),东至铁路,西至海河。此处原本以农业用地和荒地为主,市政建设相对容易。首先基础设施的道路规划,就采取了棋盘式布局,从天津新车站(今火车北站)到直隶总督府(今金钢花园)的大经路(今中山路)为区域的主干道(中轴线),平行向北的道路依次为二、三、四、五、六、七、八马路,向南依次为二、三、四、五、六经路;与大经路垂直方向为纬路,以北的各路段从海河东岸开始,依次以《千字文》中的

第一章

011

环境与文化形态

"天、地、元、黄、宇、宙、日、月、辰、宿、律、吕、调、阳、昆、岗"来命名。

兴建河北新区时的 1903 年,又建起开启式铁桥——金钢桥,取代了原来的窑洼浮桥,使天津的新、老两个城区连为一体。大经路,很快就成为天津繁华的新市街。清末民初一段时期内,天津河北新区,尤其是靠近金钢桥附近,成为天津市新的政治中心。随着各种设施的发展,很短时间内,市政机构逐渐健全,高等审判厅、北洋官报局、巡警总局等衙署和工商、教育、文化几乎同时涌来。大经路(即今中山路)两侧便分布有大量工业、教育和商贸设施——户部造币厂、北洋劝业铁工厂、北洋女师范学堂、达仁学校、北洋法政学堂、教育品陈列所,以及美术馆、图书馆、博物馆等,鳞次栉比星罗棋布——形成了一条马路把政治、经济、教育、文化积聚在一起的奇观。

河北新区的就业机会也大量增加,吸引周围人口迁入这本来人烟稀少的地带。随着人气的提升,加上比较好的外部环境,河北新区得到了长足的发展。

百余年来,河北新区即使经过 1937 年日本轰炸、1976 年唐山大地震以及近十年来的拆迁改造,地面的历史建筑遗存有所稀疏,但街道肌理保存依然相对完好,以《千字文》命名的各条街道走向也依然未变。北站天桥、北宁公园、北宁铁路医院旧址、扶轮中学、达仁堂旧址、云贵会馆旧址、户部造币厂旧址、津浦大厂、岗纬路教堂等建筑遗存还在,见证着河北新区当年的辉煌。

第二节 中山路、解放桥、劝业场和三条石

(一)一条人文满满的马路

曾经的大经路现在的中山路,有天津最早的近代教育集群。"北洋新政"的重要组成部分,是实施高等教育和职业教育。靠近金钢桥的北洋女

师范学堂(即现在天津美术学院址)是邓颖超学习的地方,北运河畔的北洋法政学堂是李大钊就读之地,而北站外的水产讲习所更是中国早期的专门学校。新式教育带来新的时代潮流和代表人物,中山路不仅有着革命先驱孙中山的身影,而民国总理唐绍仪亦在此居住,中华人民共和国第一任总理周恩来领导的觉悟社也在这里。今天的中山公园附近,曾经进行了中国历史上首次的选举活动,组建了中国第一个民选的议事会。在此还有着近代才出现的工商展览,以及赫赫有名、影响全国金融的造币厂和北洋劝业铁工厂、达仁堂制药厂。仅是这一条道路,从总体发展水平上考察,在当时已超过北京,成为中国北方最先进的街区。

"河北新区"的开辟,可以看成天津传统城区在西风东渐的影响下,改变着原有的建设样式,同时也是在新的历史条件下,天津城市近代化的自觉实验。从某种意义上说,以中山路为凸点的河北新区,打破了中国古代以来的,围筑高墙、城内居住、城外种地的闭锁性的营造格局。以更适宜社会发展,更激发社区活力的空间,让从卫城走来的天津,出现一片更具开放性的"新区"。此举掀开了中国近代自我规划城市建设的大幕。作为中国传统城区向近代城区开始转化的样本,河北新区尤其是中山路值得更深入地研究。

印证这百年足迹,可举三例:

一是,中山路作为交通枢纽,天津铁路北站作用明显。它位于中山路北端。清光绪二十九年(1903)建成,初称天津城火车站,又称新站,候车大厅为砖混结构,门窗连拱式,高坡顶,设老虎窗。如今还有着初建时钢架石板天桥一座,装饰风格简约,围绕北站并配套建设的"铁路邮局""铁路医院"及旅社商店等,也多出现在 20 世纪二三十年代。2006 年底至2007 年初,为满足京沪线电气化改造净空需求,天津北站实施了天桥抬升工程,在原基础上长高 1.05 米。至今,铁路北站又担负着连接天津城区到蓟州风景区的重任,使京津冀的旅游文化上了一个台阶。此外,全国最早的有轨电车,运营线路用颜色区分;通到北站的"蓝牌"电车线路和老龙头站(今天津站)经建国道的"红牌"电车线路,都积极发挥着活跃河北新区的作用。天津北站更因其古朴和浓烈的历史感,常被以清末民初为故事背景的影视剧制作团队视为重要的拍摄节点,这组建筑历经风雨折射出它的时代沧桑。

二是,金钢桥几经变迁。最早的金钢桥原在金钢公园前面,是1903年为慈禧、光绪两宫回銮而建。1900年,慈禧为避庚子战祸,仓皇离开北京,三年后要返回紫禁城,便不断摆谱,一路上要这要那。在津门的袁世凯投其所好,要建一座钢桥,让太后老佛爷的圣驾浩浩荡荡过海河,驻跸海河北岸旁的行宫(即今天金钢公园第二医院)。其实桥建成,太后也没至此,倒是留下了袁世凯讨好"老佛爷"的见证。

这座金钢桥为英、日技师设计,桥墩是外包钢板内填水泥的样式,俗称钢包桥墩。桥体虽不伟岸却实用,能开启,通行便利。十几年后,在附近的下游18米处,又建了更具承载力的新金钢桥,旧金钢桥依然使用,适应着来往不断扩大的需要。1943年日本侵华急需钢铁时,竟拆了旧金钢桥以造枪炮。留下裸露在河面上的水泥桥墩,记录着日本帝国主义的丑恶行径。

1924年建成的金钢新桥,主桥墩为钢筋混凝土浇筑,上面是钢梁纵横的大铁桥。沥青路面铺有电车双轨,人行道设在两侧桁架之内。桥为双叶立转电力开启,每到一个时段,桥面相向打开,河中会有船队通过。在金钢桥上走一走,看一看,甚感壮观。它也是三岔河口地区步入近代的一处标识。从文化遗存的角度,金钢桥应当予以保护;但城市的发展,需要已有七十余年沧桑历史的金钢桥彻底重建。20世纪90年代建成的飞虹式的金钢桥,掀开天津桥梁建筑史的又一篇章。

三是,佛教古刹大悲院厚重隽永。它坐落在河北区天纬路,全寺分为东西两院,占地10600平方米。寺的东院为寺的主体,青砖绿瓦,雄伟壮观,由天王殿、大雄宝殿、大悲殿、地藏殿、玄奘法师纪念堂、弘一法师纪念堂和讲经堂组成。西院是附属部分。

大悲院始建于清顺治十五年（1658），由高僧世昌倡议，天津卫守备曹斌捐资修建，因寺内供奉一尊高 3.6 米的"大慈大悲救苦救难观世音菩萨"，故称为大悲院。初建时规模很小，康熙八年（1669）重修并扩建至占地 56 亩。大悲殿所供观音，为千手千眼法像，用柏木雕成，表层布纯金，常年色泽不减，光耀如新。到了清朝后期，大悲院几经战火和破坏。1900 年八国联军侵略天津，寺院遭到抢劫，僧侣四散，破坏严重。1940 年社会名流组织捐款、腾地，先后用了 7 年时间修复东院。前殿是天王殿，供奉原望海寺弥勒佛；两厢为四大天王，殿高 10 米，门上悬"古刹大悲禅院"匾额，为津门名宿王襄篆书。中殿是大雄宝殿，供奉高 7 米的铜质鎏金释迦牟尼像，两侧有阿难、迦叶、文殊、普贤和十八罗汉。庙内还曾珍藏着众多的魏晋南北朝至明清各代铜、木、石刻造像，工艺和艺术水平很高。

必须一提的是，殿内还曾供奉过唐僧玄奘法师的灵骨，1956 年经国家批准转赠印度那兰陀寺。为此，举行了盛大的迎奉活动。如今，院内朱门绿瓦，佛坛高筑，松柏参天，庄严静穆，是全国重点佛教寺庙之一。

环顾中国大小城市，有这样一条历史色彩浓郁、人文内涵深刻、折射中国近代步履、展示时代变迁的马路已实属不易。何况路两侧名人荟萃、政经教工商云集，铁桥、火车站头尾相连、三座世纪公园（宁园、中山公园、金钢桥公园）并存于一，如此人文色彩的通衢大道，在我国大约只有天津的中山路了。

（二）中国开合铁桥集中在天津

三河交汇带给天津活力，也对两岸的往来造成不便。用小船摆渡和架设浮桥，又成了津沽一景。随着浮桥木桥的多处建立，又出现了新的矛盾：一方面，桥使被河道分割的街区连成整体，人来人往方便惬意；另一方面，又对河中船只，也就是水路运输带来了限制。一开始天津建桥，浮桥多，摆渡多。几处较大的浮桥、渡口集中在三岔河口的北大关至狮子林一带,是津沽最早的经贸繁荣区。而浮桥木桥的增多,又影响着行船的通畅。

同时,浮桥、摆渡还给人留下临时性的印象,受搭建条件的制约桥体一般显得漂浮弱小,不适合城市发展,也不符合天津城市形象。随着中国社会的近代步伐和天津新政兴起的节拍,1882 年,天津的子牙河上,出现了西式铁桥。此桥不高,船只通过需要降帆倒桅,十分麻烦,还降低航速。1888 年,又建金华桥,这是天津第一座可以开启的铁桥。不久,在海河上陆续建成了金钢桥、金汤桥、万国桥(今解放桥)。一时间津门市区主河道上有四五座能开合的大铁桥,形成壮观的风景,被桥梁专家茅以升称赞为"几乎全国的开合桥都集中在天津"。

天津的铁桥自三岔河口始,并在海河城区段多桥并列,成为津门在全国的又一之"最"。桥的不平凡增添了河的不平凡,河的不平凡衬托了城市的不平凡。每逢大船、拖轮从海河上下游按时驶来,诸铁桥便徐徐启动,桥面或由横转竖,或冲天打开。原本车水马龙的过桥车队,川流不息的往来人流,即刻停滞在两岸桥头,只见水上的船队、火轮浩浩荡荡鱼贯而行。人们一边驻足看船队穿过,一边指点议论。孩子更是兴高采烈,鼓掌而呼⋯⋯

1.一座铁桥一段历史

说到铁桥的恢弘大气,必定提到解放桥。当年它叫万国桥,因天津海河两岸有英、法、俄、美、德、日、意、奥、比 9 国租界,这座桥濒临多块租界的中心,故得此名。又因坐落法租界,也称作法国桥。

1902 年,清政府曾在海河下游老龙头车站附近(即现在的天津站)修建了一座名为"老龙头"的钢桁架桥梁。后来城市发展,20 世纪 20 年代初,准备拆了老龙头桥建一座大型的开合钢铁桥即万国桥。万国桥于 1923 年开工,1927 年竣工。连拆再建历时四年,原定工程费用以 100 万两白银为限。开工以后,造价大为提高,主桥增至 152 万两,拆除旧桥等增至 39 万两,共花费白银 190 余万两,为海河上造价最高的一座钢

铁桥。

万国桥是一座双叶立转开启式钢结构大桥,桥长 97.64 米,桥面宽 19.50 米,桥身分为 3 孔,中孔为开户跨。远看如巨龙横躺静卧,近观似猛士张臂纳客。开桥时,从中间向两侧沿轨道迎空移动开启,两桥面相对耸立与河岸形成钝角,便利于大船通行。"万国桥下过大船"曾是海河一景。

这座桥东接火车站,西迎金融街、劝业场繁华地带。两岸码头众多,桥下船运繁忙,自建成后很快成为天津地标,迅速融入城市生活的方方面面。看万国桥,逛劝业场,听中国大戏院的戏,成了许多人的乐趣。

这座桥名气越来越大,便传说设计图纸是出自居斯塔夫·埃菲尔之手,和法国巴黎的埃菲尔铁塔扯上了关系。其实万国桥使用的是美国芝加哥布施尔泽尔桥梁公司的设计方案。尽管与"埃菲尔"没联系,却也表明这座钢铁桥在海河畔的分量,在天津的地位。

天津铁桥历史上的第一座,是旧大红桥。该桥 1887 年由木桥改钢桥,造型为单孔拱式,跨径近 50 米,两岸桥台用石条砌筑。它的样子极像宋朝画家张泽端画的《清明上河图》里的汴梁拱桥,以雨后彩虹的形状,卧在子牙河、北运河汇流处。天津百姓常用周围所见的事物给建筑配上俗称。拱桥叫成"虹桥",进而由音同而传意,虹桥变"红桥"。也有一说,钢桥涂上了防锈红漆,桥因此而称大红桥。

红桥是以颜色取名,虹桥是以形态为名,都含着美好的寓意。实际是大红桥以拱形而跨越河流之上,更多的是为着船家考虑,方便顺利行船。由于设计的桥面高耸,坡也就很陡。车辆经过时必须前挽后推。那时的车多系人力车、马车,常要结伴而过,以便相互帮忙,你推我拉地走过此桥。很快的,桥上有穷人家的半大小子,结伙给人推车。无论人力车,还是驴马车,只要上得桥来,就有孩子蜂拥而至推车,帮忙中亦赚些果腹小钱。

1924 年拱形红桥被洪水冲毁,先以浮桥代替,后于 1936 年招标建新大红桥。新大红桥变拱型桥为人力开启桥,一年后桥成,却遇"七七事变",未能举行通车典礼,此事从一侧面印证了日本侵略罪行。

别看新大红桥建成通行时低调,它的技术含量却很高。有报道说,鉴于旧红桥遇大洪水而被毁,中国工程技术人员此后加强了河床护理,并增添了桩前土抗力,投以大量石料。据说一位曾任尼罗河总工程师的法国人哈代尔,不同意大红桥在维护时须护堤加固的施工方案。但实践证明,新大红桥建成后运行大半个世纪,一直良好。可见新大红桥的中国建设者对水文情况的精准把握。

大红桥的重建是新旧更替,以旧衬新的是金钢桥。金钢桥较为详细的情况,在"河北新区"一节已作了介绍,此处不再多说。有个曾经的场景需提一提。20世纪的一段时间,开合的金钢桥与不远处的旧桥残墩,在18米左右的区间内并存,一边钢桥飞架车水马龙,行人擦肩,一边裸露的残旧桥墩诉说着一种沉重。而随着时代变迁,车流量加大,旧桥墩又重新进入建设者的视野。1981年有关部门利用旧桥墩建临时性钢便桥,专走自行车。这使金钢桥和便桥,成一高一矮之状。金钢桥于20世纪的90年代彻底重建,于是近代天津的开合铁桥就此定格。

河水穿津沽而过,水是天津的命脉,桥是命脉上的精灵。它闪烁着光彩,它留下了故事。

2.近代文明的深刻烙印

与石、木桥相比,钢铁开合桥历史虽短,却代表着生产力的更新,又传递着工业文明的信息,送来现代物载的生动具象。人们行走铁桥之上,心中会涌起种种感受和联想。发展缓慢乃至落伍的封建社会秩序,被近代社会的潮流所冲击。尽管岁月"逝者如斯",但新旧的碰撞、嬗变,却深深地影响着天津,影响着中国。仅以三条石为例,铁桥建成后,货栈激增。如棉花就来自晋州、南京、襄阳、博野等地。同时,棉花加工又促进了机器制造业的发展。三义公、三合、金聚成、郭天成、郭天祥、德利兴、庆隆等铸铁厂、机器厂,你建我兴,此伏彼起,成为华北工业的摇篮。而侯家后一带的银号商铺、药店茶园,更是与时俱增,其业务范围远至华北、东北、西北的"三北地区",甚至跨渤海过珠江进入港澳。

桥建城兴，三岔河口一带更因承接着古往今来，而声名赫赫。码头的繁荣、铁桥的雄踞，都以其人文气象，诉说着作为卫城的天津，已脱去昔日卫城的装束，换上了商埠的长袍、小洋楼的西服。而城市面貌、城市容量、城市价值的变化，既是时代推进，又是文化嫁接。于是，津城成为中国近代的缩影，恰恰又印证了从三岔河口到火车东站一带铁桥的出现，是天津走向辉煌的开始。

三岔河口、海河中下游，因铁桥而印上近代化的烙印。由此能感受到津门的工业脚步，沽上的商贸繁荣，津味津腔的浓郁，新文化、新兴教育的强劲。津沽大地，由铁桥而生机勃勃，更经过它的推动而增加了城市的"肺活量"。它厚重又日新月异，它质朴又历经沧桑，它洒脱又见多识广，它趣味又雅俗共赏。

近年的海河改造、提升、亮丽工程，使海河沿岸又涌现出十几座精美的造型各异的桥。从天眼之形到日月同晖之状，海河上下以新桥的鳞次栉比，天津城市建设进入了一个崭新的时代。三岔河口区域更以河北大街立交桥、永乐桥、新三条石桥、津华桥这四座新桥为城市注入了新的活力。

环顾今天天津的桥，绚丽多彩，一桥一景，把三津大地装点得姹紫嫣红。回忆津城运河、海河历史上的桥，已经没有了古色古香的石桥木桥。铁桥的猛然出现，仿佛倏忽间，天津就从旧城迈入了商埠大港。铁桥就见证了这种嬗变，同时把天津的河海相通、中西文化交融，十分形象地反映出来。钢铁代表着经济发展，也是社会走向进步的标志之一。天津开风气之先，开合铁桥站在了时代前沿。一个地区的特色发展要有历史积淀，更应该具有大步迎向潮头的表现力度。天津在中国近代是以各种建设走在前面，迅速成为大都市的，铁桥就是其中的佼佼者。天津的地理位置优越，但是站在前沿上阔步向前才是辉煌的关键。本书说的"不凡"应当展现这种追求，这种内涵，这种文化。

河以生命之歌，给城市注入神采；更以桥的雄伟，给城市增添辉煌。

而天津这块宝地,更因桥而繁盛,由桥而闪光,由桥而不平凡。

(三)商埠明珠"劝业场"

百年前,一位四十余岁的精干汉子,在经历了铁匠、司磅员、售煤经理和金店老板的起伏人生之后,以独到的眼光和不同以往的魄力,选中了原属法租界的一块空地。这地块的北面有名为"浙江兴业"的银行,南面是刚刚落成的惠中饭店。附近零星的平房、存货场。它仿佛向这位叫高星桥(1881—1948)的精明商人急切招手,建一新颖又多业态的商场,满足津沽大众购买日用百货和游乐看戏的需求,推进天津商事的繁荣。

他以10万4千两白银从英国先农公司手中拿下这5亩多地,高价聘请法国工程师设计大楼。建筑面积2.1万平方米,建筑风格明显受折衷主义建筑形式的影响。钢筋混凝土框架结构,主体五层,转角局部七层,七层之上建有高耸的塔楼,两层六角形的塔座、两层圆形塔身和穹隆式的塔顶,线条流畅、气势阔达、壮丽挺拔。临街陈列窗上方是一圈挑檐,商场入口处拱券与两侧挑檐连接,顶部和前面有精细的花纹装饰。阳台有凸有凹,凸处牛腿支承,凹处两侧配以廊柱,中部饰以宝瓶栏杆。五层和七层皆为半圆拱窗券,给人以刚柔相济之感。商场内部是中空回廊样式,中间有过桥相连,过桥两侧设置双向楼梯。场内四角还装有电梯,顾客上下很是方便。

高星桥邀请在津做了寓公的庆亲王载振等人入股成立公司,管理新建的天津劝业商场。"劝业商场"由"劝吾胞舆,业精于勤,商务发展,场益增新"四句颇有民族志气的短语提炼而成。租界当局建议取名为"法国商场",高星桥和载振等股东认为不妥。而"劝业"一词,顺应了当时社会提倡的"实业救国"。为此,他们以每字100大洋的价格,请著名书法家华世奎书写匾额。那时,匾额多大,字就写多大。华老先生把纸铺在三张大八仙桌上,提笔一气呵成这稳健、苍劲、有力的"天津劝业场"五个大字。字因商场而传世,商场因字而蜚声。

"劝业场"和"劝业商场"相比,字少了一个,却显出其经营不只是"商"。一至三楼分别租给各个店铺,货摊,什么都卖;让人感兴趣的是大型娱乐场所占有突出地位。当时设有"八大天",即天宫影院、天华景戏院、天乐戏院、天升戏院、大观园、天纬球社,天露茶社以及屋顶花园、天外天。戏院经常聘名角演出,观众日夜爆满。由高星桥之子高渤海经营的天华景戏院可谓日进斗金。几年后在劝业场的斜对过儿,盖起了渤海大楼。还有了培养人才的"稽古社",后来的京剧艺术家盖叫天、张春华都出自该社。

始建于 1928 年的劝业场,是天津标志性商场。12 月 12 日正式开业那天,300 多家店铺如过节一般。林林总总的日用百货、鞋帽衣服、呢绒绸缎、文房四宝、钟表首饰、古玩玉器、古旧诗书乃至虫草宠物全有销售,几乎日常生活需要的,劝业场全有售卖。更因演艺场所多至 8 个,每日场面火爆,男女老少熙熙攘攘。官吏、洋人、普通百姓无不以去劝业场逛一逛为生活的幸事。据老一辈天津人讲,除了抗战胜利和天津解放,过节在娘娘宫庙会,津门最热闹的地界儿非劝业场莫属。

几十年前有一句流行语:上海"大世界",天津"劝业场",不去逛一逛,白到津沪走一趟。仅仅是建筑就让人眼前一亮,看后记忆犹新。尤其劝业场综合经营的模式,至今仍可借鉴。文化是业态的凝聚力和感染力,劝业场的优势在于以雄健开阔方便的场地,让经营的各业有着亲近顾客,也就是"劝"的魅力。地段繁华、商场伟岸、货品琳琅、有戏剧电影欣赏,对买卖来说都很重要,可关键在于经营者把握并能散发文化的魅力。高星桥选地盖商场,是着眼于发展,而建成之后紧紧盯着的是劝业场的文化吸引力。天津文化讲究气韵形成,一座建筑放在那,特点要突出,充满感召力,五花八门的消费方式要落实在顾客放心购买上,琳琅满目的商品要使"衣食父母"感到物有所值。劝业不是紧盯着"业"去经营,而是在顾客与商家一买一卖的交往中,让走进商场的购买者收获到"踏实感"和"下次再来"的欲望。

"劝吾胞舆,业精于勤,商务发展,场益增新"的"劝业"精神,也是天津商埠的不懈追求。经济文化携手推陈出新,再辅以"八大天"的魅力和中西文化的浸润,不仅让"劝业场"和它周围的店铺,也让津门的这"要冲之地",显示出流光溢彩的形态,河海通津的气度。

(四)"三条石"铸火熊熊

天津市区独特的地理环境与三岔河口的地貌密切相关。大运河与子牙河交汇,不仅使海河声名鹊起,还让各业发达兴旺。

1.铸造业的发祥

19世纪的60年代,天津正面临多事之秋,社会动荡百业坎坷,却隐含着挑战与机遇。当年环北京、天津的直隶省各县,逐步形成手艺人群以行业特色,为京津服务:宝坻剃头的多,三河当保姆的多,交河打铁的多。当以铸造运河船的铁钉、锻制铁农具为起始的"打铁汉子"们,集聚在天津北大关外运河畔的"三条石"的时候,三条石竟很快地因铸造业的炉火熊熊而远近闻名,并以华北铸造业的摇篮载入史册。

百多年前的直隶交河县,有位叫秦玉清的,一家人善营铁制农具,铸锅手艺尤好。秦玉清力主到津沽开业赚钱,在三条石办厂,借三岔河口往来之便,让秦记铸铁产品,在天津立足,外销东北、西北。

他拉家带口到津门运河岸边,十几年过后,铸造的炉火映红了这条铺有三条石板、方便车马运输的"街道"。自此三条石铁业名声在外。秦玉清也作为第一代铸造业者,被人们津津乐道。津门铸造业由秦记肇始,几年后不少员工成为各地铸造业的传播者。一方面秦记的人出来任各厂的经理,如三合铸铁厂的高氏兄弟、华顺铸铁厂的刘玉臣、中兴义铁厂的扈子贞等,都是秦记的伙计;另一方面秦记本身分为两股,在天津的是连顺和玉字号铸铁集团,走向河北胜芳等地的,有玉兴栈铁厂等"玉"字号企业。所铸造的铁锅等产品,叫响津、京、保、石家庄、沈阳、济南、蚌埠等地。

秦玉清的引领作用，实际与天津发展快、需求旺有关。这地方原本就南临南运河，北靠北运河，西通河北大街，河岸码头众多，河上百船扬帆，是交易重地。又传说"三条石"这条路是李鸿章力主修建，他又在此占地700亩兴办房地产，一时间风生水起，视三条石为宝地。"石"与"铁"的撞击，铁花四溅、锤声铿锵。书称"走进三条石，机声隆隆，锤碇叮咚。铸铁厂的风火呼啸着，焰火烛天，照红半条街"，足见这里的盛况。

三条石因地利崛起，市场这只无形的手，又让三条石走进工业。一百多年前，社会对棉花之类的经济作物的需求越来越大。而经济作物即使是初级加工，也常依赖工业技术的支持。摘棉花用手工费时费力，轧花机广泛使用，就给了打犁造锅的铸铁铺带来商机。秦玉清们迅速制造出合适的轧花机，获得立竿见影的收益；各个铁厂积极寻求发展，"三条石"便以近代民族工业的初期特征享誉中国。若再深入想想，三条石的工业，一是以技术和机器产品服务农业；二是以铸造业为先导带动轻工纺织食品业；三是以手艺人为骨干队伍形成民族业态的基础。今天看来，这三条经验值得汲取。虽说当时的工业水平与现代化相比还很稚嫩，但三条石工业的影响是巨大的。

2. 多重的历史借鉴

尤要提及的是董记三义公铸铁厂。"三义公"位居三条石大街中间偏西。先开张的是南号三义公，后开张的是北号三义公。两厂对门，家眷住在北号里院。和秦玉清不同，董记创业者董风自身不会铸造技术，但他熟悉组织管理。以经营榔头、秤砣、猎枪铁砂起家的他，在别的铸铁厂风生水起制作农具、轧花机的时候，董风却推出了切面机、刨冰机，买卖一下子就"火"了。乡下货郎出身的董老板知道，食品机器生产直接面向食客，你吃我吃就是广告。他建了几处分号，如在三条石建永茂公，在绥远建义盛公。还在天津芦庄子办了银号。董风用人之道，一是委派亲属，二是信任徒弟。并着力培养人才，骨干多出自董记，陆续成为铸造业的佼佼者。

赫赫有名的还有三合铸铁厂。经理高庆澜来自武清，曾在秦记铁厂轮大锤。后来学会了看火，成为出色的化铁技工。过了几年，他和同在秦记学徒的两个弟弟高庆溪、高庆洁，哥仁创办了三合铸铁厂。这一"打虎亲兄弟"的组合，也成为三条石一段佳话。坐落在西口路南的三合铸铁，一开始篱笆当厂房，茅屋是卧室，前店后厂，艰难创业。产品长期以质取胜，经营始终以信取人，买卖也越干越大。特别是能分解金、银、铜等有色金属的"锅"，为槽型铸件，重达千斤，不仅是天津卫各金店的炼金重器，外地金店银号也纷纷订货。三合在获利的同时，还做起了翻砂，兼干模型铸造工艺，为化学、自来水行业配套铸件。数十年间，"三合"雄踞三条石铸铁业之首，到 1956 年公私合营时，成为天津铸铁业私股最多的持有者。

高薪聘请工人，并生产印刷机和自行车零件的是德利兴机器厂。厂主李元才，早年修理胶皮车，后为当权者生产军用品。其制造的自行车飞轮，可与进口货比高低。企业全盛时期，能造出全套印刷设备，包括电力铅字印刷机、人力脚踏印刷机、印铁制罐机、矿用机械等等。有职工 700 余人。德利兴也是天津机床修理厂的前身，1961 年更名为天津液压件厂。

三条石铸造业的后起之秀是庆隆机器厂，由银号作后盾，引资入股，从三义公出来的陈梦周任经理。年轻有为的陈梦周，能吃苦；六间平房，两台砂轮机，两台老虎钳，一台车床起家。主动揽活，以交件及时扩大影响，因信誉良好扩大再生产。后承租别家厂房，聘用实干技工，只用 3 年时间，便成为三条石机器业的后起之秀。以榨油机、打包机打开销路，靠地球牌轧花机名扬华北。日本投降后，国民党大员眼红，设置借口抓走陈梦周等人，毒打入监，讹去 20 两黄金。陈梦周一气之下，猝然去世。庆隆厂自此一蹶不振，直到 1949 年中华人民共和国成立后才发展起来。

郭天成机器厂由郭庆年创办，他原籍河北吴桥，年少时在天津东北角学徒，出师后做小铜件，并在 1883 年左右开了个天成铜铺。过了几年，在闯荡了旅顺大连之后，他又在三条石干起了机器厂。人们习惯于把郭

庆年的企业称为"天成家的"。他靠造轧花机开路，不久转为铸造轮船铸件，自主设计新型的轧花机、弹花机，注册商标"仙鹤牌"。以其价低值高，超过日本机型。郭庆年虽文化不高，却善学习，重视引进新工艺。他为制造出性能高人一筹的织布机，重金购置20马力锅炉蒸汽机，作为总动力，驱动天轴、皮带轮，既降低能耗又提高了产品的质量数量。郭天成机器厂是三条石工业发展的一个缩影，其影响不只在天津制造业、纺织业，还远达西北宁夏，东北海拉尔和津浦路沿线。

三条石铸造、机器业的兴盛，起源于交通便利和人才汇聚。同时着眼于农业，并为轻工、纺织、印刷配套，迅速发展。三条石的工业生产还注重百姓的饮食。今天看来，轧面机、刨冰机结构简易，却在当时备受欢迎。天津的机器制造还以人才流、物流，扩大效益和影响。从小到大，从由简单铸件到成套生产设备，铺就了津门民族工业基石并形成传统布局。

临海河，倚南北运河，三条石的发展的脚步与我国近代的历史节律相合拍，并以地利、人和成为工业发祥地。也许一百多年前直隶交河人秦玉清没有想到，他的来津办厂会引发了三条石的神奇。然而历史却告诉未来，任何与时俱进的挑战和机遇，只要面对并抓住了，就会有业绩诞生。

（五）保护、使用天津的近代工业遗存

随着人们认识的逐步深入，津门百姓对"历史文化名城"的弘扬和对"近代百年看天津"这一城市名片的认知，达到了一个新的层面。

随着经济发展的提速与城乡建设的进一步推进，如何保护历史遗存及遗留，也被提到工作日程上来。特别是从2005年12月以来，我国按照联合国教科文组织的要求，明确承诺对历史工业文化遗产予以保护。2006年4月，中央有关部门指示，要格外关注近代工业文明的保存问题。

天津有"万、千、百"的文脉，更在百年前站立在中国近代的潮头，津门近代工业不仅有代表性，而且充满了典型性。例如军事工业的北洋大

沽船坞、化学工业的永久黄、纺织工业的东亚毛纺厂和国棉一厂、机械制造业的三条石、钢铁工业的"天钢"等，都在中国近代史上占有突出地位。

一个时期以来，对上述已进入历史文化的工业遗存，人们存在着较为严重的误区。尤其是这些工业遗存，大都是历史久远、包袱沉重的老厂，业态落后，因此遮掩了应有的人文内容。从文化保护的时间维度来看，近代工厂不如古代遗存历史悠久，大多数被挤在人口密集的城市核心区，经常视为城市发展的"障碍"，一旦企业迁出，原址就被迅速拆改重建。

其实，对工业遗存的保护与使用，与守护历史文脉和涵养国家软实力关系密切。例如，市区内的特色工业遗存，提升保护以后，能够作为新业态发展的预留空间。或在保护近代工业文明的基础之上，积极推动创意经济的发展，并为绿色经济注入活力。激活旧厂区厂房的文化生态，城市的历史蕴含和历史表现会进一步充实，一旦融合金融业、中介业、服务业、创意业集群，会成为城市发展的新亮点。

天津有丰富的工业遗存，要保护和利用好，首先，在建设规划时就应进行有效保护。例如，若以方便为着眼点，建滨海大道，修立交桥，挖通横跨下游海河隧道，会选择在大沽船坞旧址进行。这样一来大沽船厂这一国家重点工业文明遗址将不复存在！而曾经的天津钢厂、三条石、国棉一厂，这些工业遗存恰恰都在中国近现代史发展中占有相当地位，或曾是全国唯一。如大沽船坞不仅代表清朝维新之后新政的工业实绩，而且和甲午海战、北洋舰队息息相关，是国家的重要历史与爱国主义教育基地。

近代工业遗存在被保护的基础上会有新的拓展价值。例如，利用老钢厂原址开发为表现城市工业的影视基地的设想，在首钢已获得明显经济效益。工业文明遗存是极利于文化产业开发的，如在三条石遗址上形成相关的工业美学创意产业，不仅是"三条石"的巨大无形资产，若再引进设计业、美术业、电脑编程业和会展业将前途广阔。

近代工业遗存保护，有利于拓展"近代中国看天津"这一旅游品牌。如国棉一厂旧址代表了天津纺织历史的辉煌，并显示其在国家纺织业的

地位。它本身就有旅游内质，何况再加以开发呢。想一想，倘若三条石遗址还在，天津卷烟厂适当保留，国棉一厂能特色保存，在海河两岸的开发中也许会形成一条近代工业文明旅游线路，经过人气的凝聚，会产生可观的影响。

要把保护津沽的近代工业文明遗存列入政府的重要工作中，组织专家学者进行彻底普查并立即确定工业遗址保护名录，进行挂牌保护。新建项目如涉及遗址保护问题，应从规划上做较大而完善的修正。不应出现迁往异地建造、换个形式改建和"说恢复却不能恢复"的局面。

保护近代工业文明的遗存，不是不要开发，而是着眼如何更好地利用。近年，党中央在《关于在城乡建设中加强历史文化保护传承的若干意见》中指出："要着力解决城乡建设中历史文化遗产屡遭破坏、拆除等突出问题，加强制度顶层设计，统筹保护、利用、传承，坚持系统完整保护，既要保护单体建筑，也要保护街巷街区、城镇格局，还要保护好历史地段、自然景观、人文环境。"甚至要保护"红三角"（纯碱）、"鸵鸟"（墨水）、"双鱼"（正痛片）、"新声"（叫盖壶）、"恒大"（卷烟）和"万紫千红"（雪花膏）等百年名牌。天津城市近代文化遗存相对丰富，保护近代工业文明应是重中之重。期盼有关部门通过认真研究和有力举措，积极拓展创意产业，并做全面系统、有预见性和富有前途的开发，使天津在文化产业和创意经济上获得长足的进步，走出自己既具历史底蕴又独具文化表现的发展之路。

第三节　街巷倩影

（一）津城胡同小铺

旧时的天津，大街少，胡同多。巷子不长，又曲里拐弯，那错错落落的泥屋棚舍与不多的砖房小院就沿着碰鼻子拐弯的胡同，你借我的山墙，我依着你的篱笆,草屋逶迤地连在一起。看那胡同名:大伙巷、小稍口、李家房子、粮店后街、油店胡同……就知道这片民居的形成环境和相处氛围。

而增添了生活气息,让日子过得有味道的,却是每一片民居里都有的"水铺、煤铺、粮店、油盐店和小人儿书铺"。

1.胡同口的水铺

津沽老年间的胡同水铺,一般坐落在胡同口,屋子不大,放一两口大水缸或粗口胖水瓮,临街窗户下有灶,灶上两口煮水大铁锅,一烧温水一烧开水,锅盖为两个半圆形,舀水时只掀开一半,既方便掀开舀水,又让盖着的那一半不跑热气保持着水的温度。这还引出一个歇后语:水铺的锅盖——两拿着。有的水铺在灶台靠近烟道的地方,还会留三五个圆洞,放置几个铁皮打制的水汆子,方便利用烟道的余热把水汆子里的水烧开保温,这也可以看出水铺主人的节能意识。水汆子为长圆筒形,口沿上面有铁丝提梁,以便装满水、烧热、保温后提出。

那时,津城百姓家里烧铁皮煤球炉子,为省煤,临近中午做饭的时候才点火。天津人别看生活在九河下梢,沽汊棋布,可是水质欠佳,居民喝水却靠水车送清水。水铺的水大都由老关系定点供应,几口大缸灌得满满当当,可用一两天。

天津居民过日子,会盘算,既要节省又有约定俗成的讲究。尤其老人一早要漱口、洗脸再喝上两口茶,这叫"清嗓提神",稳当下来才去干别的家务。上班打短的也要把茶水喝足了。这水铺就十分重要了。主妇或半大孩子提着铁壶、暖瓶去水铺打水,人多时挨个儿,熟人就用自己的盛水家伙挂上个画着记号的小木牌排队,水铺主人也绝不会弄乱。打开水的钱很便宜,有的随时递上几分钱,有的月头月尾一起结账。长期赊账几乎没有。你路过要讨一碗水喝,水铺主人会热情递上。

天津的水铺,滋润着胡同的老少百姓,那一壶壶开水,沏着津沽特有的正兴德的"高碎"——价钱便宜又精心配制的茶叶末,那叫一个香,一

个爽。想一想这情景，好像都能闻到一片一片的居民草舍土屋或瓦顶上面浓茶的香味儿。每到早晨七八点钟，随着胡同间飘来的一股股茶香，家里有了生活味道，胡同有了活泛气息，伴着人们逐渐喧哗、自行车清脆铃声、小贩此起彼伏的叫卖声，这座城市在迎接着新一天的日子。水铺，用它的温暖氤氲着津城的千家万户。

2.临街的粮铺

老天津的旧巷小街，走在两侧满是低矮连片房屋的胡同里，不由得有一种压抑，想着早晚有一天要搬离这你挨着我、我傍着你的拥挤和潮湿，可是看到有粮铺在自己家的附近，那心又踏实起来。仿佛那不大的通常也就一间半左右的平房，藏着力量似的。

津城粮铺通常门面与库房合一。那间大的做门脸，小的堆放各种成品粮。粮铺一般要比周围高些，门口有一两级台阶，利于防潮，也方便在台阶侧面的旮旯处放点防虫草和鼠药。猫和狗是要养一两只的，为的是捉鼠和护家。走进粮铺，迎面是一溜宽大的木柜，一般分四个隔断，依次是棒子面、白面、大米、小米。其他的大小芸豆、粗细棒子渣、粘米面、黄米等等，都用大点的面袋装着，袋口要向外卷几折，露出里边装的是哪种粮食，既让人直观，又显得这家买卖实在、利落、干净。孩子们跟大人去粮铺，是这一天或几天内有饽饽、米饭吃了，更高兴的是看伙计称好了粮食，往粮柜前面的铁制漏斗"哗"的倒下去，买粮的便把口袋张开，放在漏斗下面用双手撑住，去接那从上下滑的米或面。这一倒一接，伴着几斤粮食进入自家面口袋的那一刻，与粮食铁漏斗摩擦所发出的声响，仿佛在诉说着这家大人小孩可以果腹了，温饱的欢乐洋溢在他们的周围，诱人的饭香会慰藉着他们的俭朴生活。

胡同粮铺给日子带来充实，也有一番他们的贴心。即使就买两斤棒子面蒸一锅窝头，粮铺伙计会用秤盘先盛上二、三两的豆面之后再称余下的棒子面。天津人蒸饽饽讲究搭配和香气飘逸，棒子面里掺些许的豆面，那饽饽软硬适中口感还好。到了年跟前的"腊八"，粮铺会配制腊八米。大米、小米、江米、小豆、芸豆和豇豆之外，还会有鸡头米、粘秫米、栗子、小枣等。顾客需要就加点钱买上几种。这腊八粥不单样数多，还透着天津人对食材的精心选择，熬粥的米样数多，丰富中显着喜庆。天津的粮铺，不大却给家家户户以充实。

3.贴心的油盐店、小人儿书铺

在津沽的小巷子里还有菜铺、油盐店。有意思的是这类铺子常常以主事儿的姓氏和坐落方位，形成只有这片居民知晓的名称：岳家小铺、丁字口油盐店。津城方言习惯"吃字"丁字口油盐店，就习惯喊成，"去'丁口'买两把韭菜""去'口上'打点酱油醋"。铺子的称谓简单了，人们与菜铺油盐店的关系可就紧密、亲近起来。

天津人喜欢吃鱼，家家做鱼都有一套，你清蒸，我红烧。当然每位"主厨"都有自己的招法和独门技艺。有趣的是，津沽人家在熬小鱼、熬杂鱼上却手法味道出奇的一致。天津胡同的油盐店就有这样的"业务"：正要做鱼的一家，会打发半大孩子拿着一只碗，去买三、五分钱现买现配的"熬鱼料"——碗一递上，伙计在你碗里倒上比例适合的酱油醋，一两枚大料、三四瓣蒜、一截大葱，半块老姜，还会加一勺面酱，滴答几滴香油。孩子端着碗回到家中，大人刚好煎得了鱼；一碗鱼料倒进锅，加点水，盖盖闷上，不多时鱼香四溢，一顿窝头熬鱼极美的吃进肚里。现在的天津名菜"××熬鱼"，其实是有雄厚的津沽家熬鱼为基础的。而胡同小铺卖的贴心鱼料，表明着天津百姓生活的滋润和滋味。

天津小铺对主顾热情，买完几样之后，总会瞧着你的菜篮子，是冬瓜就搭几棵香菜，是炒嘎头（一种咸菜）就送两小勺泡黄豆或俩仁干辣椒。菜铺油盐店还能短时赊账，是为了应急，做饭做菜你正好缺了点辣椒，少了块豆腐，大人就让会学舌的孩子去小铺"赊"，很快就拿回来，立马洗干净，切了入锅。第二天，大人去买菜，顺便补上昨天那几样东西赊买的钱。这就是天津小铺和邻里之间的交往，买卖中裹着情谊，把小事往贴心上做。

天津的贴心小铺，对孩子的是小人儿书铺。几十年前，连环画出版得

多，种类纷纭，古典名著、武打小说、英雄人物、模范故事都能在小人儿书里和孩子见面。最吸引小学生的是《西游记》《三国演义》《水浒传》《聊斋志异》和战斗英雄故事。《黄继光》《杨连弟》《铁道游击队》《回民支队》……这些反映中国文化和志气、正气的内容，经历过20世纪五六十年代的人们，至今还会记忆犹新。

天津胡同里的书铺，数量比菜铺、粮铺少，大部分开设在面积比较大的居民区和学校附近。小人儿书一本拆成两本，包上牛皮纸做的封皮，书名字体一般是规规矩矩的毛笔小楷，也有用蓝黑墨水写的。书铺主人，大多是大爷或中年妇女。他们有些文化，嘴上功夫了得，介绍小人儿书，说到一半就停下来，让孩子们不由自主想坐下来看后面的故事——不过你得掏掏口袋，摸摸有没有零钱。书铺主人对认真看的孩子投向喜欢的眼光，对拿起小人儿书快翻、乱翻的会说上几句。

当时看一本小人儿书一分钱，要是孩子坐那连续地看，超过一毛钱了，书铺主人会阻止，"还有零钱吗""爹妈不放心了，回去吧，明天再来"。表面看，是问还有没有看书的钱，怕孩子看小人儿书钱花超了，其实也含着关心，让孩子别沉迷其间，耽误了做作业。

看小人儿书，是当时孩子们最喜欢也是很普及的课外生活。画面加说明性、情节性的文字，给少年们的脑海里开启一个故事的世界，也为他们提供一个形象接受文化知识的平台。接触古典名著从连环画开始；感受到中外童话魅力的，也从彩色小人书中获得；战斗英雄形象首先是从"小人儿书"里记住的。小人儿书给少年儿童铺设了走进学海的基石，让孩子们拾到了最初的五彩贝壳。

小人儿书铺有的还出租书籍，主要是名家小说。交上点押金拿几本走，几天后还。租书者往往是家长，租上几本丰富孩子的业余生活。给小孩买书，那个时候还属于"奢侈"。就是成年了，参加工作最初的青工，工资不高，图书馆还少，也到小人儿书铺租小说看。慢慢的家长可以有钱买小人儿书，青工们能在图书馆借书了，小人儿书铺就开始消失了。水铺、粮铺、菜店油盐店,也随着城市建设的步伐加快成为历史的记忆。然而,它留下的一抹,很值得回味。

4.给人温馨的煤铺

有一则"童年记忆"——

幼时,有一天,跟着母亲去胡同不远处的煤铺买煤球,手里提着一只旧铁簸箕,跑前跑后。那煤铺不算大,门垛子却很宽,正赶上有两辆胶皮大马车,前面一辆装的满满的煤末子,被苇席围着冒了尖;后边是大筐摞着大筐,装着大小不等的煤块儿——天津人管大块儿的叫砟块儿,小碎的叫砟屑(xū)儿——最好是从大同、阳泉运过来的,无烟,价钱贵些。

光顾着看马拉车,脚被绊了一下,一瞧是一把大铁锨在门垛后面斜立着。铁锨头大而平,把儿长还有点弯,乌黑锃亮。我慌忙去扶要倒的铁锨,说时迟那时快,一位壮汉一把抓住了锨把儿:"千万别磕着!"他穿着不蓝不黑的短衣短裤,边说边和气地看着我,我却被他的黑手黑脸一口白牙和一双白中有黑的眼睛给"楞"住了——这就是过去煤铺伙计干活的样子。是他一个跨步握住要倒的铁锨,要不我的头非得砸出一个包来。由此,我记住了他和煤铺,更被他打煤球的姿态折服。

六十多年前的煤铺,往往是几间平房和一片空地。围绕空地四周堆放着煤堆与打煤球时要掺入的黄土。平房多是两三间不大的正房,配有或朝东或向西的驴棚、杂具间。黄土场地地块平坦,有十几或几十平方米大小。打煤球时要煤末里掺些黄土,然后摊成大片:两三厘米厚、宽一米多、长有六七米的样子。伙计拿起平头大铁锨,非常有节奏地剁出纵向的直线,再转过身来剁出横向的直线,一旦把这摊平了的煤片横平竖直地剁完。再看那片片煤所形成的密密麻麻的网格,每个格一寸多见方,极像

长方形的围棋棋盘。稍后,伙计在这"棋盘"边上,搁一个大号的口大底小中空的灰瓦花盆,花盆上面是一个一米多直径的细荆条编成的筛子。

筛子底放射状编织,疏密有度,留有一层不很大的眼儿,方便煤渣漏出;筛子边从底部上翘有大约七八厘米宽,荆条要粗而光滑一些,两边对称的地方编有把手,缠着布条。

开始摇煤球时,伙计两手左右握住筛子边的把手,以底下的花盆做支撑,双肩大幅度地摇动筛子。切成方形的煤块在筛子里滚动,很快摇成煤球,再倒出来放到空地晾晒。反复几次,那六七米长的煤片,就变成几堆煤球,摊开干透后就可以出卖,供居民买回去烧火,煮水做饭了。

看伙计摇煤球,大汗淋漓,深感干体力活的不易,也觉得烧火做饭离不开他们这些人,离不开煤铺。那时,家里不富裕,爸爸每天放在家里几毛钱,吃的烧的全在里面。孩子放学后先要做的,就是买当天的菜和第二天的煤;妈妈去买口粮,三五天一次。

孩子买煤,通常拿着铁桶、竹篮子,手捏着两毛钱。掌柜一看,就让伙计铲一锨煤球,抓两把砟屑儿,再给几块劈柴,放到孩子带来的家伙里——点炉子用劈柴,火着起来用砟屑再添煤球,等火着旺再烧水做饭。那时,生活很琐细,小买卖也很细微,但符合里巷百姓的节俭日子。

煤铺生意大者可以卖一两吨煤块、五六筐煤球,放在磅秤上称好,备妥后铺子里用驴车给拉到顾客家;到用户家门口,送煤伙计把磨得有些破旧的垫肩往脖子下一系,扛着装满筐的煤块、煤球,直接进院倒入灶间旮旯儿或住屋的窗下。见顾客要是老人、妇女,送煤工一定会再收拾刚刚倒下的煤,规整成堆。生意小者,陆续有散客来,只买三五十斤煤球,或拿一两毛钱买一天所用的煤渣、煤球,煤铺掌柜和伙计依然热情,甚或俯身细语嘱咐买煤用簸箕盛的半大小子走道留神。其实,他们之间平时说话粗声大嗓,大碗喝茶,大口喝酒,一张大饼卷上(猪)头肉,几口吃完;随后下盘棋或眯上一会儿,就又拿着铁锨干起来。煤铺还备有劈柴,粗细不等,适应所需。笔者原居住处的煤铺,还备有木屑、锯末、树枝。以供给在院子里垒灶，拉着风箱用柴火炖煮和烙大饼的人家。

最辛苦是摇煤工人，寒冬露天，顶风披雪依旧身着薄衣摇煤球、劈劈柴；酷暑日晒，光着膀子，汗流不止仍然要筛煤灰、摊煤饼。冬三九夏三伏，都在和煤打交道。全身这一片那一片的黑，脸仿佛就没白过。可是他们能干，待人和气，尤其对待一两毛钱的小买卖，从不冷眼。他们送煤、背煤、摇煤球，给家家户户送去温暖和火热。

水铺、粮铺、煤铺、菜店、油盐店、小人儿书铺，是天津市井生活的温馨载体，是百姓人生的难忘滋味，也是小商小贩营销的代表者。虽小本经营，却兢兢业业、细致认真。他们着眼于百姓大众的柴米油盐，并能从细节着手，会赚些钱，可绝不贪心，真诚地把居民看作衣食父母。一壶开水、一碗做鱼的调料、几斤棒子面、几本小人书，一簸箕的碎煤渣——从中折射着交往的融洽、服务的贴心、经营的用心。

天津胡同里的小铺还有许多，早点铺、糕点铺、成衣铺、理发铺……是它们，让城市有了适合居住的元素与条件，尽管显得简单到了简陋，却让大众的日子过得有活力，正是这种活力体现并刻画着"城市历史的生命"的轨迹，留下了温馨的隽永。

（二）吆喝声声

百十年前，天津形成了明清房屋为主的老城厢、有着近代规划形态的河北新区和各种洋房林立的租借地，这一"三足鼎立"的城市建筑格局。然而，津沽普通居民却多居住在平房胡同组成的窄街曲巷里。中华人民共和国成立初期，在王串场、西南楼、中山门等地区，有了以成排成片规整一致为特色的工人新村，使津沽民居更体现出工业城市的壮观。

天津的胡同多而曲曲折折，人们住得拥挤，心却豁朗；走路带风，喝水仰着脖子，吃饭急速，逛街却慢。一旦熟人在胡同碰见，大声问"吃了嘛"（"嘛"此处为天津方言用字，发音为"mà"）或慢语轻声说家长里短。若聊天只限于哥们兄弟、公婆妯娌、单位同事，常常是一边埋怨这不好那

不行,一边却不经意地在攀比中喜滋滋夸自己的命好,事事顺当。条条胡同仿佛都面带着商埠市井的气息,背负着河海通津的沽汉故事。而那挑担穿巷的小贩,游走着吆喝着,更让小街里漂浮出温润的滋味,曲巷中散发出活力。

1."油炸豆腐喽"

早年家境一般的孩子,口袋里只有几个玻璃球,很少零钱。一旦爸妈给了三四分钱,就盼着考试,成绩好还能再有零钱放进口袋。等凑够一两角,就去书摊看小人儿书。若余下几分钱,放学回家买一点解馋的小吃。尤其是臭豆腐、辣豆腐、炸豆腐。

炸豆腐那时二分钱一小块,五分钱三块儿。孩子往往要凑够了买三块儿的钱,一解嘴馋。串胡同卖炸豆腐的小贩,挑着干净利索的担子。一头是个四方架子,架子面中间掏空,便于铁锅口露出。锅口的周围留有里圆外方的木头宽边,外沿有圆楞,可防止放在面上的瓶子、小碗掉在地上。架子底下放小火炉,炉子支一口不大的铁锅,锅内有半锅热油。锅口略低于架子面。架子周围放着装辣酱、蒜蓉和麻酱的小瓶与一摞儿小碗,以及一沓油纸一把短竹签。因为架子四边有圆楞儿挡着,瓶子和小碗掉不下去。担子另一头,是个双层小木柜,底下一层放煤,上面一层摆个竹篓,放着拿包布裹着的百十块小块豆腐。

挑着担子,一进胡同口,那吆喝声很是洪亮:油炸——豆腐——来喽!

有人来买,现炸,马上就吃。小贩把炸得焦黄的块豆腐,放入架子上的小碗,淋上些许麻酱、辣酱放上蒜蓉并递上一支短竹签;食客,尤其是小孩们就端着小碗捏着竹签,插着带汁的炸豆腐兴冲冲地放进嘴里,那叫一个香脆!若是买了要带回家,小贩就把蘸好酱汁的炸豆腐,在油纸上码齐送到顾客手上。

炸豆腐要吆喝着卖,往往就一句:"好香的,油炸豆腐来了。"

2."臭豆腐——辣豆腐——"

串胡同吆喝一句的小买卖,还有卖臭豆腐、辣豆腐的。喊得很干脆:

"臭豆腐——辣豆腐——"有的敲几声梆子，但是比卖鲜豆腐的梆子声短，也不那么响亮。卖臭豆腐和辣豆腐的小贩，最早推着小独轮车，放着装豆腐的小瓦缸，有好几个，除了臭豆腐、辣豆腐，还卖豆干、豆皮和咸菜嘎头。也有挎着篮子的，篮子里是两个小罐，各放一种豆腐。过了不久，竟见到有的小贩骑着钢管自行车来卖，车的后椅架两侧各有一个荆编小篓，篓里是陶瓷罐，一罐放臭豆腐，一罐装辣豆腐。这两种豆腐通常比较小，有点像孩子们玩儿的军棋棋子，在陶罐里整齐码放。记得在买时，两种味道的豆腐要一起买，放在小碟子里，灰白色是臭豆腐，暗红色的是酱豆腐，抹在切片的棒子面饼子或窝头上，吃在嘴里别有滋味。笔者上小学时，经常从家里带一个窝头去学校，在胡同口的早点摊，买一碗老豆腐就着吃。若碰上卖臭豆腐、辣豆腐的立马各来一块，放在窝头眼里，几口吞下，一上午都觉得嘴里很香。

津沽百姓，在吃食上口重，讲究味道要"冲"（读四声）。胡同平民对臭豆腐和辣豆腐常有需求，日子紧巴，整罐的"六必居""王致和"难下决心去买。来到门口的"臭豆腐、辣豆腐"，花钱不多还方便，馋了就买上几小块，还让孩子高兴半天，何乐而不为。

3."卖青萝卜的又来了——"

津门小吃，还有黄昏后卖青萝卜的。小贩一般上了点年纪，臂弯处，扎着边沿不深的敞口竹篮，篮子里最底下是一层干净的蓝布，半湿的布上，整齐放着几个皮色清亮的青萝卜，最上面一定是切开的，泛着碧绿、透着水灵、含着甜味。他的吆喝声前大后小还有一句拖腔，"卖——青萝卜的，又来——了——""好吃不辣，豆瓣绿嘞"。家里大人听到，打发孩子去买。

有意思的是，孩子拿着零钱只买几片。见有了买主，小贩先让看看那切开的萝卜，再问买几片，然后，一只手拿着一把半尺来长，刃很锋利的小刀，另一只手掌上放着一块不大的毛巾托着个青萝卜，刀在萝卜上划几下，几小角一般薄厚的萝卜片，就放在孩子的双手中。捧着萝卜片的小

孩,快乐地跑回家中,和家里的大人一起,就算吃上餐后"水果"了。

卖青萝卜的有时也会卖紫心萝卜,紫心萝卜个头圆长,皮色为头部浅绿尾部泛白;切开后的萝卜紫心饱满。手拿一片,放在嘴里一嚼,十分清脆。当然,切开的紫心也是为着衬托青萝卜。的确,好吃的青萝卜,口甜香脆,比鸭梨便宜。所以,卖青萝卜的在"卖——青萝卜的,又来——了——"之后,还会有一句"好吃不辣——赛鸭梨"的吆喝。看似简约,却也有含义在里面,丰富了人们的味觉。

味道不在于吃食的小和少,而在于生活的滋味和人生蕴含的一种乐趣。

4."卖大小——金鱼嘞"

记得少年时,笔者生活在离工人新村不远的某厂前街,这块地方大杂院不多,多是"你挨着我的山墙,我靠着你后屋"筑建而成的平房居民区。胡同也就依着通行方便、迤逦蜿蜒的通幽曲径,到可以临近的交通便捷——比如能看到公交站的大路,等车坐车。这种平民区,住砖房里的生活会殷实一些,住泥墙草顶的日子就有些艰难;但邻里之间来往热情,谁家有事都会搭把手。若是赶上办喜事,主家的前后左右邻居都来出个人力物力,或挽起袖子洗菜,或腾出小屋迎客,或送上几条鱼一盘虾。

胡同的孩子们仿佛从会跑、会说话开始,就是亲兄热妹。上学路上一起走,放学回家一块儿玩,女孩跳绳,男生踢球。那时,各家多不养猫狗,空闲时养些小草、小花、翠鸟、鸣虫,而孩子们兴趣却在弄个瓶瓶罐罐养个金鱼、蛤蟆秧子(小蝌蚪)。

半个多世纪前,窄街曲巷里常有推车挑担卖各种东西的小贩,卖金鱼的也挑着担子。那担子两头是各有一个直径一米左右、边高30多公分的矮圆木桶。矮桶没盖儿,却罩着可以看到金鱼游动的漏眼线网或细丝铁网;矮桶里有着横竖木片分割的格子,大小、种类不同的金鱼分格放着,黑的、红的、花的,大眼泡的、鼓肚子的和长尾巴的,各个游弋在同类的格子里。孩子们一眼看去,心里就留下金鱼活动的情影,忍不住要买上一两条养在家中。

孩子买鱼,眼睛盯着自己手里的小抄子,轻轻一抄,就抄到了活蹦乱跳的小金鱼。一般选红黑或尾巴灵巧的,大人在旁边指导着,要龙井要泡眼,可是绝不买花钱多的。金鱼担子里也有名贵一点的金鱼,归为龙睛、狮头、珍珠、五彩丹凤、短尾蛋鱼等类,并非上好,却是胡同养金鱼者的挚爱。对孩子而言,买上两三条颜色鲜亮的就好。放在大口的罐头瓶子里,水中若有点儿绿色水草,加上几颗灰白石子,几个孩子脑袋凑在一起会看上好半天。以后,金鱼的小主人每天把静置了几个钟头的清水给鱼换上,有的还会写几篇关于养金鱼的日记交给老师,老师会鼓励观察细致的孩子。

令人难忘的是在夏初,卖金鱼的还卖蛤蟆秧子。往往小贩把蛤蟆秧子放在一个不大的有着一层水的搪瓷盆里,搁在矮木桶的隔板上。白搪瓷盆里游动着一层黑黑的蛤蟆秧子,很是扎眼,吸引孩子来买。一两分钱,十多条,买来放在小罐里,罐里的水多半从养鱼水里倒出,隔两三天换一回水。孩子的兴趣在于看到蛤蟆秧子长出小腿来,米粒大的小爪,先从尾部两侧伸出,后来有了前爪,再后来尾巴掉了,幼小的青蛙稍微长大就一跳一跳的了。当时有一种陋习,说连水带蛤蟆秧子喝上一点可以败火。老师在课堂指出这种事不卫生,不科学。20世纪50年代后期有一部著名的水墨动画片《小蝌蚪找妈妈》,影响很大,孩子们从中了解了青蛙的成长,认识了水网生物,懂得了母爱,接受了生活的美和阳光。不知道这部影片与防止喝蛤蟆秧子有没有关系,反正在笔者的少年时期,大家看完《小蝌蚪找妈妈》,就对青蛙关爱有加,再没逮过,也从没吃过。

直到现在,笔者常常在脑海里还会出现穿行在窄街曲巷小胡同里,挑担子卖金鱼小贩的身影;仿佛耳边响起了"卖大小——金鱼——嘞"的吆喝声。这"大小金鱼"是津沽吆喝的典型,只有一句,干脆。"大小"却含着自己卖的金鱼品种多,既能适合成人也能让孩童喜欢。于是"卖大小——金鱼——嘞"它蕴含着市井生活喜爱鱼虫的乐趣,更蕴含着城市

孩子求索的童趣。而小金鱼在装着水的瓶子里游弋,幼小的心灵也在舞动——向着活力盈盈的自然!

5."青菜——的卖"

住在津门窄街曲巷里的居民,想吃菜就随手拿上小菜篮,溜达几步,去菜铺或杂货店的菜摊,买几种能炒出天津味的家常菜:经常是菠菜配豆腐、芹菜配香干、土豆配辣子、白菜配肉丝。

要说方便,还是不出户就能有青菜,等着来胡同转悠的挑担卖菜的小贩。他的担子前后有两个敞口很大的编筐,一般前面的筐放茄子、辣子、豆角、韭菜、蒜薹、莴笋等"细菜",五颜六色摆放整齐。菜的上面盖着不大的一块蓝色湿布,四边故意露出青的、紫的、绿的颜色来,能吸引家中做饭的婶子、大娘、老太太,她们会撇撇嘴、口上说着"贵"却伸手去挑、去买。担子的后面的敞口筐,一般放的是有麻袋片盖着的土豆、白菜、萝卜什么的"大路菜",菜虽不起眼,也要收拾得干净,不会有菜帮儿、蔫叶子和带着湿土。

在胡同转悠时,他会吆喝几声:"青菜——的卖"。声音清亮、粗犷,但不是侯宝林学唱的京城菜贩那种吆喝,把种类有节奏、有声调地唱喊出来。津门挑担子的菜贩很会做生意,他的手比挑菜的妇女手快,三两下把你要的韭菜、豆角、茄子放进秤盘,麻利地称好,还让你瞅那高高翘起的秤杆,并送上一小把香菜、一棵细葱,不算分量是饶头儿白送。买菜的主妇们不由得喜上眉梢。其实,让挑菜小贩青睐的是要按旬、按月、按季结账,把送菜到门里的主顾。这样的人家,收入不太高却稳定,家里有"挑嘴"的老人、孩子。对什么主食配什么菜,有些讲究。他们的口头禅:"吃饭搭配,要合肴性要合卯。"熬鱼配贴饼子,合菜、头肉配大饼,烧茄子配米饭。

这样的人家,往往和菜贩熟识,或就同在胡同里住,知根知底。一来二去,约定两三天送一次菜,要新鲜还要搭配得当,然后一个月或一季度结一次账。那时,挑担菜贩不甚识字,但是会记账。或是用一个小本或是个不大的"折子"。"折子"天津话叫"zhà zi",比火柴盒要偏大一些、扁一些。外层是左右窄边、上下长方形的蓝色硬纸套,两头空着,便于里边儿折叠着的纸芯能从一头推拉出来。打开,写字,记好账后,再收起,推入硬纸套内。小本封皮和折子套上写着每户的名字:张妈、李娘、王老太太……每次送菜,小贩就翻开本子用符号记账,价钱倒是能看清的一串串数字;结账时一笔一笔核实后,把钱付清。每次算账给钱,谁都没有急赤白脸的,也不会讨价还价,倒是常见小贩结账会抹去零头儿,或是主顾多付几角。

第二章　天津的文脉

第一节　文脉与环境、群落

（一）环境与人文高度叠加

　　天津是历史文化名城，1986 年经国务院颁布后，人们开始从历史足迹与留下来的文化遗存去认识津沽的过往与现在。一些有着代表性的建筑、痕迹、存态，虽受到快速城建的挤压，却在有关部门的关切和各方建议的争取下获得了保护。相关的研究与挖掘也陆续展开，其中热心的社会人士、乡情文化志愿者、高校的师生和关注于此的科研人员，都在积极行动，并出现了可观的成果，其中纪念筑城建卫 600 年活动、"问津丛书"陆续问世和《天津文史》《天津卫》等期刊（专刊）长期刊发地域文化的文章，以及津门的出版社竞相发行了不少相关的专著，把对津沽历史文化的探求推向了新阶段。

　　任何研究都伴随着认知不同的论争，这也是文化活跃的体现。尤其是天津，环境独特，发展独具。城市在近代风云际会中蹉跎前行，中外文化碰撞激烈，城市百年来的变化与之前的历史相比较，烙印更为明显。加上核心区的日新月异，远远超过岁月久远的周边各区。于是在梳理天津行政区的历史步履时，很难达到描述的兼顾与完善。有人提出城市核心区与环城四区及其他各区，各自总结出特点，再汇集成天津文化。虽可以这么说，却有点像"拼盘"，而不是一道完整系统的"津门大餐"。流行的看法是,津沽历史难说久远,筑城建卫也只有 600 多年。亮点不少,毕竟积淀不足。从文化群落的形成来看,天津行政区与津沽文化不尽同框,虽然只在大致范围环境相依,交往互通,但是长时间的文化交融、风习相近,会促使文脉上密切联系。因此,只要地域文化和行政范畴不是泾渭分明,就可以在文脉范畴内去归纳、爬梳、研究天津制置下的文化走势与特征。

《中国地域文化通览·天津卷》是一部介绍津门文化区域特色的著作,用"天津有着万年以上的人文足迹,千年左右的城市发展,近代百年辉煌"概括津沽文脉的走向。这简单又好记的三句话,可对津沽全域的历史步履有着基本的了解与把握。

(二)多个文化群落伴生

按照津沽的由西南山区向东北平原移动脚步,文化群落也从蓟州山麓逶迤铺开。秦汉的郡县划分,促进了潮白、蓟运河文化群落不断增容,并带动了周边,燕蓟(今蓟州一带)文化发挥出明显影响。一段时间之后,燕蓟文化南移,进入冲积平原,与子牙、南运河(静海、西青一带)文化群落接壤。而雍阳、宝坻,乃至汉沽等地因处在京津之间,人们交往频繁经济活跃,种麦稻、育蔬菜、捕鱼虾兼有,文化群落也逐渐与潮白、蓟运河群落和子牙、南运河群落有所区别,形成雍阳、宝坻(今武清、宝坻、宁河一带)文化群落。以方言为例,蓟州和武清、宝坻、静海的语音特色各不同,更不同于后来以城厢为基础的"天津话方言岛"。武清等地考古发现的汉代城址、墓葬,和漕运文化的萌显,都能清晰地说明这一区别。

天津文化如果按都市中心区来划分源流,出现较晚的天津老城厢文化和较早出现的潮白河、蓟运河文化群落,北运河文化群落,以至南边的大清、子牙、南运河文化群落,没有原点延续的关系。换句话说,天津城区和周边文化放到历史长河中,周边文化不仅早于只有 600 余年的、以筑城建卫为起首的城区文化群落,而且各自有相对独立的时空衍化通道。潮白河、蓟运河文化是燕蓟文化,北运河属于古代泉州、雍阳文化的范

畴,有大清河、子牙河、南运河经过的静海是古章武文化的流布区。

考古中,道教文化在这一地区的出现(大安宅发掘的木牍印证了这一点),鲜于璜碑的出土,又说明北方勃起的游牧民族和南来的农耕文化进入海河流域后,形成交融共生。魏晋南北朝时的行政建置,早期佛教文化在这一地区的流传(窦庄子佛造像窖藏)和北朝文化遗存(齐庄火葬墓)又显示出中原政权的朝代更迭,在这一带的影响。

隋唐帝国时期的行政建置,重点体现在潮白河、蓟运河文化群落和大清、南运河文化群落并兼及北运河文化群落。原有的人工运河(永济渠、泉州渠)与隋唐大运河相呼应,漕运文化在此时有所发展。随着征战用兵的需要,河道日渐繁忙,而古泉州和古章武的结合部,即永济渠、滹沱河、潞河交汇的周围,成为当时冲积平原上的政治、经济和边防中心。唐“三会海口”之名的出现,更印证着这里的河海要冲地位。物流和港口职能,也因为几条河流在此交汇而帆影叠叠,货物累累。这一境况亦可看作是天津较早的雏形。到了唐朝中后期,这一地区的戍边活动不断增强(例如有无终长城与唐代征辽的文化遗存);同时,唐在蓟州的佛教文化及其他文化动态(李白与独乐寺匾的故事),包括社会人生的活动,都在后来的典籍、诗文、传说和考古中得到印证。

五代之后,“三会”之区的行政管理系统有所变化。宋辽时期,气候干冷游牧民族南下,海河一带成为辽、宋边界区。双方在各自稳定控制的同时,加强了军事屯垦,并使南北社会文化并存。在海河干流出现了“舗”“寨”的形制(如直沽、泥沽、双港、独流等),推动了这一带走向河道城市形成的历程。这实际是“天津”成为“天津卫”的文化基石。宋辽在对峙中发展,河畔经济活动泛起,移民也从各地来此集聚。佛教、佛寺文化,以潮白河、蓟运河文化群落为依托,在辽地广泛传播至武清、宝坻一带。至今蓟州区独乐寺、白塔,千像寺石刻造像,宝坻广济寺,宝坻千佛顶铜器窖藏,武清大良塔等等,都彰显了当时的文化传递轨迹与佛教信仰之盛。这一时期,海河畔的民间传说活跃,至今“唐城的传说”“杨七郎墓的故事”,

已成为非物质文化遗产。

金中都、元大都的建立使中国政治轴心由东西转为南北走向,随之海河地区成为京畿重地。那时的南方,山清水秀经济富庶,诗书传家文化繁荣。由于政治中枢到了北京,江南沿海诸省必须向京畿输送盐粮,甚至首善之区的各种物资"无不仰给于江南"。而津沽一带的制盐方式从煮盐转变为晒盐,也符合"南方影响着北地"这一趋势。晒盐方式经福建北上的海路至大沽口后传递到海河、南北运河靠东至渤海滩涂这片地区,即葛沽、宝坻、汉沽一带。盐田片片,稻谷飘香,预示着津沽之地的生活有了走向了海洋的趋势。不久,长芦等处变成制盐和管理盐务的要地;海河更由于南北运河的穿过和大运河的繁忙,成为中央政权的漕运生命线。三岔口和九河下梢之地的囤积、转运与关卡职能凸显出来,金朝在此设直沽寨和元朝在此设海津镇。随之,海河有了"转粟春秋入,行舟日夜过"的漕运兴盛。军垦、制盐、物流成为直沽寨、海津镇经济活动的重点。与其相匹配的管理机制、经济活动、民众生活信仰等影响着又一个文化群落——"城厢文化群落"开始崛起。

在文学创作中,直沽社会生活(《直沽谣》和《直沽客行》及其他文学)也有了清楚体现,妈祖信仰也在此时进入大沽。元代朝廷曾先后在天津建起两座天妃宫,其中以海河三岔口处的娘娘宫久盛不衰,促使了三岔河口一带,特别是宫南、宫北大街的繁荣。每到节庆时节,男女老少都会去娘娘宫一带逛一逛。购物、烧香,熙熙攘攘,摩肩接踵。形成"妈祖建庙在先,天津筑城在后"的文化积淀。

明永乐二年十一月,朱棣下旨筑城设"天津卫",后又添"左卫、中卫",使天津有了左中右三卫。1406年完成筑城。天津卫城大致为长方形,富有特色,俗称"算盘城"。因临三岔河口,紧靠海河干流,经济活动多在城外河畔和方便货物装卸、交易、经营的集结地,形成了城内多衙门和宅院,城外多店铺的格局。日益繁忙的漕运,又促使多达千所的"露囤"建立。盐务管理机构也由沧州转至天津;长芦盐业的大量晒盐和引岸专

商,极大提升了天津卫的政治、经济、文化地位。盐文化在三津地区有了相当大的影响,给津沽市井带来了奢华。农业文化也有明显发展,屯田机制和袁黄《劝农书》、徐光启的农业试验等,都出现在天津,生动说明了这一点。此外天津巡抚的设立,手工业的日盛,也使天津被人刮目相看。

九边重镇之一的蓟镇,也就是潮白河、蓟运河文化群落也继续巩固。戚继光修长城,使明朝的文化叠加该地,这使后来的蓟州地区成为天津一条有着古代文化传承,并沿袭至今的潮白河、蓟运河文化带。

当天津卫城中心引力日渐强大,北运河文化群落,南运河文化群落和靠东边的宝坻、宁河、汉沽文化群落,这三片群落尽管比天津筑城的历史久远,其置制隶属也有自身的层面,但都不同程度受到天津卫的影响。这一时期,城厢经济文化发展加快,独具特色的教育(卫学、屯学、商学等)也令人称道。此时的天津名曰为"卫","盖畿辅一都会哉"(《续天津县志》)。

(三)城域置制与核心区的彰显

有清一朝对天津的地位非常重视,从康熙到光绪,盛世时如此,衰落时也如此。雍正时期改卫为州府,天津的统辖区域明显扩大。不仅钞关、御史署、运使署迁入,而且辖制"六县一州(沧州)"。行政体制的完善(附廓置县),使天津"门户"作用得到很大强化。城区经济因漕运与土宜(即漕船可允许夹带的私货)或落地,或交易,使商贸、贩运、经营活动大量增加。尤其是盐运与盐商经济推助了城市生活,天津卫的商事气氛日益浓厚。在开海禁后,商贾更是纷纷放舟天津。从而天津有了大型的货物交易,肉市、鱼市、菜市、牛市一应俱全。票号、杂货街、各省会馆也一展风姿,"商人的活跃对天津城市的发展起了重要的催化作用"(来新夏主编:《天津近代史》南开大学出版社1987年版,第10页)。道光年间的《津门保甲图说》对各种户籍人口的统计,彰显了天津的城市作用、城市面貌和城市分量。教育在天津城区多元呈现。《津门杂记》所记人物事迹,客居天津的名人，都在这"热闹之地""继往开来说不尽"（见《天津地理买卖杂字》），这也印证着天津在有清一朝的兴隆。

津城周边的经济文化，也在表现。而蓟州盘山的行宫和皇族陵寝的建立，乾隆多次到此留下的诗，表明潮白、蓟运河文化群落又增加了"宫廷园、寝"文化的层面。到现在，蓟州区不仅是天津的后花园，还是文脉悠久、自然景观甚佳的游览区。

天津虽然是北洋大臣的署衙之地，肩负着清政府的政治、军事和外交事宜要尽量在此处理的"门户之责"；但是两次鸦片战争，被迫开埠，以及甲午海战失败、不平等的《马关条约》签订，大沽口浴血，火烧大直沽，天津城墙被强拆，都统衙门设立等，使天津处在血雨腥风之中。而作为中国近代的前沿城市，京畿门户的天津，也成为极具思考、极具吸纳、极具转化的城市。行政管理能较快地适应历史脚步，由是"洋务猛增"和"新政凸显"。尽管后人对此的评判不一，甚或观点对立。但是，当时的各种与固旧秩序相左的"新式举措"，却使天津成为改良变革的实验基地。

首先，是传统与改良在"西学为用"和"以夷制夷"口号下所运行的"洋务"与"新政"。北洋舰队巡弋渤海，大沽炮台岸边扼守，北洋水师学堂和东局子兵工厂的种种实绩，军事工业在天津的系列建构以及代表近代发展的铁路枢纽在津形成，加上城市规划建设在河北区的出现，推动了城市变化的步履。

其次，天津处于接受新思想、新事物、新教育的前沿。新兴的文化意识与新型的经济形态在津沽几乎全面涌现，特别是农耕手工业作坊也批量转换成铁工厂、铸造厂和机械厂，三条石因此而声名鹊起。重点还体现在近代的议会、司法、警察、商会等社会管理制度在天津核心区的广泛实施；设股合作的企业，在鳞次栉比的出现中扩大了民族资本的鲜明影响。商贸、工矿、建筑、纺织、港口码头和金融等等几乎在天津城厢和海河干流都有较大、较为全面的发展。其中还有"九国租界"及其异域风情的众多建筑和外来的生活方式，所发生的东西文化的碰撞，加速了"华洋交

织"带来的嬗变。这些都使天津的社会状况有着区别传统秩序,城市风貌领先一步的文化意义,为全国所瞩目。

天津的文艺演出活动日益纷纭繁复,戏曲码头吸引大江南北的目光,教育的全面近代化和从幼儿到大学各阶段的均衡而系列的设置,使津沽人才辈出。造币和金融的繁荣,交通的立体化转型与邮政、电力、制碱、织染、面粉等业态的出现与发展,更在全国名列前茅。这一切促使天津城市在近代化发展中虽步履有着坎坷,但仍能快速前行,并在迎接时代冲刷中呈现出多面的变化。

天津的启蒙意识日隆。面对朝廷的腐朽、列强的侵入,天津的学界、天津的商界、天津的舆论、天津的城市风气等,都在立志立人、民族强盛上多有表现。求新和抗争,已成一种世风。尤其学生和知识才俊在天津的近代化进程中一举一动都影响甚大,留下难以磨灭的印记。外资和"洋文化"在天津也有表现,影响着津门风情。买办等的出现,加重了天津近代化路径的崎岖,也赋予了沽上多元的色彩、参差的格调。

天津清末民初的文化,是一种多样杂糅,力度方向交错的文化形态,但在河海通津的环境下,交汇、交流普遍存在。临风而接纳已成主流。报刊众多、社团林立、新式学校文化影响着社会。文艺也集聚、发展、提升,戏院、茶园凸显市民趣味。就是城市建筑文化也展示出走向近代,走向海洋的特色。海河干流上的大型货轮和海河入海处的塘沽港口、大沽船坞的问世,就是明显的例证。

天津的城厢文化群落,到了清代以后中心作用得以极大体现,文化半径延伸到华北其他地区、东北和西北。令人印象深刻的是,潮白河(后期为潮白新河)、蓟运河文化群落依然存在,天津城市周边的各文化群落和天津卫的原有文化群落形成互补,以一种围绕城厢的方式和城市核心区进行文化互动。在城区快速崛起中,天津周边的各个文化群落被带动起来,各有传递,并在城厢文化的强势拉曳下联系逐步紧密,例如杨村、独流、葛沽、杨柳青都成为天津核心区的"卫星镇",和月亮围绕着地球一样,至此天津大文化群落形成。

第二节　文脉的表现与内涵

在"万、千、百"的视野下,天津文化有着梯层性的发展,久远的蓟州和隋唐的雍阳,明清的天津卫,近代的商埠海港,如叠岩般的层层相加在津沽大地。这形成天津文化叠层有了两个特征:首先是,后一个发展层面较之前一个发展层次变化明显,时间加快;其次是,每次发展都留下一个独特的文化带。

(一)四条文化带

1.远古文化带

天津原来是海,地下至今仍可以找到鲸、海豚等海生动物遗骸和种类繁多的贝壳。而天津贝壳堤(沿滨海新区海边都有遗迹,以大港保存的最为典型)是世界著名三大贝壳堤之一(其他为:美国路易斯安那州贝壳堤、南美苏里南贝壳堤),距今已有 5000 年左右的历史。是全新世以来渤海成陆的重要产物,是重要的自然资源。它表明天津地貌的初始,奠基着文脉的滥觞。天津还是因古老黄河改道形成冲积性平原的地方,湿地遍布,沽汊云集,河海相通,为以后的码头与港口文化打下坚实的基础。可称之古代建筑文化翘楚的独乐寺位于天津蓟州区城西门内, 始建于唐代。寺内的观音阁和山门重建于辽统和二年。独乐寺观音阁集我国木结构建筑之大成,是国内现存年代最早的古代木结构楼阁。观音阁内,矗立的观音塑像是国内最大的泥塑之一。它代表了古代建筑和塑像艺术的精华。隋唐时期佛教文化已至渤海湾一带。唐贞观年间李世民率师远征辽东,奏捷回朝,驻跸于海河岸边的庆国寺,同行的鄂国公尉迟敬德在庙中挂甲,李世民遂敕赐更名为"挂甲寺"。虽说这一故事未入正史,但此庙一直存续,近年经重修而使昔日面貌又现。

津沽住房的兴建,自宋末元初沿南运河——海河而渐次发展。盐民和渔民的土房、窝铺,从三岔河口顺海河两岸绵延到大直沽。一些商贩也来此贸易。至元元年(1267),元定都于燕地大都(即北京),为解决军需民食,南粮北运,从北马头(今北大关)到大直沽一带,建筑起许多和中转粮食有关的建筑物,盐运、漕运、渔业应时而生。当时的住房简陋,原有民居建筑根本没有遗留下什么痕迹。元代直沽最辉煌的建筑物,要数13世纪在大、小直沽修建了天妃庙。21世纪初在天津河东区发现原天妃宫遗址,清楚印证了津沽的古韵和建城前的沿革。

2.明清文化带

明代永乐二年(1404)朱棣皇帝颁旨设天津卫,派兵戍守屯种。当时的屯兵可带家属人口住在卫所,他们就成了天津卫的常住居民。设卫后,开始建土围子的城墙,并陆续增设了天津左卫及天津右卫。天津筑城后十年,从杭州到天津、通州的大运河全线畅通。明代初年天津卫的建筑布局特点十分明显,城内是政治中心,集中了许多公用建筑。城中的鼓楼为中轴线交点,四周有军事衙署,建有储存粮食的大运、大盈、广备三仓(今尚存"仓门口"地名),及户部分司和明伦堂、文庙等。城外东北角的玉皇阁和西窑洼大悲院等宗教楼阁建筑气势颇大,显示了天津卫城在京畿和渤海区域的某种权威地位。极有特点的是,明代天津卫经济生活的中心不在城内而在城外,商业建筑集中在南运河岸边、北门外码头即今天的大红桥、估衣街一带。

清军入关后,经过顺治朝的政治、经济稳定和康熙六十余年的发展,天津卫的城市地位更加重要。雍正二年(1724)天津卫升为天津州,天津城墙,全部改用砖砌。由于城内规划井然,一些官宦、粮商、盐商、海户所居住的胡同内,有很多由高台阶、虎座门楼、宽门道、过厅、厢房、正房和高墙等建筑组成的院落,俗称"大四合套"。由于康熙、乾隆南巡,还新修了皇船坞、柳墅行宫、普陀寺(海光寺),重修了天后宫、望海寺(内有望海楼)等建筑物。康熙年间,天津成为长芦盐课税与转运的主要集散地。而盐商在天津经济上的地位超过了依赖漕运的粮商。来津盐商李承鸿"筑寓游园,有半舫轩、听月楼、枣香书屋诸胜,名士皆馆其家"。城西南运河南岸的"水西庄"占地百亩,为盐商查家私人园林,园中树碧石奇水清,南北园林建筑时隐时现(详细介绍,见本书第五章第一节)。清乾隆帝南巡路过天津,就居住在其中的"芥园"。清中叶,天津的商业由于海运、盐务的兴盛,进一步发展起来。商贾们在旧城东、北门里、鼓楼东西、宫北大街、估衣街、针市街西头一带建筑了不少深宅大院,也为后来的津城建筑中西合璧的"中"奠定了基础。

3.近代百年文化带

清末的天津已成为一个五方杂处、商业繁荣的海口大城市。19世纪末,城市人口达到六十多万。特别是1900年以后,天津周围的农村频遭灾害,一些河北、山东的农民,来到天津盖起一间间低矮的土草房居住并以某庄子命名,这就是今日的沈庄子、王庄子、郭庄子、旺道庄等地名的由来。影响城市格调的是,具有主导和规模性建筑群的出现。1902年,袁世凯接任直隶总督,他"推行新政"规划了河北新市区。新区的东边,还规划了车站(天津北站)、学校(法政学堂)、花园(种植园)用地,以及以展览厅为主的公园(今中山公园)。当时及以后一个阶段,天津的河北新区是中国近代自我规划自我建设城区的一个示范。

1860年第二次鸦片战争以后,天津先后被九个帝国主义国家占有租界,中西碰撞风云际会,海口、河口、内陆通商进一步拓展。第一次世界大战后,津门经济畸形的繁荣。租界内新式住宅楼房迭起,多集中在今"五大道"和赤峰道、建设路(原英租界达文波路)、花园路(原法国花园周围)、民族路(意租界回力球场附近)、鞍山道(日租界宫岛街)等地段。这些洋式与中西合璧的建筑,新颖华丽别具风格。如著名的"疙瘩楼",系包内悌(即意大利建筑师鲍乃弟)于1936年设计施工,由意大利人监造。用烧琉的缸砖做墙体,引人瞩目。如今的睦南道、桂林路转角处的启新洋灰公司董事李家的四所住宅,设计上独出心裁,立面全用小鹅卵石装饰,洋

溢着英国高直式别墅的风格，表现了当时天津新兴资产阶级的生活情趣。清王朝垮台后不少皇亲贵族，遗老遗少离开皇城迁至津门租界内。天津进而成了倒台军阀、失意政客的寓居地。清隆裕太后身边的太监张兰德（小德张），清朝朝廷崩溃前来津，为经营自己的栖息之所，在今重庆道自行设计、巨资投入建起一座花园式别墅，连照明用灯、玻璃彩饰都购自意大利。此豪宅后为清逊庆王载振所有。

20世纪二三十年代，天津租界内银行、办公房大量兴建，多为希腊、罗马新古典主义柱廊式楼房建筑，其间有英式建筑，意式建筑，法式建筑，德式建筑，西班牙建筑。还有众多的文艺复兴式建筑、古典主义建筑、折衷主义建筑、巴洛克式建筑、庭院式建筑以及中西合璧式建筑。被人称为"小巴黎""天津银座""中国华尔街"，视作"万国建筑博览会"。这些建筑群，给天津的文化肌理和城市功能带来极大影响，"天津小洋楼"成为津沽又一地标。

给天津城市形象打上深刻烙印的还有，前文已经提到的，这一时期的工商业的飞速发展。据《中国地域文化通览·天津卷》的记述：19世纪末以来，天津是近代中国的一个吐故纳新的中心，其工业经历了官办、官商合办、官督商办、商办的全过程。最早的官办工业是清政府的天津机器局，1867年建成西局，生产西式枪炮；在城东贾家沽道兴建火药厂，即东局。1888年试制出中国第一艘潜水艇——水底机船。1887年天津机器局拨出一部分机器设备铸造铜钱，并于1896年正式改为现代化的机器铸币厂；1902年改建为北洋银元局；1914年成立了天津造币总厂。

1888年10月9日中国第一条运营铁路——唐津铁路正式建成通车，当时最大的铁路客货站在天津旺道庄建成。1892年迁址到附近的老龙头，即今天津站。1910年津浦铁路天津西站建成。1913年津浦铁路总局在天津成立。津浦铁路天津西站、静海站、唐官屯站、杨柳青站的老站房，现在依旧保持了当年的风貌样式，清晰印证着近代天津对中国铁路的贡献。1906年，中国最早的城市公共交通——有轨电车在天津运营行驶,天津成为中国最早拥有近代公共交通的城市。简单的举例,足以说明近代文化在天津已深入社会的核心。

此外,天津民族工业的兴起,让大众眼前一亮。最早出现的是1878年天津招商局总办投资创办的机器磨房,后来又有1886年创办的天津火柴公司。从1900年到1914年,天津新开办的民族资本企业共有38家,分布在棉织、染织、面粉、制油、造胰、烟草、造纸等行业,产品辐射三北(华北、西北、东北)地区。20世纪头30年,天津工商业又有进一步发展,大银行左右着华北、东北乃至全国的经济命脉。都市工商业群体也越来越多,天津商会等几十个代表工商业者经济和政治利益的组织涌现。

同时,新知识群体的形成,抒写了丰富的天津现代都市文化。一批具有全国影响的大、中、小学和专科学校相继涌现,以及《大公报》《益世报》等具有海内外广泛影响力的报纸、杂志的活跃,大大提高了天津的文化水准和知名度。中国第一个篮球队出现在天津,南开系列学校的创办者张伯苓最早提出申办奥运会的主张。文化娱乐进入寻常百姓之家,那时,"出了菜馆进戏院"成为几代天津人时尚的生活方式,也使天津成为20世纪二三十年代戏剧艺术、烹饪技艺的中心。

天津的革命活动和新文化运动活跃而强大,觉悟社与南开话剧表明了天津文化的主流。这一历史阶段的天津,在经济、文化乃至政治上都在全国有着举足轻重的影响,而文化名人的云集,使津城成为表现中国近代社会的大舞台,"名列全国前茅"的新事物有上百项之多。与其相伴随,天津还有诸多的革命活动,一系列的"红色"使天津更加熠熠生辉。这也是日后天津成为历史文化名城和获得"百年中国看天津"这一赞誉的主要原因。

4.当代发展文化带

天津作为我国四大直辖市之一,是华北重要的工业基地和环渤海地区的经济与商贸中心,拥有我国北方最大港口的沿海开放城市。改革开放40年来,天津在原有的基础上,一方面提升核心区城市功能,另一方

面走向临海,在滩涂建立新区。滨海新区不断拓新,大项目、高科技企业不断落户。《国务院推进天津滨海新区开发开放有关问题的意见》(以下简称国务院 20 号文)颁布,天津环渤海地区被国务院定位为继深圳、浦东之后的中国经济第三增长极。改革开放又一次把"天津求发展"直接上升到了国家战略。《天津市城市总体规划(2005 年–2020 年)》获得国务院原则通过,天津定位为"国际港口城市、北方经济中心和生态城市",并成为全国综合配套改革试验区。相信在变化之中,天津得到了长足的发展。

以上四条文化叠层,清楚显示了天津独特的文脉足迹。

(二)三个文化特征

1.地貌促成河海通津

天津地处中国北方,海河穿城而过,在冲积平原上建城,在贝壳堤上建港,说明着天津与海洋的依存关系。几千年前的黄河借海河改道,使津沽大地与冲积平原结缘。低洼的地势,河湖的众多,使此地被后人赞为"湿地天堂"。而多条支河经海河入海,海河孕育着津沽大地,"九河下梢"是天津人自古至今对乡土引以为豪的描述。天津以漕运而兴,被人们叫做"水陆码头"。因运河穿过海河造成"三岔河口"地貌,使津沽有了"先有三岔口,后有天津卫"之说。当三岔河口、漕盐两运、水陆码头共生互动形成物流商贸经济,这种以"跑码头"为特色的码头经济促进了码头文化,码头文化又推动了码头经济。当历史的脚步走到了近代,汇聚南来北往的人流物流的天津更因时代的赐予,尤其是清末"新政"在津的较早实施,而呈风气之先。海河不仅水面跑船岸边装卸货物,还架起了当时国内罕见的开合铁桥,从一个侧面反映出天津地位的重要。

天津文化的码头特色与各种业态交叉存在,与津沽的九河下梢地貌环境有着密切关系。有意思的是,天津人文在聚合交汇中产生出差异性存在。津城内河码头与塘沽海港相距较远,城厢街市里巷与"河北新区"风貌迥异,文士雅趣与短衫爱好兴致不同。1860 年被迫开埠,塘沽港口建设加快,城市功能也由"水陆码头"向着"临海大港"发展。于是形成了天津既有中心城区和远郊围绕,沿海又有了港区的布局。在文化表现上,存在着中心区与非中心区既有区别又有联系的景象。考察天津历史文脉,必须以此为着眼点。

2.中心区的凝聚带动

天津的中心区文化,虽说与退海之地有着关联,例如那美丽又浪漫的精卫填海的神话传说一直萦绕在津沽大地,从古至今在文艺作品中多有表现,但其原点并非只指天津沿海,也不是早已存在的古蓟州。所以天津城厢文化的准确基点还是以金元时期的直沽寨和津海镇为初始;以明朝永乐二年被命名"天津",开始筑城建卫为滥觞。若以四条文化带的影响力来看城市中心区的文化特征,应突出"明之卫城清之府县"和"近代工商重镇"这两个环节。前者从文化内涵上说可称其为"明清投影",后者可称其为"近代烙印"。

"明清投影"之于天津文化,仅从其大运河经海河上游而形成三岔河口,下游海河又连接渤海而面向域外,即可知道津沽大地扼据要津、通达四海的底蕴。而且河海相连盐漕两运,使得天津自身的码头形态和对京师的护卫功能日益彰显,也成为津城文化的本色。明朝的卫制,让天津有了军事色彩,清廷的置州、府县合一,又使津门的行政建制独特、独有。这铺垫着天津城市的体制特色。明清文化带对天津的影响不仅很大,而且传递至今。

"近代烙印"对天津文化而言,先是经历了两次鸦片战争、大沽炮台陷落、紫竹浴血和八国联军强行拆除城墙的悲痛。其后在1860年被迫开埠,进而成为中国"外交"频仍、政治运动纷繁、文化表现多元的舞台。随着九国租界的林立,近代新政的实施,津沽大地不仅嬗变深刻,悲辛交集,而且文化杂糅多元。

过去习惯以"码头""租界""新政"和中西交汇来缕析天津文化,其实通过四条文化带的归纳和近代天津有了包含多种业态的"百项全国第

一"(见《近代中国——看天津百项中国第一》,王述祖、航鹰编著,天津人民出版社,2007年6版),人们对天津的近代文化实绩和文脉规律有了更新更深的认知。

首先,天津文化的突出表现在近代。这是个巨变的时代,且成就与问题并存,但历史在进步。一是天津被快速都市化,仅历经80年左右(1860—1936)就具备了近代大都市的功能;二是租界地的西方色彩和津沽本土的东方特征,在近代化过程中共存,使这座城市呈现出多元开放的状态,不仅延续了天津码头的文化传统,而且有了与世界接轨的拓展;三是天津在较短时期内,以快速高效发展所产生的凝聚力,吸引着全国的文化精英,荟萃着尽可能多的文化精华,尽管城市迅猛发展带来了泥沙俱下,文化多元含有良莠不齐,但是披沙拣金并闪光的部分是起主导性作用的,特别是其中的革新意识令人瞩目引领全国。

其次,天津文化在近代的快速发展,显示出一种前所未有的全方位、立体化。据统计,包含军政、司法、教育、科技、金融、交通、化工、外贸,以及新闻、文艺、体育等反映社会进步的21类国计民生的业态中,共有112项"全国第一"(见王述祖、航鹰编著的《天津百项第一》)。"第一"就是率先发展。表现在思想上,如严复译的《天演论》,梁启超在饮冰室写了大量的思想历史文化著作,都是当时极为进步的思想并深刻影响中国历史的进程。表现在教育上,如严修、张伯苓办学所提出的一系列的教育观,至今还给人们以极大的启迪。北洋大学、南开学校对中国现代教育的贡献,各类专门教育学校在天津的兴起,都开创了当时的中国文化的新局面。这还表现在城市的创新推动着社会建构,提升城市的引领地位上。尤其是科技、教育、交通和工商业的繁荣对天津的影响甚大,深刻带动津门周边地区。当时天津的"文化半径"很长,五四运动的罢市从天津开始,以及南开教育垂范全国,全国第一条铁路和铁路枢纽在天津的确立、金融活动波及大江南北,尤其是"辐射三北(东北、华北、西北)",都清楚说明天津的影响力。随着天津的运输业由内陆走向海洋,天津港的地位与作用越来越大；民间的码头文化推演为港湾文化，国际性日益增强，交往日益增多。

天津的四条文化带，尤以"近代烙印"代表着生产力的更新，传递着工业文明的形态和该进程带来的深刻烙印，这也极大促成天津文化扼守京畿面迎前沿的特征。1928年天津被定为"特别市"，显然是有其经济与文化根据的，也佐证了近代文化对天津的突出影响。尤其是革命活动在天津十分活跃，从中走出了数十位早期中国共产党人，每个人的事迹都可歌可泣，生动反映出津城在中国社会迈入近代变革时期的引领地位。天津的中心城区文化，尽管有各种杂糅且良莠不齐，其主导文化是开放、开端和先进的，决定着天津文化的内涵。

3.商埠市井的雅俗影响

天津的文化表现还有民间的世俗层面，街巷胡同形成的风俗、风气，让津城文脉有了浓厚的市井况味。清末民初，随着天津外来人口的大量增长，南北说唱艺术加速了在天津的交流，交融。北京的联珠快书、竹板书、梅花大鼓、单弦，河北的乐亭大鼓、山东的梨花大鼓、河南大鼓、扬州小调，甚至是福建的南词等说唱艺术也进入了天津的演出市场。

南北说唱艺术增强了津沽文化表现的丰富性，也让文化深入里巷杂院，亲近底层大众，共存共生共享。市井的天津善于迎来送往接纳四方来客，在吃上讲究小吃加饭庄，家庭用餐大多喜欢饺子、捞面和馒头、米饭、窝头与家常炒菜；个人吃早点常是油条、豆浆、肉包、炸糕、麻花、馄饨和锅巴菜，不是面菜混合，就是一碗解决问题。而饭庄是待客之处，几人围坐叫上鲁菜、川菜、浙菜，以尽地主之谊。天津人在穿上重实惠，不把目光朝向排场，却以"外场人"（即见多识广）自居，不图太时髦，但要跟上潮流。三津居民的住，安于你住洋楼我住杂院，豁达待人。沽上百姓在行上，居水路要津，重视码头文化。

天津是北方妈祖的衍生区，故有"南有湄洲妈祖庙，北有天津天后宫"之说。因是敕建庙宇，加上"娘娘庙在先，天津卫在后"的俚语，充分

天津随谈

058

说明妈祖文化在天津文化发展上的重要地位。以天后宫为中心的宫南宫北大街，兴衰数百年，修建后更名为"古文化街"。这条街，明清商事的味道充盈，民众的祈福氛围浓郁。百姓生活上的盼望与疑虑，在给妈祖上香的一刻，仿佛都在心中获得答案。求福去病、招财守安、生儿育女，人们都到娘娘宫祷告妈祖。

天津人的知足常乐，一到年节，尽情流露。贴窗花、挂年画。内容丰富的杨柳青年画充满吉祥意味，四处可见。红色的吉祥剪纸、富贵吉祥的绣品、洋溢着顺遂的市风，遍及通衢商铺，进入窄巷泥屋。走进园子听听曲艺，在说唱声中也饱含着世俗民生。天津俗文化的浓郁，还使天津文化的分层性大于融合性。津门洋楼多为按租界群落性建设，远离老城窄街小巷的喧闹。在维多利亚道（今解放北路）等通衢，弥漫的是肃然静谧，别墅窗外听到的是交响乐声，而津沽胡同上空飘荡的是鼓曲弦板。同在三津之地，杂院泥屋与洋楼雅居，几乎是两个世界。身处两者之间，明显会感到，环境完全不同。正是这种"差异化"的存在，天津文化的整体性因此有所削弱，却交织成趣。

天津自近代以来很快接受了精英的文化，但随着代表人物的流动，精英文化有时候不能长期在津沽保持，这是津门的一个弱点。清代的纪晓岚说天津赖"煮海之利，故繁华颇近于淮扬"。但是古迹遗存"颇稀"，明代以前者"屈指可数"，也就是历史积淀较少。虽然"河海襟带，港汊交通"，但"文士往来于斯，不过寻园亭之乐，作歌舞之欢，以诗酒为佳兴云尔"。也就是文人雅士在天津只做寻留，不能扎根。纪晓岚认为"非才不能，地限之也"。

文化人的流动会形成城市文化的移过性，而津沽地貌的水路并兴、四通八达，虽有交通之便，但太过码头化，使得天津对文化存在着不能持久接续的属性，却对各地来津"跑码头"的艺术表现十分喜欢，形成了迎来送往的城市风格。浓厚的文化移过性，既是天津的不足也是津沽市井的特色。

四条文化带的存在,本身就说明天津文化的多重与复杂。农耕的沉积,卫城码头的凸显,尽管天津迈开了商埠的步伐,却在市井胡同有着自己的欣赏趣味——俗显雅隐。例如天津是曲艺之乡,说书唱曲有大批受众,同时天津的话剧活动全国瞩目,甚至南开话剧到今天都影响着天津尤其是校园的文化氛围。但是天津的话剧与曲艺,受众群体似乎未有太多交叉,往往分层赏析,并非雅俗共赏。所以天津文化有主流,有次生,雅俗分明,在开拓进取之中,伴生着亚文化、底层文化、衍生文化。

(三)三个意涵结构

"万、千、百"的津沽文脉步履与上述四条历史文化带密切相关,共同塑造了天津这座城市和它的文化形象。认真考察,这四条文化带之间的内涵结构如何?可如下表述:

意涵一:积淀—置变—递进

文化需要积累,文化带的形成本身就是在特定时空内的聚积、沉淀过程。但对天津而言,通过体制的改变,使经济形态较前一时代有了显著的发展,这又与天津的地貌和区位作用,互为表里互为因果。是大运河与海河水系奠定了天津的城市功能,处在京畿之地又让天津因"置"(级别职能)的不同而递进,古为郡属,唐为"三会海口",金元为"海津镇、直沽寨",明为"天津卫、津道衙门",清雍正开始"改州为府、府县合一"。后来便设有直隶按察司,再后有直隶巡抚和北洋大臣官署,可见天津"制置"的逐步提高和城市地位的凸显,与"要冲之地"和"京畿门户"密切相关。"意涵一"告诉人们,积淀不是递进的直接原因,关键在于制置(城市性质)的变化。

意涵二:城市—迎变—文化

城市是社会进步的结晶,也是社会文明的闪光,城市是人类的美好家园,也是百姓的生活追求。2010年上海世博会的主题为"城市,让生活更美好",也反映出城市对社会、历史和人类的作用,尤其是对现代生活

的作用。在"意涵二"里，城市虽源自适合人居住的地理环境与人群的集结，但是和时空给予的客观条件及历史带来的机遇密不可分。历史机遇往往就是文化的孕育之功和文脉的推进之力。机制、体制在变化，处在其中的人与环境也应积极迎接"变化"，这对城市的建设与发展也至关重要。天津城市的起步典型地印证了这一点。明永乐皇帝颁旨设卫筑城并赐名"天津"，于是从1404年就有了天津城。天津是中国唯一有明确建城日期的大城市。天津在"变"中没有被动应付，而是借机发展主动迎上前去。卫城里面衙门多大户多，商贾小贩就在城外依运河、海河搞起物流商贸、经营街市门面。于是"估衣街中你买我卖""宫南宫北大街熙熙攘攘，娘娘宫庙会为津门最热闹处"，乃至竹竿巷、粮店后街成为店铺林立的地方。显然主动让城市"变化"，积极发展是天津成为大都市的前提和条件，而天津城市的拓展又使文化得到凝聚，天津文化也就从此提升并回馈这座城市。所以，"迎变"是津城建设和文化发展的基础，文化给天津扩容。

意涵三：机遇—创业—市风

"机遇"对天津而言，集中表现在京畿门户的作用因河海通津而彰显。作为首善之地的门户城市，三津加大了发展的空间，也因要冲之地利于"创业"而能快速地拓展创新。回顾津门百年，无论开合桥、金融街、中山路、谦祥益、劝业场……哪一处的萌生和繁荣不是创业出来的？同时，"创业"促进了"市风"的活跃，推动城市功能向"大天津"迈步。上述三者，"创业"是重心，"机遇"和"市风"是一种双向的维度，前者既提供机遇又是"引导"，后者既是积淀又是助力，从而使"创业"给天津的发展带来空前的活力。

综合上面的三个意涵所列的关系，天津城市的发展后劲，在于区位功能对城市带来了关键性的推进，是文脉的重心。由周边向核心区不断变化，使得津沽文脉丰富、绵延、硕果累累。同时，天津文脉发展的引人注目，是在"近代百年"这一阶段。但是速度大于深入，造成了津城文化自身扎下去的韧力不足。所以，天津文化就有着短、小、散的表现，为其"移过大于扎根"铺下了温床。

从地域人文角度分析,天津的文化足迹与走向:一是从海河走向大海,变码头文化为港湾文化,增加拓展性和开阔性,让天津文化的辐射半径加长再加长。二是天津必须也应该要把变化发展牢牢抓住,特别是要留住文脉,让天津文化既能够纵向深入又能够横向扩大。

第三节 四个特性和七种文化形态

(一)天津文化四个特性

1.雅与俗并举

天津的文化表现,既有纵向的由古代到近代的历史步伐造成的群落分布,也呈现着在主流文化驱动下,高雅审美与通俗欣赏的碰撞。尤其是城市文化趣味,当园林(问津园、水西庄等)荟萃着天津文学的诗魂,文人雅士对精英文化哼唱不已的时候,天津的市井、民间却不断扩大着世俗文化。例如,收录近两千首诗的合集《津门诗钞》,尽显津沽古朴诗韵;而杨一昆身为清末举人,却撰写出口语化的《天津论》。二者雅俗迥异。天津的天妃庙是元朝皇帝敕建,清朝皇帝下旨赐匾的。虽说娘娘宫在天津的建立,和天津是"水陆码头"密切相关,但民众看重的却是"拜娘娘,求平安"以及"拴娃娃"的习俗。在津沽大地,人们敬佩高雅却亲近俗文化。书房中静看线装《红楼梦》,茶馆可听鼓曲《探晴雯》;会在小白楼遛一遛,更愿意逛一逛估衣街。天津俗文化的浓郁,也使天津文化的群落存在,更能适应市民生活、更能适应底层人群的文化要求。天津文化的特征之一,是区域人群不同,文化需求各异,但不相互排斥,而是雅俗并肩。

2.移过与吸收同在

天津文化中码头文化明显,迎来送往的流动,使文化根系难于牢牢扎下。清代称天津为"小扬州",也就是天津赖煮海之利,故繁华颇近于淮

扬。但是从天津以园林为基础的文学活动上看，一方面众多文士往来于此，寻园赏景，另一方面参与其中的墨客，外地名家大大多于本土的诗文高手。也就是各地文人雅士是天津的往来过客，未能扎根于津沽。不少外地精英和名士雅客受环境的制约和文化有着群落的存在，难于融入津沽市井，并把去京师视为人生目的。可见天津文化，有自身渊源，但是促其鼎盛的却大多来自涌入的区域外文化。这既说明天津的主流文化缺乏一支较为庞大的本土队伍和创作的领军人物，也表明了依赖园林和盐商富贾的文学，注重收藏和出版，难以在自我创作的高地上自在耕耘。外来因素的比例越大，津门文化自身就难以强壮。

天津作为漕运码头，装装卸卸的经济环境，增强着文化的"流动"，也就是"移过性"明显。可是凭借越来越强大的城市功能，却能促成天津善于接纳、学习"它处"文化的优势。南甜北咸，川辣晋酸，津沽之地可以说"要嘛有嘛"。仿佛鸟在海河上空飞过，就会留下倩影一般。近代先驱严复、梁启超等人虽未能扎根津沽，却也增添了天津文化的色彩。相声在北京发端，却能在津门发祥。天津文化多姿多彩，并随着人脉而转换，津门文化在"移过"中自有其"容纳"的活力。

3.多元与缝隙兼有

天津的群落文化明显呈现，既是历史积淀的结果，又由此而使群落之间有某种间隙。

首先，天津城区的滥觞源自三岔口地貌和运河的漕运，金元时期的建都北京，使天津地位发生变化，城市的吸引力也随之加大。在这种"张力"下，拿天津的方言岛来说，本属于安徽的方言，因为在天津城里和各个衙门普遍使用，逐渐成为天津"官话"，作为主流语言进行交流。也就是占主导地位的军旅和官家人群，在城里不仅确立了语言优势而且有着一定的辐射力，然而原有的语言虽从城区退出，却在城厢四周存在，方言岛现象也就出现了。而且，当天津城里越是"独特"地表明所操语言的官方性、主流性，也使得天津方言岛和周边的语言越有不同，造成了中心区的

"天津话"和左近的方言之间没有交叉,也缺乏过渡。由此也能领略到天津文化各群落之间有一定的"分野",蓟州文化群落不会和武清、静海、宝坻文化群落重叠,这两者也不会与城里的文化相交叉。这种文化群落带有自身"边界"的状况,可视为群落与群落之间有着某种"缝隙"。

其次,移民文化的多元和文化的群落状态,在天津地区明显地表现出求同存异下共生共享。以近代天津为例,老城厢、九国租界和河北新区的出现,使文化的不同形态有着各自的舞台。历史形成的文化群落在积淀中也各有自己的植被,彼此之间表现不一,界域有别。这就使得文化的缝隙性不仅鲜明,还成为天津地域文化的又一特征。

为了把"缝隙"阐释清楚,谈谈津沽的"非官方控制"文化。天津自建城之始,一直处在封建王朝的天子脚下,受到重点关照。按文史专家陈克先生的论述,当时的社会控制,总的取向是控制重点在农村,"城市只是控制网中的连接点","19 世纪中叶以后,中国出现了一系列沿海城市大发展的现象。这些城市不再是控制农村地区的行政连接点,而是西方商品市场与中国传统市场的连接点,中外政治冲突、交涉的热点。"当时的天津就是这样的"连接点和热点"的代表,一些特征更为典型,其中就有因"缝隙"而存在的独特的管理形态。反映出一种特有的文化,即"非官方控制"。也就是"相对于官僚体制的局限性,绅士势力和民间帮会则表现出更强的自我调节功能。面对日益混乱的局面,天津城市中的四种民间控制系统有了长足的发展,其功能也得到扩充"。(以上引文,见《心向往集》,天津人民出版社,2009 年版,25–30 页)这意味着,四种民间控制包括传统的保甲、团练组织和乡甲局、守望局之外,商会和牙行、脚行、火会的某些善举日益增强。善举包括稳定金融,着眼市场,平衡供销,调解纠纷,对大众来说,有着舍粥赈济农村灾民的功能,并在天津开埠后担负着"救助受困平民"的作用。火会本和天津皇会关系密切,兼及救火,后来以严格的规范和规模成为城市救火和消防的主体,并负责天津治安。牙行演变成商贸与市场中介,脚行从码头装卸者的组织衍化为可称之为"青

皮"的帮会,并扩大到车、船、店各行业,一定范围内维护城市生活秩序。

　　姑且不论这种管理作用的局限性,单凭官府与民间、行业功能和社会总控来说,就存在着"缝隙"。缝隙两边不仅存在着文化差异,缝隙之内也有"自己的"存在。著名的天津"三不管"文化,就在别处都不管的"缝隙内",这一地界的日常活动与各种表演,却和世俗欣赏有密切关系。学者张仲从民俗角度指出,天津的风俗在租界买办之外,有"农村风"含"渔民风、盐民风"两个类型。有"城市风"含"文人风、商人风、游民风"三个区分。其实也可以加上"街市里巷风"。天津市井风气与习俗的近代蔓延,看似让天津文化的缝隙层面和生活差异混合在衢街胡同里,然而听曲艺弹唱的耳朵,难以接受小白楼歌厅的西洋乐曲。喜爱京评梆、大鼓相声的票友,与欣赏施特劳斯《圆舞曲》、贝多芬《G 大调奏鸣曲》的人群难以交叉。天津文化这种各自追求"不同的文化消费和不同的文化认知"的现象,既体现了津沽的多元和包容,也说明三津的文化消费常常是各得其所、互不叨扰。

　　应当辩证地看文化的"缝隙",和它带来的艺术欣赏上的各取所需,以及雅俗趣味各自固守一域所形成的,天津文化"你表现你的,我张扬我的"的状况。若要有所改变,一方面承认文化认知存在着"缝隙",另一方面,要用协调舆论的力量,尽量阻滞"缝隙"的加深。尤其要经过先进文化的变革力量,使文化的缝隙性有所收敛,有所削弱,有所弥合。这种"弥合"要深化到大众,通过先进性使群落性文化表现有一个总体范畴的提升,城市的整体素质也就会大幅提高。

4.围绕核心区城乡互促

　　纵观天津文化发展,如前所述:中心城区的文化起步晚于周边郊区,尤其是晚于蓟州区的人文足迹。同时,中心城区从卫城到府县合一,再到成为直隶省署衙驻地的过程越来越快,会带动着城区周边原有的传统文化,向核心区的新文化元素律动。而津沽地区每次文化的发展都留下一个独特的表现区间。如蓟州为代表的燕文化遗存,围绕津城的武清、宝坻、汉沽、静海等地的汉唐宋辽文化遗存，老城厢所集中拥有的明清文化遗存，都能与近代文化表现共存，并获得一定的显示空间。

古代天津的人文活动的轨迹也印证了这一点：最先从北部高地向东南缓慢转移，并逐步与海河水系，尤其是和天津的"陆进海退"相适应。周边文化随着天津的筑城设卫和升州为府，而向海河干流的城厢区集聚。这种文化发展过程并非外缘文化明显转移为本土文化，而是在由外围向城市核心区传导中进行积淀。这种积淀，不是自原点开始的积累，而是周边社会环境与文化越来越被核心区文化"吸引"以后，形成了中心区文化虽晚于蓟州、武清、宝坻、汉沽、静海，却集聚成为更为活跃的文化力量。这种活跃的文化力量，把传统的乡村文化改造为适合城区市井生活的文化。

天津文化特征正因为多层交汇相伴共生，在大致缕析出上述四个要点的同时，还有着更多的形态，在"万、千、百"的文脉演进中发展变化着，使天津多彩纷呈。

（二）天津文化的七种形态

文化的群落在津沽大地多姿并存，也表明天津文化在共生的同时，有着交融、嫁接和创造。例如，京剧发端于北京，却要在天津接受考验；蓟州窦燕山的育子成才、宝坻"了凡四训"的谆谆家教，虽属五代时期和明万历年间的事情，倘以文脉延续来看天津近代教育的声名鹊起，除了时代赋予机遇，难道不是与津沽周围各地的文化积淀相关吗？随着海退陆进、九河下梢、城市核心聚合力的形成，市区周边的优质文化纷纷被吸纳在海河两岸，城区因新思维和创新精神的集中，经济的活跃和政治的推动，必然加强了对周边的吸引力。同时城市生态的优化，回馈并影响三津周边区域原有的文明性状，也丰富了城里的市井生活。南来的妈祖在津门成了娘娘；鲁菜京味到了海河岸边成为伴有鱼虾、时蔬，做法更为精致、味浓的津菜……由是也造就了津沽文化的七种形态。本书多处涉及，在此只做简单的列出：

①天津文化是从燕山山脉经平原走向滨海的；

②天津文化是群落各自演化又相依叠加与时俱进的；

③天津文化是周边历史长于城区的；

④天津文化是城市自建卫后迅速发展又带动了周边的；

⑤天津文化是成为京畿的"要冲之地"之后而愈发厚重的；

⑥天津文化在近代百年"先行一步"，是在起伏中辉煌的；

⑦天津的历史与文脉可归纳为：万年以上的人文史、千年左右的城市史、百年迅猛发展的近代史。

天津的文脉，到了近代应当是一个由周边"发酵"，进而受到快速繁荣的城市核心区的引领，交汇凝聚成卫派津风。并伴随着政治、经济、文化、军事的发展，天津成为中国北方的经济中心、渤海的璀璨明珠。

第四节　从"卫派津风"看京津冀文化

（一）京津冀三花并蒂

百姓俗语，京津冀是一根常青藤并蒂三朵花。打开地图，京津冀北依燕山和内蒙坝上，西靠太行，南接鲁豫，东临渤海。神州大地敞开温暖的胸怀，让京津冀头枕高原，沐浴大海，成为华夏骄傲的子女。历史上也确实如此，燕山之麓的旧石器、京郊的北京猿人、燕赵之风的演绎和北京都城的金瓦红墙、天津的商埠市井、河北的古韵新姿，在悠久的历史中与时俱进。有意思的是，京津冀三地却在发展的时候，于同中出现了"异"。不妨从本书提及的"卫派津风"引申一下，之中的"异"是如何生成与表现的。

纵观天津文脉的"万、千、百"，笔者已经阐释了，天津核心城区文化的起步晚于周边之地，尤其是晚于蓟州的人文足迹。但是津沽从卫城到府县合一，再到成为直隶署衙驻地的过程越来越快，使得这一变化带动了城区周边原有的传统文化，向核心区的新文化元素靠拢。同时，三津大地每次文化的发展都留下一个独特的表现区间。当天津逐步强化了"要冲"和"门户"的城市地位之后,仅仅是文化驱力的上升与文化群落的聚集,也显示出津沽文化有了区别京冀的变化,尤其是租界、老城厢和河北新区三大城市板块集结成的"华洋并存""市井浓郁""近代风情",使天津特色鲜明起来。

(二)筑城奏响"卫韵"

永乐二年(1404)朱棣皇帝颁旨设天津卫,10年后,从杭州到天津、通州的大运河便南北贯通,天津的城市地位,也发生了变化。不仅是国之门户,还是"天子津渡"的地方。恰恰如此,北京与天津有着首善之地与京畿门户的功能分野,直隶河北既涵养了京津又成为两大城市的经贸和农耕腹地,从属性增强。

天津此时由集市经济向街市经济转化,军事之卫城有了物流、商贸等业态,实力增强,显示出天津卫城在京畿和渤海区域的某种权威地位。清军入关后,经过顺治朝的权力稳固和康熙、雍正两朝对天津的重视以及乾隆朝多半个世纪的发展,天津卫的城市地位更加重要。清中叶,当海运、盐务兴盛起来以后,天津"通舟楫之利,聚天下之粟,致天下之货,以利京师"(见《天津县志》),成为"当河海之要冲,为畿辅之门户,俨然一大都会也"(见《畿辅通志》)。

尤其在清晚期,天津已是一个五方杂处、商业繁荣的海岸大城市。19世纪末,城市人口达到六十多万。影响城市格调且具有主导性和规模性建筑群的出现是在近代。第二次鸦片战争以后,天津被九个资本主义列强占有租界,租界内西式住宅楼房迭起。皇亲贵族、遗老遗少、下台军阀、失意政客寓居津门租界。西式建筑物形态的各异,给天津城市的文化肌理和功能带来极大影响。光绪二十八年(1902)袁世凯接任直隶总督"推行新政"规划了河北新市区。它与老城厢组合成街市胡同的基本形态,随着移民平房区、棚户区的猛增,九国租界的强租漫侵,天津的街巷以其难

分东西南北,而迥然于京城的方正规整和直隶的阡陌纵横。

此外,给天津城市打上深深烙印的,还有这一时期的工商业的快速发展。1878年天津招商局总办投资创办了机器磨房,此后近代工业和各种业态在海河两岸兴起,民族资本企业如雨后春笋,分布在棉织、染织、烟草、造纸等行业,产品辐射三北地区。天津不仅是商埠,还是工业基地。

新知识群体的形成,缔造了丰富的天津现代都市文化。以小站新军、北洋系的机械局和海军学堂等为除旧布新之滥觞,此后的南开学校、北洋大学堂和一批具有全国影响的中等和专科新式学校,以及具有海内外广泛影响力的报纸、杂志的活跃,大大提高了天津的文化水准和知名度。更重要的是,天津的革命活动和新文化运动的不断增强,代表了天津文化的主流。这一历史阶段的天津,在经济、文化乃至政治上都在全国有着举足轻重的影响。

相较北京、河北,天津在"万"年经历和"千"年演进上大体趋同,而在"近代百年"方面津沽却有着明显不同。这应视为谈论京津冀文化的基本点。

(三)开埠掀起"津风"

当历史的脚步走到了近代,天津的城市的追求、城市的表现、城市的吸纳,出现越来越活跃的状态。天津文化的海港运输和内河吞吐繁忙热络,各种业态蜂拥而至,与津沽的地貌环境更加密切交织,津沽水陆码头特色愈发突出。"水陆码头"进一步导致天津的经济、文化与城市发展多方聚合。当1860年津门被迫开埠九国租界林立之时,城市功能明显向"临海大港"延伸。而京冀两地对此恰恰有所空缺。

跟当时的北京氛围那种束缚守成、维护着宫廷和皇城根文化不同,也与河北省文化固步在燕赵遗存、阡陌缺少变新有所区别。天津文化在近代快速发展,"凭海临风"促进了津门前所未有的全方位的变革。天津文化的纳百川求共处的特征,进一步凸显。

津沽的寓公和移民的猛增，所带来的文化多元，在参与天津经济、军事、企业、金融和街市活动的同时，积极追求求同存异下的共生。文化的不同展示，竟在街头里巷、水陆码头有着各自的舞台。这就使得文化的群落不仅鲜明，还成为天津地域文化的又一特征。当时的津沽，这边庙会喧哗，那边"图兰朵"在唱。估衣街人头攒动，各家银行交易不停。津沽大地涌现出多达百项全国第一的新事物、新业态。"要冲之地"更具要冲，"京畿门户"更加伟岸。

河海通津的地域生态，适合近代经济在流动中凝聚的取向；时代给了津沽机遇，天津及时抓住并创造性发展。天津"移过性"的缺点明显衰减，优势急速增强。教育的全面兴起、先进文化的大力推动，令天津在京津冀同根并蒂中现出"卫派津风"的馨香。至今，"卫派"的印痕依旧存在着，大沽船坞、劝业购物、卫派梆子、津派旗袍、津八件糕点、正兴德茶叶、北塘海鲜等，不一而足。

（四）京津冀求同存异

回顾京津冀，尽管受到岁月的冲刷磨砺，因为政治、军事、经济的各自张力，在为祖国承担不同任务的同时，却也衍生出不同的文化特色。北京本属前秦燕文化，隋唐边陲，自金元成为国家首都，其文化的经典性与垂范性于明、清两代完善成熟，在近当代发展为星空之北斗；天津因东汉曹操开凿运河而成九河下梢的滥觞，后海河成为宋辽界河，金元时三岔河口为大运河驮来的转运枢纽，明代建卫筑城，清代镇海守港，近代成商埠，西风东渐前沿，九国租界，变革的桥头堡；河北在战国时有燕赵雄风，齐国遗痕，秦皇临海，更有赵州石桥、沧州狮子、鸡鸣驿的古朴，邢台邯郸的文韵，保定的直隶府衙彰显出对京师的扼守，在革命深入时期，于平山县西柏坡召开的，决定中国命运的中国共产党七届二中全会更是永载史册。

京津冀文脉相依，历史相近。但是，在近代发展中，无论主动被动，一

旦过于强化自己的个性,而忽视了对文化特色的互相依存、互相支撑,历史的同根同源就会被弱化,文化的特色争艳就会被扰动。当然也存在着,京津冀的行政管辖制约了文化的求同存异。在主张地域征候的同时,某些特色的外延遮蔽了同根的内涵。我们应当重新审视京津冀文化的自身,从其特征的内质去把握三地文化的"同"是各有所长的"同"。京津冀共同与燕山、太行相依,联袂面向渤海,同属直隶一脉。只是在区域隶属和制置变化中,因区位职责逐步划分开来。如"卫派津风"与天津的地处要冲有关。"古朴直隶"既是河北燕赵之风的发生地,也是京津背靠的腹地。说到"紫禁气韵,首善风范",更是北京作为千年都城这一历史地位所形成的。可见,京津冀只要在总体发展上相向而行,并顾及三地文化的不同,只要加强相依共生、同构融汇的张力,就会保持各自优势,求同存异,比翼齐飞。

本书所说的"卫派津风"明显出现在中国近代。京津冀各有区别,是时代给予了各自舞台。文化发展需要提供合适的空间,一旦舞台狭窄,丢失协同或太强调自己,京津冀就难以共生。京津冀要深化合作交融。恰逢新时代建设的大潮,不是把各自特点消弭,而是在存异中找到能驱动发展的"同"。应当把近代所造成的京津冀的过度分化,予以合理调整。并蒂花开,越香越应求同存异。既保持自己的特色,不能单打独斗各自为战,而是强调合作共赢,坚持互补共生。简言之,尊重北京的首善文化和引领地位,重视河北的文化在新形势下凝聚复兴,看重天津的津卫文化的吐纳力和港城张力。以便相辅相成,为建设美丽中国致力。

第五节　珍惜、护佑、敬重天津文脉

从"万、千、百"的步履宏观看本书所要说的珍、护、敬天津文脉,应当是一篇周纳深入,逻辑严密的长文。笔者限于笔力,只做若干爬梳;希冀读者能借此铺开,进一步去系统全面了解天津文脉的悠久丰富。

（一）护佑历史文化名城

天津是历史文化名城,在"万、千、百"的历史演进中,600余年前的"建卫筑城",至今给津沽留下了"明清印痕"和"近代遗存"。若从建筑上看,前者可有"津门城厢",后者便是"洋楼街区"。眼下古文化街可窥见"明清倩影",五大道可证"洋楼林立"。然而,天津的文脉历史从纵向上说,比不上中原安阳、两湖荆楚的悠远,从传统的厚重去衡量,逊于西安等千年古都的沉淀。天津只是北京为都之后,作为京畿重镇,守护皇城的门户,并据此奠定了自己的城市基准和文脉之本。也因此,天津会置身在京师的影响之中。

但天津有着自己的足迹和特点,那就是九河汇聚,河海相通,南北交集,中西交融。在"要冲"和"门户"的作用下,从封建半封建的固旧锈损,走向开放的前沿。尤其是近代天津以教育为先导,思想寻觅为闪光,开拓了"近代中国在天津"的舞台,天津的文化和天津的城市风貌,都有了前所未有的变化,这就是在先进性引领下的由卫派津风走向津风海韵。

然而,天津的文化传统确实少些隽永,天津的城市风貌确实少些雄厚。例如天津历史辉煌性的发展,基本上是从1880年左右到1930年前后,半个世纪雄阔天下。天津的城市风貌大致确立在20世纪的二三十年代,仅仅40多年就以小洋楼和北京的四合院相抗衡。也许天津的文脉、天津的蕴含、天津的深刻就涵盖在其中。问题同时也出现了:天津文化和城市风貌的短、散,也常常表现在遗存的不够伟岸,难成气势之中。何况,天津在一个时期内的发展不是很如意,需要破浪击水,这就需要对历史遗存的保护利用和建设发展的求新求变上,存在着如何找到契合点的问题。

在建设发展中,我们必须提升对历史文化名城保护的认知。尤其要注意保护与发展,传承与发挥的关系。既要重视经济的发展,又要重视生态环境、人文环境的保护。

例如今天对"五大道"的开发，是从利于保护着眼发展予以整修的；意大利风貌区着重从历史沿革去拓展利用空间。要做到高水平又好又快，结合相关政策使天津的城建更具有战略的指导意义。重视经济发展，重视生态环境。这可以使天津文化的"短与散"凝聚、提升；还可以使天津的建设在保持先行先试的同时，进一步获得文化传统与地域风貌的支撑与互为依托。所以，重视经济发展和生态环境不是一般的原则，而是一项对历史文化名城保护与发展的根本性要求。要做到对文化传统和地域风貌"惜诊如睛"，像爱护眼睛一样地爱护文化传统、文物古迹和地域风貌。同时，以此为统领，在关爱上着眼，在珍惜上着手，加大着力的力度、深度与广度，在城市管理与建设中格外重视文化遗存，审慎对待历史风貌，严格遵守政策法规，面对历史文化、非遗文化，不能忽视和冷漠，不作为乱作为。要对文化遗存、文脉传承、文物保护保持敬重、珍惜和关注，依法依规把握好"建设和守护"的关系。长效管理时不容半点松懈，对政策不容半点偏离。促使建设与地域风貌、管理与文化传统互促互进，让历史文化名城风采依然，笃实迈步。

对津沽文脉的"万、千、百"应予以系统认知，尤其对天津的"近代百年"要全面、细致去梳理。重视经济发展，重视生态环境，深入开掘历史文化，作为历史名城的天津才能焕发英姿。为此，文化传统的继承和地域文脉的保护不可分开。当文脉演进在历史长河中，沉淀为一种蕴含，一种厚重，一种氛围风气，乃至已成自觉的习俗，所谓"一方水土一方人"，就是这个道理。同时，文脉和地域风貌的传递，一方面是内在肌理的传承，另一方面是特色的不断突出。天津的特色在于近代遗存和明清印痕，那就应该用心着力，全面和深入并切切实实地去珍惜和保护天津的文脉和地域风貌。格外关注文脉在城市建设全面发展中所体现的天津特色、天津的精气神、天津的味道、天津的历史足迹、天津的元素，让经济与文化的比翼齐飞在文脉传承中坚实地翱翔。

（二）珍惜大运河与长城

1.呵护千年大运河

提起天津地貌，自然就说到三岔河口，它与绵延千里的大运河紧密联系在一起。由杭州经浙苏鲁冀一路往北的千年水路，在津沽大地与海河交汇，大运河因与海河相交汇分成南运河、北运河，造就三岔河口景象。同时，九河下梢又通百里之外的渤海。很快，这一地区民众集聚，商事繁茂，军事地位加强，明清两朝至今的一个"津"字，既表示此地河网纵横，沽水众多，也显示出人工开渠的功绩。虽说天津之名源自明永乐帝朱棣的颁诏，以纪念"靖难之役"。他称帝前于此渡河，经沧州攻南京，坐稳皇位后定都北京。但是，津沽若没有三岔河口的要冲地貌和扼守京师的地位，天津是不会被明清皇帝看重的。从这个角度上讲，以三岔河口为地标的天津水系，实在是天津的根本和文脉的源头。

据天津水文部门和有关专家的深入研究，津沽在古代虽是退海之地，但河流的经过与对土地的滋润却是人类和社会活动的结果。海河源自太行山，全长千余公里，汇集子牙河、大清河、永定河、潮白河、大运河等，呈扇形分布。在春秋周定王五年（公元前602），九河下梢曾作为黄河的一段水道和出海口，泄入渤海。随后历经凿渠、疏通，塑造了海河水系。古人开凿运河，使天津坐落在一个能繁荣发展的地理环境中。也就是说，人类活动导致了海河水系的形成，三岔河地貌适宜生活居住，种植稻麦捕获鱼虾，各种业态也借此发展起来。

尤其是曹操在建安十一年（206）开凿了全长50多公里的平虏渠，沟通了滹沱河（子牙河）与泒水（今大清河），"给海河平原上的河道结构带来了历史性的变化"。想想在沽水流霞的大地上，三国的魏武王指挥兵士民夫挖出人工河道，先后开通两条可运粮草辎重的水渠，前者平虏渠大致由滹沱河穿泒水（今大清河入海河段）到宝坻与蓟运河连接，后者泉州渠经雍奴泉州（今武清一带）融入海河水系。这么一位被后来的戏剧抹成

白脸的人,奠定了海河流域的基础,也奠定了津沽为我国北方水上枢纽和华北出海口的早期格局。面对文脉的这一幕,难道不感慨不深思吗?曹操留下了惠及后人的功绩,彰显着古代民众开凿运河的能力与智慧,并给聚集于此的天津人铺筑了一个发展的初始环境。

此后这一地区的发展,倚借着大运河的由杭州经山东到京师,在津沽形成三岔河口地貌,由此三津成为北方最大的转运中心。大业年间(605—617),隋炀帝征调上百万人开挖能到北京的永济渠。作为大运河北段的永济渠,"正是昔日平虏渠的延长"。此后的北京,自金元始成为首都,临近北京又有着丰富水系和三岔河口地貌的直沽寨、天津卫,肩负了能拱卫京师的"要冲"位置。

这个要冲,还体现在天津是盐漕两运的咽喉。所谓"漕运",指供应京畿的大宗官粮的船运,天津成为漕粮进京的必经之地以后,每年上几百万石粮食经天津运往京师。而为了储运粮食,天津地区的仓储业发达库,元代设有直沽广通仓,"是天津历史上的第一座国家粮库",随之在北运河畔的河西务建立十几个粮仓。到了明代,先设"露屯"上千所,后又以"百万仓"代替。所谓盐运,在于天津渤海滩涂利于晒盐、囤盐。盐又是国家的重要税入,当津沽地区由传统的熬盐改为使用从福建而来的晒盐技艺的同时,漕盐运输和转运、储存还促进了南北地区的商品在天津的大流通。明、清两代都明确规定,运丁可以免税携带适量的商货(土宜)。对土宜,官方开始时限制较严,到后来数量大大超过朝廷的免税和减税的规定。加上各种走私商品涌来,每年经天津的商品流通量竟逼近漕粮的运量,三岔河口地区的物品交易日益兴盛。

运河带来的不仅仅是物流和商贸,它还是朝廷财政税收的命脉。明嘉靖年间(1522—1566),天津成为长芦盐的产销中心,运河的运输与装卸囤积更支持了这个中心的确立。当时,天津地区的芦台、三汊沽、丰财三个盐场每年产盐量约占全国的 10% 左右,到了清代,长芦盐税每年占全国盐税超过十分之一。到了清康熙七年(1668),长芦盐的最高管理机构长芦巡盐御史衙门由北京迁到天津,随后,长芦盐运使司衙门也由沧州移驻天津。显然,天津的管理职能的政治与文化半径,随着运河的水系延伸到了华北腹地。为维系京都安全,进而保护国家交通命脉,又沿着运河并在三岔河口一带增强了税卡、防卫、武备等等功能,天津的水陆枢纽地位得以进一步提高。在这个背景下,天津成为依托运河并集军事、商埠和经济枢纽为一体的繁华重镇。若从遗存上寻觅,今天的静海陈官屯、西青杨柳青、南开海河西岸、红桥铃铛阁、北辰天穆、武清的杨村等地,都有着凭靠大运河繁荣发展的深刻足迹。

经济发展,文化也大步前进。天津的文化艺术便随着运河、京畿护卫、交通枢纽、港口集散、盐业崛起,富有"河海通津"的特色而繁荣起来。妈祖信仰、妈祖文化落户在海河两岸。以盐为重点的文化,也在天津传播开来。盐商催生并引领了天津文化向大俗大雅两端分化。一方面,建私家园林文人雅聚;另一方面,盐商的"富"带来了骄奢淫逸之风,过度的消费,家族兴旺和衰败此伏彼起,在城市生活文化上,尤其是婚丧、寿诞、庆典之事的大操大办的靡费上,常常是俗而又俗的典型。

商事引发的家族富裕,作为一种价值判断,所谓的津沽"八大家",无论姓氏变更和宅门增减如何,已成为津门富贵的尺度,形成了津门"喜商敬商"的风俗。但是天津人重利并不轻义,而是义利并举,这又源自津沽的武备军事气质。尤其是经商要讲究诚信,南来北往汇聚在三岔河口的大量移民要共处共生,还要有宽容的社会氛围,海纳百川的胸怀,所以天津的吐纳力是非常强大的。例如视津门为文化大码头,艺术提升的验证平台,就缘于这一前提。

城市的崛起需要人才聚集,天津对教育的重视体现了这一点。在近代教育史上的几个全国第一,如北洋大学的"官办第一"和南开学校的"私立第一",以及从幼教、中小学、高等教育、职业培训和师资培养等完善而系统的配置,都出现在百年前的天津,各校所处位置大体在文化活跃地带或地缘扩展区。从 1903 年"废庙兴学"开始建校的天津红桥区丁

字沽小学,至今那佛殿仍在,是校史展览和学生文化活动之地。几座代表着不同时代的教学楼,生动地描画着与运河相伴教学相长的脚步,形象地展示着大运河对天津的滋润,浓缩了一段津沽文脉的历史。

天津是河海相通的港口城市,它以人工运河构筑了特色的地貌,并开启了文脉之始,又以凭海临风拓展着影响中国北方的政治、军事、商事、教育、艺术、风俗等诸多文化表现。所以,说天津文化,不能不关注流经津沽的、长达182.6千米的大运河天津段。研究大运河,当然也就是要深入体会理解人类对地理环境的利用改造和不断走向宜居的努力。试想,津沽若没有曹操的开凿平虏渠,泉州渠与新河,没有隋朝大运河的开通,没有金元明清设北京为都城,没有漕盐两运,没有筑城设卫,天津文化可能是另一种样子。毕竟天津是大运河"驮"来的,养育的,滋润成长的,应该也必须读懂和深化运河及海河水系在生活生产,经济发展,文化繁荣的根系作用。唯如此,才能不辜负运河,不辜负古人的伟力。

2.爱护巍巍长城

现存的长城天津段是明代蓟镇长城的重要组成部分,由戚继光主持修筑。全长40.28千米,蜿蜒在蓟州境内,分布在天津北部的燕山南麓与华北平原的交界地带。自古以来是游牧民族与农耕民族文化交汇的地方。长城(天津段)地处京津冀围绕的核心区域内,自东向西划分为赤霞峪、古强峪、船舱峪、青山岭、车道峪、黄崖关、前甘涧等七段,有敌台、烽火台、关城和寨堡等建筑。沿线曾是晋察冀抗日根据地的主要活动地带,也是今天著名的"天津十景"之一:"蓟北雄关"。古诗描绘此地长城是"紫塞横空岚影秀,之字平分两仞山。""暮登蓟楼上,永望燕山岭",足见风景的壮美。

长城天津段长度较短,却体系完整。以墙体、敌台、烽火台及关城、寨堡等设施为主体,还包括有圆形敌台、空心敌楼、包砖城墙、水关等实物遗存,荟萃了明长城防御设施的多种类型。尤其黄崖关的关城空间布局特殊,街巷呈错位的"T"字型布局,当地百姓说这是"八卦迷魂街"。"八卦迷魂街"是明长城独具的防御性街巷,是军事工程的杰作。

蓟州区长城,高低盘旋在崇山峻岭之间,以雄奇、险秀的姿态与周围环境交织为一体。沿线各类地貌,以古朴、巍峨的意境形成壮美的自然景观。黄崖关东侧的黄褐色崖石,夕阳映照之下金碧辉煌。游览者每每看到"晚照黄崖",无不啧啧称奇。这一段长城在历史长河中,不时有传说流布。围绕八卦街、凤凰楼、太平寨的故事,生动还原出明朝修边征夫和士卒特定的生活方式,是长城文化的艺术反映。

在20世纪80年代黄崖关修复时,还建有博物馆、名联堂、三座碑林等。碑林正前耸立着两块花岗岩石刻,分别镌有毛泽东的"不到长城非好汉"和邓小平的"爱我中华,修我长城"的题墨。园内的毛泽东诗词墨迹碑林,气韵高远熠熠生辉;百将碑林,一百零七块石碑一字排开,开国将帅徐向前、聂荣臻、萧劲光、谭政等人的手迹,各展神韵风采。这座我国北方最大的碑林,已成为黄崖关引人入胜的景观。

中国长城历经十几个朝代的建设,悠悠两千余年,向海内外昭示了中华民族的追求和平、防御为主、维护安全的护国守土的理念。以长城的雄姿和存在,让全世界生动深刻了解了我国自古以来的国家自信和爱国传统,是充分体现中华民族精神的伟大建筑。她所熔铸的文化精彩而非凡。

长城天津段目前正进一步挖掘长城生态环境中具有特殊的历史、军政、往来、科技、教育和游览的各个元素,并使其生态、自然景观和美学的特征得到充分展示。这一段长城都在蓟州区。蓟州是中上元古界地质表现最突出的地方,也是盘山风景区所在地。它是天津文脉的原点,有着石器时代的印痕、古燕国的遗存和辽代独乐寺与清朝皇家陵寝。而长城的巍巍雄姿,更使得蓟州积淀丰厚、魅力悠远。自然景观与人文景观的高度叠加,把长城文化熔铸得越发深刻伟岸。当前,要建设长城(天津段)国家公园,在珍爱长城文化所含有的物质、非物质遗产的同时,进一步突出以精神、教育、文化和体验为目的的各项活动,为传播、涵养长城文化贡献天津力量。

（三）重视"建卫"前史

在津沽大地,有这样的俗俚语:先有娘娘宫,后有天津卫;先有大直沽,后有天津卫。可见在天津城出现之前,津沽地区已经有了她那深深的足迹。这的确符合天津的发展文脉,即津沽"有着千年左右城市发展"。伴随着转运、物流、贸易和拱卫京师地位的提升,筑城建卫的城区晚于海河上下游、南北运河周边的经济发展——这决定了津沽文化的魅力。在天津还没有筑城建卫之前,蓟州、武清、宝坻等古县与杨柳青、独流等古镇,无不有着千年以上的历史,文脉悠悠且时有闪光。至今津津乐道的杨柳青木版着色年画享誉江河南北,独流酿醋香飘域外。

早于天津建卫之前的居民为了安居,要建庙求福,祈祷平安。从元朝开始到清末民初,天津地区有天妃庙四十几座。大庙就有两座,一是至今完好的娘娘宫,敕建于元泰定三年(1326),另一座大直沽天妃灵慈宫,诞生于1281年至1284年间,都比建于明代永乐二年(1404)的天津卫城,早一百多年至七十多年。

位于天津市南开区的古文化街,坐落在城东门外,以面朝海河的娘娘宫为中心,向两侧展开,原名为宫南宫北大街。该街以销售香客之需和过节用品为主,还有书画、印章、剪纸、绢花、彩灯、空竹和津门小吃、特色华服竞相出售,摆摊小贩不可计数,叫卖声不绝于耳。到了庙会和节庆之日,街市昼夜繁忙,游客熙熙攘攘。有研究者说,天津三岔河口、海河中下游一带,因大运河的通航而经济繁荣,人们从四面八方涌来,使得津沽千帆竞渡,百业兴旺。

知道了先有庙后有城,是天津的历史特点,就会进一步认识到:不能以城墙(尽管1900年被八国联军野蛮拆除)禁锢自己的历史,要以"万年以上的人文足迹、千年左右城市发展、近代百年辉煌"的视野看天津。在天津有姜子牙传说、古燕国遗迹、曹操开挖平虏渠、唐代的"三会海口"、宋朝杨七郎故事等,说明建卫筑城之前天津有着深深的印痕。天津"大"

了，"厚重"了，"底蕴"足了。

（四）园林满人文

水西庄是天津古代最大也最美的一座园林，领沽上诗坛风骚，代表津门文学典范，成为津沽大地高雅文化的一个隽永。这一情景，本书在"文学"一章，会集中叙述。此节围绕着张氏的"问津园"，谈谈"园林满人文"。

盐商自古就是巨富的代名词，人们常把骄奢淫逸声色犬马的帽子扣到他们的头上。确实也有这样的事，近代津城的盐商曾把婚事办得像烈火烹油，把丧事办得如金银掷地。虽张扬了"钱多的不行"却难以增强人文情怀。留下的只是短暂的街头巷议和后人的笑谈。问津园则不同，致富之后能够由富到贵走向高雅。

天津盐商，巨富之后，即使徜徉仕途经年，有眼光者常常大兴土木修筑园林。津沽因沽水众多，又有大运河穿过海河，倚借水岸建设楼台亭阁一时形成风气。盐商中张霖在康熙年间（1662—1722），先后在金钟河畔建问津园，在三岔河口附近建一亩园、帆斋。园内蜿蜒迤逦，胜景连绵。《津门诗钞》有这样一段话概括，"园亭甲一郡""款接大江南北名流，供帐丰备，馆舍精雅，才人云集"。

尤其是问津园，风光旖旎，曲折幽静。园内树石葱蒨，亭榭疏旷，垂柳低拂，流水泛舟。庭阁中，名人字画，鼎彝古器，香烟袅袅。登楼凭栏远眺可观海闻涛，夜深可听城楼的更鼓梆声，是一座传统文人式私家园林。张霖的从弟张霔作《春晴初过问津园》诗，有"高楼客戏弄弦管"和"园林入春不寂寞"的句子，勾画了当年问津园的华丽和雅致。

名园配名士，张霖以财力和才气，广邀诗坛画苑名流，如姜宸英、方苞、梅文鼎、朱彝尊、沈一揆、徐兰等寓居园内。清初现实主义诗人赵执信一生坎坷，落魄之时得到张家的帮助，久居问津园，写下诸多诗篇。清代戏剧家洪升的传世名作《长生殿传奇》，也是在问津园定稿的。桐城派领

袖方苞、博学多才的学者朱彝尊,在园内留下脍炙人口的文章,提倡"求道与文并重",活跃了天津文坛,促进着南北各地文化的交流。尽管"问津园"在张霖仕途受挫、家族衰落后,于乾隆年间日趋荒驰,但围绕着它和后建的"水西庄"一系列硕果累累的诗文成就,为津沽文化增添了不褪色的光彩。

一个家族富有,不是去挥霍,而是把文化熏陶放在首位,不只是一族一姓"诗书传家",还盛情邀集南北名士齐聚园林。园林美色和文采斐然交织成文坛佳话并蜚声于世。天津本是三会海口,码头和商埠文化突出,而问津园和其文化活动,既是清代天津文化的鲜明体现,又是天津诗画发展的高峰,同时也是中国传统社会"盐和盐商"经济的突出体现。为津门文脉积淀了厚厚的基础和后世需要的重要营养。问津园等把文化推向高峰,园林诗文是天津文化的集中体现,也是大运河的人文结晶,是津沽文脉演进到清时的诗文高地。

天津博物馆珍藏着一幅镇馆之宝:北宋大画家范宽的《雪景寒林图》,曾经为故宫旧藏。可在清朝康熙年间,是安岐的私藏。

安岐(1683—1745年以后)字仪周,号麓村,据传祖籍朝鲜。其父安尚义以经营盐业致富后寓居天津。清雍正三年(1725),得知天津城墙坍塌,安氏父子捐资修葺,可见富贵不忘公益。安岐自幼安于读书,倾心鉴赏,成年后四处求购和收藏历代书画,其中名作不少。它曾喜获唐代孙虔礼的《书谱》,沐浴焚香赏析之外,还重金聘请刻工把《书谱》勒于石上。同朝的著名鉴藏家谢世,安岐会倾力收购所藏精品,卖家或因急需或见他心诚,多会出售给他。《文端公年谱》康熙五十九年中记载:"麓村安氏精鉴赏,凡槜李项氏、河南卞氏、真定梁氏所蓄古迹,均倾赏收藏。图书名绘,甲于三辅。"安岐在天津城东南,建筑沽水草堂。又在古香书屋,藏其书画。晚年全力以赴辑著《墨缘汇观》和《书谱》二种,至今仍是欣赏、评判我国古代书画必备的参考文献。

安岐是天津历史上第一位著名收藏家、鉴赏家和篆刻家。所藏字画上自三国下至明末，数量很大。其中有展子虔《游春图》、范宽《雪景寒林图》（今藏天津博物馆）、董源《潇湘图》、王献之《东山松帖》、欧阳询《卜商帖》、米芾《参政帖》、黄庭坚《惟清道人帖》、蔡襄《自书诗札册》、范仲淹《道服赞》、欧阳修《灼艾帖》、王安石《楞严经旨要卷》等，这些都是中国书画史上的名家名作。在《墨缘汇观》一书中，上述名作都有收录，按时间先后列入目录，然后逐条著录。每条先标质地、尺寸、著色，后叙其内容、流传，品评优劣，纠正、补充前人之误缺。他还著《墨缘汇观续录》，收有流传有序、可资凭信的历代法书 332 件，名画 201 件，全为真迹。安岐去世以后，家道中落，所藏大部分精品入清乾隆内府，其余部分散落民间。尽管安岐的人生悲喜交织，可在文化收藏上实属不易。他的业绩反映出，天津在清朝康雍乾时期文化上的堆积与展现。

（五）慧眼识"甲骨"

一百多年前发现了甲骨文，使殷商文明不但更加清晰，还把汉字走向成熟的源头开掘出来。甲骨文是成熟的文字，上溯草创时期的文字，华夏文脉会更悠久。甲骨文所记载的信息，使后人知道了当时的社会状况、社会结构、社会治理，以及围绕此的家庭活动、宗教信仰、道德规制、日常生活等样貌，从中了解中华民族如何在神州大地耕作、狩猎，怎样繁衍、发展，社会依照什么组织运行。仅仅对文字文化而言，甲骨文的发现、研究和书写，成为中华民族的骄傲！可以说，发现甲骨文是华夏民族自我认识，并向全球表明文脉辉煌的一次质的飞跃。

"发现"对历史文化而言，不只是"最先看到"这么简单。秦皇陵兵马俑是当地几位农民打井时，挖刨出来的。算不算"发现"呢？其实这只是"第一眼"看到古人埋下了遗物，之后还要有"第二眼"，即经过专业考古队成员"看了"并经过"判断"认识到兵马俑不那么简单。最终是"第三眼"，经过深入科学的艰辛研究，准确把握秦兵马俑的文化内涵与历史地位。只有历经这"三眼"，所说的文化学术成果才能被学界、社会所认可，

才会获得权威部门、海内外专业人士与公众的广泛认同。所以，文化历史的重要"发现"，关键在于"看到"要早，"判断"要准，"研究"要深。若这早、准、深都聚焦在一时、一事、一人身上；或一段时间，一类事项和一批成员身上，那才是真正的了不起的发现。

顺着这个思路，是谁首先发现甲骨文的意义就决不止于碰巧，应该和文化背景、环境氛围、教育条件、经济发展、社会氛围和学术素养密切相关。传统的说法是，"看到"甲骨文是在120年前，身为国子监祭酒的王懿荣，生病吃中药，在查看一味名叫"龙骨"的药渣，感到上面有刻痕，于是甲骨文被发现了。王懿荣也成了"甲骨第一人"，直到今天，一部很严肃的《中国读本》也坚持此说。（见该书第32页）可仔细琢磨这个发现，很有故事化倾向。与牛顿在树下半卧看到掉下的苹果，而发现"地球引力"是两回事。牛顿在苹果掉地上后，以物理学家的思维去研究，而王懿荣少有研究，没有留下相关著作，只是看到刻痕感到是古物，因此出钱收藏有字迹的龟板、骨板。

"发现"的基本原则，是"最先"看到后，要伴随着"研究""分析"得出某些结论。同时，这些研究要被人们尤其是被同行所称道和承认。否则只能说他先看到了甲骨，还没有做学术研究。

围绕王懿荣"发现"甲骨文这件事，几十年前陈梦家、胡厚宣等先生根据文献资料指出，王襄先生应是看到并去识别甲骨刻字的最早学者之一。津沽学人为此进行实地求证。以近20年的时间，梳理、寻求，对天津红桥区几家老客栈访查调研并向当地老者询问了解。明确获知：王襄和孟广慧于1898年冬10月，在津沽的运河边上的"马家店"（天津市红桥区故物场大街北端和南小道子西端相交处的故物场大街1号院，即南小道子85号）一间供旅客住宿的平房内，先于王懿荣"看到"甲骨上的文字，因身无余金，仅仅买了少量甲骨龟板和骨片。

王、孟两位先生是天津的大儒，且在津、鲁有着影响。山东的古董商人范寿轩本意是借王、孟两位先生"掌眼"有刻痕的甲骨，顺便出售。看到先生视有字的牛胛龟壳为"古之简册""三古遗品",范氏知道可待价而沾。见王、孟囊中匮乏,只售出一些。其他大部分由范寿轩自己稍后去北京,高价卖给身为国子监祭酒的王懿荣,王氏收购了近1500片"有字痕的龟板骨片"。当然,王懿荣也感到此种甲骨的分量,扩大了收集范围。这期间,王襄却埋头去研究甲骨文,写出了最早的专著和最基础的辨识与分类辞书《簠室殷契类纂》(所著的《簠室殷契序》一文,明确记载了他于清光绪二十四年(1898)首先发现、鉴定、收购甲骨的经过,以及此后研究甲骨文等情况)。当时的天津经济兴旺、文化繁荣、思想活跃、教育勃兴。津沽大地,集中出现了一批植根乡土的文化耆宿,他们没有官职包袱,却有着对中华文化的由衷敬仰,并且饱读诗书,善于考证。

120多年前,风雨飘摇的中国,沉沦者随波逐流,觉悟者寻觅征程。不少津沽学人却以坚实的国学根基、立足东西文化碰撞的前沿,清醒感到坚守中国优秀文化,就是为中华崛起而努力。也许王襄没有这方面的思想论述,但是他以对甲骨文的"发现研究"和系列著述,实践了对中国文化的奉献,这也是中华人民共和国成立以后,他以文化老人的身份入党的一个原因。

本小节开头已经说了,衡量"文化发现"要看"研究",还需"早、准、深"。最先看到未必是"第一人",因为最先看到龟板牛骨的是挖出"龙骨"的当地农民,知道能卖钱的是古董商人范寿轩。这都属于最早看到者,可是他们没有研究,没能著书立说,不是文化历史解读的"第一人"。而王襄先生不仅深入"识别"了甲骨文,还在20世纪20年代开创了甲骨文文字语言学的研究,把甲骨文科学纳入中国文字的源流序列。王襄先生所著的《簠室殷契类纂》《簠室殷契征文》《簠室殷契征文附考释》,是中国最早的"甲骨文字汇"与论述,并把标志着汉字成熟的甲骨之文,予以权威性的确立。据此,可以肯定地说,王襄是甲骨文文化发现的"先驱",也是学术研究的"第一人"。把甲骨第一人给了王懿荣,应当是历史的误会,这丝毫没有忽视王氏是"看到甲骨"的最早学者之一,也没有削弱他

在八国联军入侵北京时赴死抗击的壮烈行为。

历史讲究的是事实与内质。当时的津门，较少京城的宫廷气息，又比河北腹地活跃。对王襄"发现与研究"甲骨文是一个促进的环境。这是天津之幸，也是沽上文化学者之幸。王襄以他对中华文化的敬重与敏锐，以及不懈地梳理研究，成为"中国甲骨文分析研究的先驱"。

发现甲骨文至今已120多年了，认清谁是发现的第一人，是对文化的负责，有着不一般的文化意义。同时，津沽马家店遗址的存在，以及一个时期以来津门学者对马家店周围环境的调查，使得天津与甲骨文之间的历史渊源不容置疑。而"王懿荣治病看药渣，才获知甲骨文"的传说，只是传说而已。

甲骨文历经了120年的春风秋雨，至今华夏大地正处在中国文化大发展之时，纪念王襄这位甲骨文分析研究的先驱，对理解认知天津文脉十分有益，对天津文化的业绩会有进一步的认知。

第三章　天津的非遗

第一节　非物质的"资产"

（一）概念与元素简谈

说到天津的非遗，人们马上能联想到不少享誉津门口碑不错的小吃、华服、年画……再琢磨琢磨海河上下、街头里巷、城镇乡村，到处有着"××非遗"的物事，大到祭奠活动，小至华服盘扣；剧场内悠扬的鼓曲，海滩上雄健的飞镲；乃至传统医方、中药制作、医疗手法等，都有着"非遗"的身影。

问题来了，什么是非遗？有何讲究？本书先从定义开始，顺便讲讲天津的非遗。

1."非物质"与"文化遗产"

要弄明白"非遗"就应该知道它来源于"非物质文化遗产"这一概念，而深入理解"非物质"和"文化遗产"的含义，才能懂得"非遗文化"的基本要义与元素。

根据联合国教科文组织的《保护非物质文化遗产公约》，非物质文化遗产是指：被各群体、团体、有时为个人所视为其文化遗产的各种实践、表演、表现形式、知识体系和技能及其有关的工具、实物、工艺品和文化场所。按我国《非物质文化遗产法》规定：非物质文化遗产是指各族人民世代相传并视为其文化遗产组成部分的各种传统文化表现形式,以及与传统文化表现形式相关的实物和场所。这也进一步明确"非物质文化遗产"是"各族人民世代相传"的视为"文化遗产组成部分的各种传统文化表现形式",尤其是"一代又一代将其传统、技能和习俗的知识传递给社区其他成员或其他社区的人",并把"代表着从过去继承下来的传统,而且也代表着不同文化群"去积极参与社会生活和社区活动。

从这几句话里应该知道:非遗活动可以是群体,或作为个体的具有独特技能的从业者,按有序传承下来的各种实践、各类表演去创作社会所需的产品。其表演形态、知识体系和技能流程,以及所包含的多样技艺工具、制作需要的承载物、附着的文化意识、历史沉积、审美观念等都可以进入"非物质文化遗产",甚至工艺作坊和文化场所也应归属于内。一般说来,这个制作者、表演者群体多而不大,因此个人在非遗表现中反而突出。

基于此,非物质文化就和物质文化有了不同,前者是文化表现的过程,其独具的表演、独特的技艺不仅超群,而且从中要体现着某些历史的积淀;后者是历史某阶段所存在着的"文化物质、物体、物件",并且这些遗存以其原貌,静态地在某地、某场所展示着。而非遗文化是一种鲜活的存在,并在实践活动中显示着技艺和表演的精彩,及所包含的历史、文化、价值的信息。

此外,非遗的文化遗产,不是世间俗说的"家庭遗留财物"。非遗是充满实践的文化活动。非遗代表性的层面或者说被世人关注的基点,集中在实践过程、表演技巧、表现形式上。尤其包含着才智的投入,历史的折射,以及所涉及的技术技能,相关工具、实物道具和文化场所等。非遗很在意技能的高超和个性,制作的成品要具备地域的人文特征。同时,持有的技能还要包含着某些知识体系,及密切相关的器具。这些显然和家族、家庭所谓的房子钱财的"遗产"不同。

技艺、表演等非遗事项是文化的,也在文化的视野中按时间梯次传

承延续,其技艺、表演等没有固化在物上,而是在手艺和技巧等方面予以呈现,这些手艺和技巧必须获得社会大众的认可。因此看似萌生和发展在个体、家庭与作坊里的"手艺和技巧",其实有着很浓厚的公共性征。离开社会环境,非遗就类似鱼虾落入快干涸的水洼,好比禾苗脱离了肥沃的泥土。人们津津乐道地在历史空间的代际传递中所冠名的"××泥塑""××木雕",从非遗文化角度来说,这些"家族徽号"也不是某户某人的私有财产。非遗,是有着技艺的人在社会与文化环境里的人文实践活动,当技艺与表演获得了社会相应的度,才得以存在并流传。流传中还需要人们的学习和坚守,这也不是家庭、家族能够完全承担的。京剧谭派老生已经历 7 代,其继承、发展不仅仅是谭家的家里人,相当多的"谭派传人"是其徒弟与爱好者。能说谭派老生中的非谭姓旁人,在"侵占、蚕食"谭派艺术吗?何况谭家也不把"谭派"揣在自己的怀里,不让他人染指。非遗文化应当在观念里摒弃狭隘的遗产观。非遗是社会文化资产,是地域文化和民族文化的重要组成部分。

据此,另一需要注意的地方是文化场所。过去对文化场所不太重视,尤其是一些比较简单的,或者说比较简易的制作场地,认为随便有个空间就行。但是对工艺产品和工艺展示来说,有些场所却难以体现出非遗的特点。例如某手艺人在客厅内随便一坐就展示其制作技艺,看到这一情景,瞬间感觉他的制作文化含量不够,起码坐在休闲椅上就不像干精湛活儿的模样。从理念上来讲,对工艺的理解就出了偏差。样子像那么回事,却自我贬低了所掌握的技艺,折射出它的文化含量不高,这样的事情不少。文化场所可大可小多种多样,核心是体现一种氛围,渗透着一种精神。

要强调,非遗的技艺应该由表及里,不能把功夫下在表皮。冯巩跟郭冬临表演过一段相声,说"某某包子 18 个褶儿",有些人就理解为只要是 18 个褶儿就和这个品牌"亲密接触"。请大家想一想这样行吗?有一句很通俗的话:"包子有肉儿不在褶儿上。"对于天津包子的定位很清楚,"半发面,水馅儿猪肉包",是有技术含量的。天津卫的包子半发面儿,半发面和现在所谓咬起来有点粘牙或者很薄的那种面皮不同。天津包子工艺,怎么和面是有要求的,要做到与"全发面"不同的"半发面"。水馅儿不是加自来水,必须是很好的棒骨汤。猪肉馅,是什么部位的猪肉,肥的占多少,瘦的占多少,有明确标准。表面看包个包子很简单:半发面,水馅儿,猪肉包。可里面有它自身的技术含量和工序标准,弱化任何一个标准,就不是天津包子。严格遵照传统,才能叫非遗。手放在背后包包子,甚至有人能包出来30多个褶子,这是"耍儿"。包包子就应当严格按照工艺在清洁的操作间里去做。非遗的空间和生产标准有着很清晰的要求,重心在于"人和他的技艺"。

比起一般大众,"这个(非遗)人"的能力要突出,技艺要独具。与此相关,其产品应具备文化属性,传递着文脉信息,要对大众有价值,对社会有影响。一个典型的例子,20世纪80年代,改编自老舍小说《四世同堂》的同名电视连续剧,一经播出万人空巷。大众啧啧称赞剧好、主题曲好。演唱这首《重整河山待后生》的,是年逾七旬的非遗"骆派京韵大鼓"创始人骆玉笙。她从艺六十载,始终坚持精益求精"艺比天大"。对传统段子结合自己"金嗓"的优势,融会贯通推陈出新,对新曲目既守护传统又与时俱进。重要的在于她对京韵大鼓执着追求,为大众演出倾心尽力。中华人民共和国成立前,面对恶势力和入侵者,她自尊自爱毫不妥协,1949年10月1日以后,把"骆派"艺术全心全意奉献给祖国和人民。因此骆玉笙的演唱,尤其是《重整河山待后生》,才能声振寰宇激动人心。

所以"非遗"要有精神,要有内涵。"非遗人"要与时代交织,为社会大众负责。应当像骆玉笙老人一样,在技艺精湛的同时,内心必须高尚。无论"这个人和这个技艺"在学习、实践与成长中,或以师徒关系,或是工作室制度,或参与其他有序途径,历经数年后成为某项非遗传承的一员。那么,在传承中他们必须对非遗文化有所承担,并对社会做出持续的应有的技艺贡献。

2."这个环境里的这个人"

非遗在社会活动中出现,包括表演展示和制作技能在内,它的主体是"人与实践"。"这个人"应当在一定的区域空间内活跃着,有着较长的传续过程,有特定的群体关注、欢迎、欣赏和购买他的产品。也就是说,非物质文化遗产,实质是有着历史积淀的能生产成果的行为。并在行为过程期间,涵盖着劳作者的深刻认知、智慧才华、制作技能、文化理解和展示力度等。

"这个人"还需对非遗的基本元素有着深刻的认知。天津有一非遗项目,叫做鸽子哨。就是在信鸽的腿上缠上一个哨儿。这里就有很多的学问,不是随便做出个哨,让鸽子戴上升空,风一吹有响声就行了。其一,它要有一定的重量限制,太沉了鸽子飞不起来,不是鸽子哨要达到的目的。影响了鸽子的飞行高度和飞行速度,实际上是影响了主体。哨儿毕竟是鸽子放飞的附属品。其二,哨儿有单哨、双哨、多音的分别,很显然多音要比单音好,可这么一来要增加哨子的结构,要多管组合,形成不同声响,但是何种风速下能形成什么样的好听哨声,是有要求的。当这些问题,重量要轻音色要找准都被满足了以后,还要考虑怎样做才能使外观与鸽子匹配。

笔者看到过传承人制作的尾花式鸽子哨。尾花式的哨子前面有一截稍粗些的短管,后面再加若干稍稍翘起的小管。为了漂亮需要在竹哨上刻点纹饰、绘些花色,有的更高级,双层带花色。制作中最为关键的是对哨儿本身的理解。也就是对文化的理解。这种理解与学历高低无甚关系,而是和学力与悟性以及专心致志、刻苦钻研,关系密切。传承人具备着聪明才智,又肯下功夫钻研,到一定阶段技艺能有突破,就会把师傅教的东西,也就是所掌握的非遗手艺,精益求精地表现出来。

津门有个著名小吃,各地都有制作销售,天津人品尝后就说他们学得不像,这就是天津煎饼馃子。天津煎饼馃子成为非遗项目的时间不长,多家有申遗的条件,评定后,名为"天津煎饼馃子·××煎饼馃子"。有的人擅自改成"××煎饼馃子·天津非遗"。这是不对的。为什么有的人会不认同专家组的定名呢，因为他们对非遗的理解有欠缺，把非遗的类别和项目搞混了颠倒了。应该是类别在前，项目在后。非遗保护还有一个突出要求，叫做先继承、后发展、适度创新，这是一个必须遵循的原则。眼下煎饼馃子出了些问题。天津煎饼馃子属于简单小吃的范畴，归属快餐。可有的煎饼馃子增加了海产品，卖几十块钱一套，价格贵，还和大众习惯了几十年的老味道相去甚远。

这个问题在于，非遗小吃自身就存在着深刻的、因时间积淀而形成的人文通识。也是几代制作者经过琢磨求索，结合本地的食材，以出色的技艺，形成独具的口味。岁月的磨砺，父一辈子一辈的继承，小吃的味道巩固在"一方水土养一方人"里。非遗文化也就附着在这种小吃的制作和销售中。一个地方为数不少的人认同这一小吃的特色，这种小吃就代表这地方的饮食习惯。实际此中已含有风土人文。不论是谁，从事此行业，做非遗项目相关工作，就应当适应并尊重这种饮食的口味和它的制作工艺，尤其要敬重恪守工艺的传承人。非要另来一套，与传统不甚搭界，也就与当地的风习、当地的大众口味有了隔阂。很容易引起老百姓的意见：没有这样的早点。

这一突显的例子，印证一个问题：非遗的类别、项目和自身归类，其所遵循的原料、恪守的工艺，从业者需要弄清楚。一旦不清楚就会在制作中把持不住，就算手握着非遗项目，也会弄不好，甚至出现笑话。否认加海产品这一做法，应当从煎饼馃子是"大众土快餐"的基本属性去评判。一勺以绿豆为主的糊糊放到圆铁铛上刮平，加一两颗鸡蛋摊熟，裹上馃子或馃篦，再放葱花、面酱、腐乳、辣油等调料，就是一套典型的天津煎饼果子，与海产品八竿子打不着。即使有所发展，也只是在原来的绿豆面煎饼皮上摊入鸡蛋，馃子换上馃篦。这一过程也只有几十个春夏秋冬。为体现这一"大众快餐"的底层属性，买主可自带鸡蛋，于是天津煎饼馃子又以贴近百姓，享誉津沽。

食材简单,便宜解饱,快摊快吃,怎容得脱离大众的"拔高"?非遗不能没有乡土风习,不能脱离大众已经巩固了的认知,以及被当地熟悉又有着独特手法的制作工艺。这地方、这个人、这个工艺、这产品、这品味(形态),所组合的就是这一非遗项目及其制作方式。其中占主导地位的是操作这一技艺的传承人,以及他对项目内涵的理解。

综上,非遗制作和非遗技艺,包括表演在内的"这个人",其活动力、实践力、传承力比一般的从业者要显眼和活跃,同时还具有明显的感召力,并与社会环境、社会人群密切交织。为适应社会风习和众人衣食住行上的需要,不仅"非遗人"要顺应这一区域的文脉律动,也会因积极的非遗实践,增添了这一区域的文化环境特色。从这个角度看,某一非遗项目获得认可与影响日深,与在这一环境下其技艺获得众人的认同相匹配,与过往人群的称赞相呼应。在非遗实践活动及产品使用销售中,非遗制作和表演应当也需要日臻成熟。从而会形成独具的、有个性的、能区别他人的技艺和工艺的制作流程。诚然,非遗要继承也要发展,但是一定要适度创新,既不能失去传统特色,更要铭记所操作的技艺从何处来,到何处去。并在此基础上,非遗人须有着明确的、不断提高自身技艺的认知。这一认知应当在传承的实践活动中不断拓展,才会增强对技艺的理解力与践行力。

(二)重在技艺更重视文化

非遗在实践活动中以其高超的有特征的手艺及其制品,去适应社会环境的需求,满足大众的生活期盼。制作与需要应当相互促进,使非遗技艺日臻完善,如此发展非遗产品才能越发获得欢迎。非物质文化的存在与活力,除了"这个人、这个技艺",正如上述所讲,还有着"环境的滋养"。环境与非遗人是互动的,有了"沃土"就能孕育"能人",出现了非遗能人和他的技艺,会使这片沃土更加芳香。天津"皇会"里那些热烈火爆的踩高跷、舞竹马,一定要与文化空间相呼应。过去在庙会、集市,当下必须是公共区域。由此可以看到，非物质文化里的人一定与文化环境、文化场所交织交融。从技艺、经验、精神最终落实到关注社区需要、注重环境特色、传承历史积淀等层面。这些"人文表现"会促使非遗在进行工艺的创作和艺术表演时，保持传统，体现出文化精神。

1.技艺里要注入人文

藿香正气水剂这种防治暑热病患的药品，大家耳熟能详。天津隆顺榕商标的"藿香正气水"制作技艺属于非遗项目。而提到制药，人们在理解上会有所不同。药典主张的是成分标准，非遗主张的是制作技艺。藿香正气水主要成分是藿香，再加多少味相辅的中药材形成水剂。依据药典，只要成分对就行。可是天津的藿香正气水，用蒸馏技艺制作，其中既包含中草药原料的物理化提炼，又有着在密封容器内高热高温所形成的蒸馏水剂。这反映出中药制药业在近代化的进程中，对先进科技手段的积极引用。天津中药制作在百年前，延聘海外归国人才，大胆改革沉积的熬煮工艺，使卫药以更优异的质量和口感走向新高度。回顾1833年诞生的隆顺榕药庄，确实在清末阶段聘请留学归国的博士在此做研发。因此隆顺榕制药能进入津门非遗，不单存在着清楚的历史沿革和具备着科学严格的工艺，更有着时代文化的烛照。这就和采用其他手法制作的水剂截然不同。具备历史文化意蕴的隆顺榕"藿香正气水"，与其他地方的同类药品相比，会有所差异。在津沽，市民要喝藿香正气水，会询问"隆顺榕"这个牌子。为什么呢？因为它引入科学手段，经过岁月的磨砺，坚持严格流程带来了名气。隆顺榕以"药材地道，诚信经营"而享誉津门，成为卫药的领先者。一个老字号所创造的企业文化，显示出津沽制药的宗旨、追求和风范。人们服用津产的藿香正气水，交口称赞隆顺榕制药，实际也就认可了企业背后形成的文化和此项非遗带来的信誉。社会环境氛围使其名气鹊起，非遗的人文浸润也就随之厚重起来。

有历史有人文的非遗项目，含类别、项目，继承、发展、适度创新，还有技术流程的必须遵循着的严格性。尤要强调非遗究竟是怎么制作的。

非遗最终要制作出具体的成果，人们看到的也是一步步经过技艺操作后的制成品。可实质上，非遗更重视的是产品完成前的一系列流程，因为只有它才能决定产品的风格、产品的审美、产品的文化积淀、产品实现的技术手段。一句话，非遗技艺要有人文注入，要有精神价值取向。

此外，非遗制作质量的优劣，还在于有无意涵追求和审美表达。教若干个徒弟，有的徒弟很开窍，有的徒弟就稍微差一点，其原因很大程度就在于文化理解力的不同。比如说葫芦押花技术，选中的葫芦都在一块地里，应该说这块地的葫芦质地差不多。可是从挑选开始，你和他所选择的葫芦胎已有了区别。差异就在于他选的东西比你的秀美。为什么？因为文化理解力与审美眼光不同，造成遴选的区别，也关乎着制作水准、产品效果。

例如，读者熟悉的葫芦制作和布艺工艺。首先，要知道布艺有着多类型，葫芦制作也有很多方式。做匏器有范制的、押花的、刻制的、烙烫的，还有综合的，大小尺寸也各不一样。再说，各种葫芦有的是把玩器，有的是实用器，有的还跟宗教意识相联系。天津有一位匏器传承人，做的是大型的、与人头一样大小的佛头像，以及复古明清两代的传统范制葫芦。这位传承人的葫芦非遗技艺是"××庐制作"，以范制仿古葫芦和佛像葫芦为特色。他的技艺和同为制作葫芦的押花手艺完全不同。

有意思的是，有的项目属同一类别却技艺相差明显，有的细节差不多味道竟南辕北辙。虽说非遗看似是"这个人"在"这个环境"里面干着手艺活儿，但是会出现同一传承下的产品，效果良莠不齐。深入了解，有的传人多读书，涉猎知识广泛。同是制作葫芦，有的写出了"葫芦史"和"历代葫芦制作样式"等专著；有的坐井观天，连师父教的内容也没有记完全。这二者由于审美能力、文化素养的参差不齐，有的把握住了非遗内涵，有的忽略甚或忽视掉了，非遗技艺也就出现了"艺作"与"匠作"的区分。非遗虽是以技艺为主，在看似雕虫小技里含有许多文化素养、文化意识。曾进入课本的《核舟记》，写古代微雕艺人手持刻刀如有神助，在小小的桃核上,把泛舟的苏轼跟佛印边喝酒边聊天的情景,雕画得栩栩如生。非遗里的微雕技艺如今依旧光彩熠熠,流传至今,就因为其中的文化元素延绵不断,与中华民族对微雕始终怀有见微知著、以小见大的美学意识密切相关,即所谓的"袖里乾坤大"。这体现出中国人的胸襟与气魄,唐诗里的"一览众山小",形象而生动的把我们的文化风范、文化视野抒发出来。

天津的非遗制作与产品里,杨柳青年画的吉庆、风筝魏风筝的翱翔、泥人张泥人的神采、津门皇会巡游的热烈,卫药的以质取胜等,无不与津沽文脉、市井生活相吻合,无不显示出天津豁达、淳朴、勤勉和顺遂的城市性格。非遗文化的重要性就要以这样的文化生态为基石,去制作去展示,并且在审美观念、文化素养、文化理解方面,要深入学习、提高认识、努力践行。

2.非遗包含精神活动

非遗的成果要在社会上营销,即使是表演也需得到大众的认可和欢迎。在这个"认可"里,非遗人或者某个项目的开拓者、引领者,必须具备较高的思想才好。当这位有技艺有思想的"人灵"恰逢其时地生活在"地杰"也就是能使非遗人发展的良好环境中,于是地杰人灵相互促进,会产生出不一般的成果。天津宝坻古代的农耕历史,被后人大书一笔,就是如此。明万历年间,县令袁黄提倡水田革新,深入阡陌疏浚河道,写下《宝坻劝农书》指导合理种植水稻。百年后,林则徐认为:《劝农书》给当地带来了巨大影响,"宝坻营田,引蓟运河、潮(白河)水。潮水性温,发苗最沃,一日再至,不失暑刻,虽少雨之岁,灌溉自饶"。很显然农田的肥沃苗壮,来自文化的积淀和思想引领,而经济的科学发展,必然会使文化活跃。京东大鼓在宝坻发生、成熟,并竞相出现了有开拓之功的刘文斌、董湘昆两位大师,显然有赖于经济、文化的积累。至今,宝坻京东大鼓成为国家级非遗项目,绝非偶然。现在宝坻又以极大的努力,开展"星火活动",推动京东大鼓这一国家级非遗向纵深发展。可见宝坻的乡土文化积淀厚重,

历史文化悠久,才会成为京东大鼓的发祥之地和评剧之乡,并一直生生不息。

非遗的"人与技艺及其成果"要有社会影响,周围大众也应推动着这种社会影响。天津相声和马三立大师、京韵大鼓与"金嗓歌王"骆玉笙,之所以成为业界的翘楚、领军人物,如古人提倡的"才以用而日生,思以引而不竭"。他们取得的成就无不与德艺双馨、和思想笃实先进、表演出类拔萃感动人心相交融。同时,文化活动在传承时融入文脉,经过使用、欣赏、品尝等,被视为社会风习的特色表现。相声的马派和京韵的骆派正是这种走势的必然发展,天津被称为曲艺之乡实至名归。人们通常在耳濡目染中习惯并接受这些有地域味道的表现,所以,保持区域风习、乡土味道和创新向上的思想底蕴,在非遗文化传递中十分重要。

天津剪纸与街市经济和胡同生活联系紧密。前者以吊钱为典型,后者以窗花为代表。发展到今天非遗传承人常常用更靓丽的图案,更多重的含义,更新鲜的元素推进剪纸创作,把津沽剪纸的生活镜像与时代、乡情深入结合,涌现出优秀的人才和作品。已故的民间工艺美术家黄殿祺先生,多次以街景风俗画的形式剪出天津改革开放的新气象。他的多幅剪纸鲜活表现着,三岔河口高楼林立、天津站前人流熙攘、文化街举办妈祖节……让津城的热情从刻刀里流淌出来。年轻一代的非遗剪纸,把目光关注在新老建筑和虫草花卉交织成的艺术表达上。本书就选用了几幅反映天津街景的剪纸,令人咫尺之间就从中感受到生活气息、社区人生和津沽的衣食住行,质朴和趣味扑面而来。这种剪纸的主题、风格和艺术追求,与新时代新风尚息息相关。建设美丽天津并深入推进,必然会促成各种文化产品的积极向上。沽上的新剪纸,已经不止于增添节日的喜庆,更能展示津门处处存在的活力,表达都市民众对生活的热盼。用那火红的画面、丰富的含义,显示日子过得快乐滋润,也把剪纸艺术的"剪剪有生活、刀刀显精神"的文化追求投影出来。

再以语言风习为例,天津话出现语言方言岛现象,按照天津方言专家的研究,津城百姓使用"天津话"的区域没多大。比现在天津行政面积要小很多。按大致的地界划分一下,是以海河中游老城里周围为界,一个不大的范围。人们熟知的南开大学和天津大学过去并不在天津市的主市区,学校坐落的六里台、七里台、八里台,都是以从这几处到城里的距离为标准,已经离城有六里、七里、八里了。所以天津方言多集中在城厢区域,一些风俗也会与天津方言一起成为生活习惯。作为商埠,人们迎着朝霞出门干活,多去核心区域、海河码头。城里衙门多,城外街市繁华,到这里公干或经营,即使只是逛逛,也要整整衣冠,精精神神地去。天津话里就有这么一句:"早起三光,晚起三慌。"每天起床早一点,从容刮胡、仔细穿衣、配好鞋帽,这就叫"三光"。无论人到哪,都留下"利落、干净,是个办事的"印象。在床上懒一会儿,匆匆起身,会手忙脚乱慌里慌张,脸也没洗静,衣帽也不整,身上邋里邋遢,这就是"三慌"。这句俚语,八个字。不仅包含着津门生活习惯,还把天津城市每天出门的状态反映出来。正如俗语"五里不同风,十里不同俗",方言岛内街头巷尾的精神文化活动,如妈祖祭奠仪式、妈祖皇会巡游大都在天津娘娘宫周围。而宫南宫北大街、西北角和估衣街成为人流最盛的地方,逢年过节喜庆寿诞之时,所买的年画、吊钱、绒花、门帘、窗纱、大衣、旗袍,都有着卫韵津风,凸显着天津风习和特色。

21世纪以来,天津举办了好几届"中国·天津妈祖文化旅游节"。祭拜的地方叫娘娘宫,拜的娘娘就是来自南方的神祇妈祖,而妈祖北抬就和大运河及海运有关。拜妈祖这个风气形成于北宋末年,到元代,祭祀的风气从南往北传递,并和元大都确立在燕地,津沽成为京师门户关系密切。天津处在京畿要地,又是北方最大的港口码头和转运中心,船只往来,货物集散,南北交流,妈祖信仰在津沽文化集聚沉淀中,加入地域特色。妈祖不仅仅保佑着河海运输,还呵护着津沽地方的吉顺安康、后代香火。于是妈祖庙在天津成为有着"拴娃娃"习俗的娘娘宫,妈祖娘娘也就成了天津的护佑之神。对妈祖的纪念不仅历史悠久,而且规模较大。到现

在,天津娘娘宫依旧是津沽百姓心中的最佳打卡之地之一;信众为妈祖的"善行大德"虔诚而来,在敬仰祭拜中获得精神抚慰。

第二节　非遗要活态成长

(一)非遗需倚势而为

天津人讲究"当当吃海货,不算不会过"。这种城市风格,大概外地朋友一时间难理解。如果与津沽环境相联系,就会明白津门百姓为什么要非吃海货不可。天津面临渤海,又有九河下梢之说,河里的鱼海中的虾,时时都有,各时段品种不同。市井生活环境养成天津人吃喝讲究应时到景,造就了"赶鲜"的饮食习惯。胡同窄巷,人们拥挤着过日子,却在做饭上比较着各家炒菜的手艺,在口味与食材上争着"显摆显摆"。海货上来了必须得先吃,想办法把鱼虾做在饭里,所以天津的食材通常是河海两鲜全有,在运河传来的淮扬菜和山东鲁菜的基础上,发展成天津菜。一段时间××火锅"独霸天下"的现象是不正常的。不反对吃火锅,但是如果在一条体现自己城市文化风格的街里, 二十几家餐饮店里有十多家××火锅。就显得有些别扭,没有表现出文化的区域多样性。单一了,活力也就衰减了。

活态的非遗文化传承,活力很重要,也就是从业者手握非遗项目必须有着应对的能力,要具备"拿得出产品"和"保持住技艺"的本领。举个触类旁通的例子:临近淮安,有一处千年人工湖叫洪泽湖。它是历史上治淮时,挖泥筑堤后形成的人工湖泊。到了清中后期,林则徐负责江南治水。面对洪泽湖水患,朝廷上下都十分头疼。他决心垒一个大坝,阻止湖水漫灌。一百多年过去,那段水坝经过多年的考察挖掘,现出原貌。有些谜题仍然要去探求。一是,所垒筑的大坝,石材并非当地所有。取材与运输,尽管是在清朝,运输工具和运输能力虽比金字塔建造的年代提高不少,但与今天建设使用的机械化不能相比。缺乏大型车辆,石材到底来自哪成了疑问。二是把石头切割成差不多大小的长条,用什么来切割?那些黑色的石头,非常坚硬,相信先辈所涌现的聪明才智能切割出石材,可惜具体的工艺已失传。三是石头之间的缝隙,基本上一张16开的纸叠4折都很难插进去。说明它的平整性精密度非常高,同时也需要粘合。中国早先的建筑粘合剂是用糯米加灰。堤坝这么大,水的冲击力也大,怎么才能更扛得住水患?考古专家经过考察,揭开了它的面纱。石头和石头之间的缝隙,老祖宗利用了木匠的榫卯结构。在两块条石之间挖出蝴蝶翅膀张开形状的槽,然后把这个槽用一个铸铁件卡住,隔两三块条石就卡一个蝴蝶型铸铁。这么宽的堤,横着有铸铁竖着也有铸铁相连,大堤叠垒起来成一个整体,再加上糯米汁灌缝,坚不可摧。从林则徐那个年代到现在近200年,大堤面对浪涛拍来岿然不动。这已经不是简单的物质文化,而是渗入了人的聪明才智。

　　能应对需求解决难题,并延续到今天还表现出活态,其技艺就是非物质文化遗产。古人的聪明才智,要传下来。马王堆汉墓出土了薄如蝉翼似的一个丝织袍,不足数两,能攥在手里,怎么做到的呢? 到现在仍然是个谜。用什么工具,怎么抽的丝,怎么把它织成那么薄?穿起来十分透气,如身着薄雾,又绝对不是皇帝的新装。近年,四川的传统丝织品,引人注目的蜀锦古代纹饰,团案、花色令观者拍案叫绝。如果不是四川的一个大墓里头出土4台蜀锦提花机模型,都不知道那花纹是怎么织出来的。幸亏古人在墓里头放了织机模型,发掘的时候,四台竹木制成的模型几无较大变化,保存十分完整。仔细观察分析,其结构复杂精巧,一些部件上还残存有丝线和染料痕迹。古人就是用这样的机器织出了蜀锦。现在这四套古织机,已复制并能使用,可仿制出非常漂亮的蜀锦花纹。南京的丝织品博物馆是建在"江南织造"的原址上,据说此处是曹雪芹的爷爷任职的地方。这座博物馆,把沿袭古代的织机放在里面,有技师在参观者面前做熟练精巧的演示,参观者无不受到震撼和教益。

所以说,活态传承是非遗的命根子,如果我们的东西都是静态的,只能在博物馆,非遗作为制作工艺所包含的文化力量会减弱。在社会生活中,非遗经过传承成为一个工艺流程,至今依然生产销售,它就活力四射,富有朝气。非遗的生命力不仅在于创立、传承,还在于流传至今,所以活态传承非常重要。因此,非遗传承要延续四代或者是五代,而且尽量持续百年,还要谱系清楚明确。作为一个传承人,必须既要继承又要发展,培养技艺接班人。如果优秀的东西传不下去,我们中华民族很多非遗工艺、非遗文化可能就会失去,甚至会危及我们的国家安全。为什么这么说?举个例子,我们的国土960多万平方公里,一定要在这960多万平方公里的土地上,有大家视为共生的东西,否则怎么能体现国家的统一、团结、富强。比如说文字使用、语言交流,一些艺术的接受度和艺术传播度,覆盖的深度和广度,都是属于维护国家安全的范畴。

(二)非遗不是一般的文化活动

妈祖娘娘庙本身是物质文化,而作为一种信仰它也属于一种非物质文化。围绕其中的活动,就有传统仪轨和表演形式,尤其是祭拜大典和皇会巡游,成为妈祖文化的重点。妈祖在天津,有了文化的深入展示,所以说非遗的"非"字非常重要。有一种偏颇,总把目光放在"物"上,"物"当然重要,非遗最终要落实在物上,但是这个制作、展示的过程是非遗的关键,不强调这个"过程",会对非遗产生不全面的认知。一旦偏颇,人们也无法认识到为什么这个非遗项目就好,那个非遗项目稍微差些。非遗产品质量与审美的关键,不只看其结果如何,更在于艺人的制作技艺要坚持传承,精益求精和有着深刻的文化理解,这些还要贯穿在非遗实践的过程里。非遗文化,过程比结果还重要。

视非遗为文化遗产,还在于从技艺、制作、演出的实践过程中,体现出了应有的不一般的气场。制作出的产品,要含着气度、品位,及对社会生活的助益,甚至要感染人们的胸怀、心灵。当你到娘娘宫,耳边响起叫卖声,尤其那充满韵味的药糖歌,瞬间会觉得被市井的热情所包围,并体味到了凉糖败火的生活气息,这《药糖歌》显然已经在拨动你的心弦。参加读书会,有人声情并茂地讲《姜子牙在静海的传说》,听众仿佛进入了《封神榜演义》的世界,对神话人物有了进一步的贴近。非遗这种既满足于人们物质需求、又有益于精神抚慰的价值表现,充分表现出民族的蕴含、地域的植被、行业的传承、技艺者的修为,并以非遗人的勤奋、坚守和聪明才智,让接触非遗产品的大众从中懂得华夏文化的创造能力和感染魅力。

非遗文化中的非遗传承人,不是简单的一般的执业者,是有创造力的、有继承技艺并促进其发展的责任人。人的实践和表演以及表现形式、知识体系和技能,甚至包含工具,都在这范围内。此外,非遗还得在一定的文化环境、文化氛围的场所里去表现。真正优秀的非遗品,需要一个好的环境氛围。没有一个合适的制作、表演的环境氛围,会影响各种需要者的理解力。举个常见的情节,古人弹琴,讲究沐浴更衣洗手,还得闻香,静下心来去弹琴会让有心者深入欣赏。当然,听音乐要有能听会听音乐的耳朵,否则就是"对牛弹琴"。这很有道理。如果演奏者心浮气躁,再好的乐曲他也弹不出真情实感。倘若环境凌乱,听奏乐的人再有耐心,也难以体会到音乐的优美和意境。

当文化场所被时代笼罩,被生活节奏牵绕,非遗项目也就身处壮阔的历史洪流中,接受时代的洗涤。由这样的大环境制作出来的非遗产品,会和忙于赚钱、只顾眼前热闹、在技艺上浮皮潦草鼓捣出来的东西截然不同,优劣毕现。同是制作葫芦,踏踏实实一点一点地做和心不在焉投机取巧地摆弄,二者的产品即使外观相近,也绝对是两码事。

非遗需要静下心来真真正正地去继承发展,要把它视为"文化"的遗产,彰显出华夏文明的精气神儿。即使你不擅长做大的布艺老虎,缝制小布老虎也要一针一线体现出民族工艺的精巧,表达出对制作技艺的文化理解。布老虎在某地区生根发芽、成熟生长,不单有其源流,非遗传承人

还要结合当地的需求,把相关的文化表现浸润在制作工艺里,使不同地域的布老虎呈现出不同的特点。或虎虎生威,或憨态可掬,或小巧玲珑。天津的相声是国家级非物质文化遗产项目,它在"北京发生,天津发祥"。一百多年前,首善地区社会动荡,食利层也出现了落魄。而穷苦人群要果腹,卖艺也是出路。相声的出现和名叫"穷不怕"的朱绍文紧紧连在一起。他命运多舛,却不向潦倒无奈低头,用说学逗唱使大家愉悦,用相声表演养活自己。在北京皇城根旁讨生活,贫苦艺人大多命运不济潦倒一生。可是朱绍文偏偏取个艺名为"穷不怕",即使撂地吃开口饭,一顿饱一顿饿也要坚持着活下去。

天津地处京畿,水旱码头,"穷不怕"的相声,来到了"穷要乐"的天津市井,"说话会找乐"的土壤涵养、发祥了相声。然而,相声在天津并非"为了乐而乐",津沽的文化在多元凝聚和交融里,对艺术有着考验与提炼。相声看着逗乐,其实是幽默的爆发,需要艺术功力的打磨。现在网上议论,某某相声说得那么好,为什么一些人会有截然不同的看法。从文艺评论的角度看,倘若把他的若干(不是全部)相声段子和马三立的相声搁在一起比较,认真听,别浮躁,别去人云亦云,就会感受到之间的区别。把相声视为"只要找乐就行",或者扩大"子母哏"的外延,然后再扯东扯西,引出笑点。对这个"乐"我们应当琢磨琢磨,它的文化含量是高还是低。比起马三立说的:一个治瘙痒的秘方,用好几层纸严严实实地包着,身上越痒痒,手越忙不迭地去一层层掀开,心里越想知道里面是"什么药",最后一看,仅仅是"挠挠"俩字。想想,上述两种相声哪个文化含量高?不能认为相声是"乐一乐就得了"。如果相声就是乐儿,侯宝林大师和马三立大师,地下有知也得难过。相声要"有意味的笑",是"软幽默"(薛宝琨语)的一种爆发式,相声是一种笑文化的艺术。

非遗随所处的环境与自然界的相互关系,会因历史条件的变化而变化,从嬗变里不断使这种代代相传的非物质文化得到符合规律的创新。同时,非遗活动要具有一种历史感,坚守这项非遗有着文脉的基因,有着人文特色,从而促进了文化多样性,也激发了人类的创造性。非遗对于社会的演进,对文化的丰富、对了解华夏大地的风土,都有着体现在制作技艺上和表演展示里的生动回答。

非物质文化遗产有自身的内涵、独具的技艺和特色的表演等。它是地杰人灵的精彩结晶,是民族、民间文化的鲜活凝聚,是非遗人聪明才智的生动体现。非物质文化要与所处的环境共生,要和大自然给予的条件与材料相容。随着相互关系和历史空间的变化,各个项目在代代相传中,由萌生到成熟,才使得要手艺的非遗项目成就为文化的非遗。

下述的三个理解,把非遗的文化底里作简要解析:一是,非物质文化遗产应该有历史的积淀,这个积淀的方式是什么呢?是代代相传。所以考察历史文化,评定非遗项目时,专家总是问,三代如何?五代如何?一旦在这一项中有所缺失,也就和历史的孕育产生断裂。从哪来?学的是什么?没弄清楚,技艺难以精益求精。二是,手中的非遗项目要与社会环境、自然环境密切相关,这点不能忽视。比如,有些材质直接和动植物有关系。像葫芦盖雕刻,不仅材质从自然界提取,产品还要有社会需求。京津两地,冬天养蝈蝈,得有物件放置,还要把它揣在怀里。做匏器的人都知道,这种葫芦应当怎样初选?怎么涵养这个葫芦?怎么做这个既能养虫又要艺术一些的葫芦?这就涉及胆(内腔)和帽儿(盖子)的问题。养蝈蝈的葫芦应当通风,从怀里掏出来看蝈蝈的时候还能把盖子打开,还得有一个网罩防止蝈蝈意外跳出来。养着蝈蝈看着葫芦,往往就有一种欣赏艺术的感觉。于是对葫芦盖儿的制作就有很多要求。天津有一家作坊,使用的工具挂一面墙,仅仅用于葫芦盖镂空的各种雕制刻刀就有几十把。什么材料、多大的眼儿应该用不同的工具。于是材质和工艺,养虫和生活都有了关联。即使做布老虎主要用的是布和填充料,手艺人的选布、选填充物、选绣花线,甚至包括图案都要受社会和家族传承的影响。所以非遗,不是单纯坐在家里就能凭空完成,要与社会和自然密切联系。同时要继承传统,还要有历史认同。三是,非遗项目中不少源自农耕生活,它要在

今天有所改进才能与当下融合。比如,小吃的工业化生产如何保持非遗的传统技法和乡土特色;打火花、舞火龙之类的表演,如何在城区注意空间与人员安全等。前者可以在技艺的特色部分继续坚持手工制作(天津十八街麻花,至今依旧手工搓条),后者要增强安全防范措施(河北蔚州的打火花表演一直遵守各地的具体要求)。

除此之外,还要对非遗产品的框架底线有深刻的把握。回到前文那个例子。天津煎饼馃子加上了海产品,说营养价值高,结果大伙都不认同,再加上卖的价格超出社会认知,一套煎饼果子五六十元,甚至据说还有达到七十块钱一套的,这让老百姓怎么接受啊?不就是个早点吗?天津话说的让肚子"垫吧垫吧",也就是煎饼馃子只属于简易快餐,这是底线。所以一旦超出历史积淀的百姓标准,大伙就不会认同。对此,有的批评比较尖锐:加海产品的煎饼馃子就"走歪"了,不是日常需要的。细琢磨也是如此,因为它已经离开了原本的历史概念和传统要求。

(三)在百花争艳中发展

1.深化非遗的多样性

非遗制作各有自己的"绝活儿"、各有技艺和表演的优势,传承当中注意这一点很重要。工艺上既要原原本本,还要有自我的创新。如果光是把手艺学过来了,自己在开发上、理解上不足,可能也传承不好,要有自己的努力在里面,才能一代更比一代强,才能越干越出色。文化的多样性激发人类的创造性,创造性就表现在精益求精的技艺里。非遗文化延续至今并不断前行,不仅要继承,还要发展。但应强调适度创造,不是瞎创造,而是在原有基础上不断沿袭并及时创新。

比如说京剧中唱花脸,学的大部分是裘派,实际上花脸在近现代有其他流派,除了裘盛戎的雄浑、金少山的高亢,还有钱金福的小花脸、袁世海的架子花脸。除了以唱功为主的,还有以身架、念白为主的。裘盛戎是唱念做俱佳,不是像现在的强化唱腔弱化表演。老一代艺术家就是在着装打扮上也达到了至臻至美的境界。眼下，金少山、侯喜瑞、袁世海的艺术流派逐渐被学裘派的潮流给取代了。抛开其他原因，一个重要方面，裘盛戎的创造力是这三个流派当中最突出的（郝寿臣演的曹操也有很好的艺术创造）。举个简单的例子，裘先生个儿不高，如果仔细看，裘先生的服装是有变化的。他所穿的不管是包公的服装、曹操的服装，他的领子不是纯白的，带有点浅驼色，或者是深一点的驼色。为什么要这样穿呢？因为他比较矮，人也稍瘦一点，他为了使自己装扮的角色符合魁梧的要求，就让领子带有些颜色，颈部不那么瘦，显得舞台形象壮实威武；另外他在眼神上也细心处理，尽量不往下瞅，以平视为主，这样就显得人很高大，至少精气神上他就很威风。这就有艺术创造力在里面，身材不足就想办法在其他方面做一定的美学弥补。通过艺术的审美来弥补自己的欠缺，这就是我们所说的文化创造性。各个非遗项目都应该在坚持中适度创造、创新，才能在比翼齐飞中争相斗艳。现在有的表演（或非遗技艺），只在外表上着眼，或者只求某一点学得像。有些流派很强势，大家都学他，当然这是好事。可另一方面的问题也出来了，裘派花脸一统天下，甚或只强调"卖力气地唱"，却忽视唱念做俱佳和流派纷呈，其实是削弱了京剧花脸这一行当。

2.非遗之花香溢久远

京剧裘派之外，可以结合自身条件学金少山、钱金福、侯喜瑞、郝寿山、袁世海。争芳斗艳，才能满园春色。如布艺艺人，在某地很出色，现在向纵深发展，通过广泛交流，发现别人的东西不错，首先学习的应该是他的精神和他处理这个东西的技艺，不要只学模样。古人曾经说要神似，不要形似，不要只专注外在的东西，外在的东西很像，可是内涵一旦走浅走歪，就会失去了精髓，失去了创造力。自身的生产力也就失去了。在多样化上，也就落伍了。千万注意，非遗需要克服千人一面。

顺便提一提，非遗文化在实践中，要把项目的权威性确立起来。所谓权威性就是东西的质量形成，包括内涵的质量和外在的质量。千万不要投

机取巧,尤其是现在面对市场经济的大潮,有的手艺人一评上非遗项目就觉得自己身价提升了,甚至有人说既然是独此一家,搞两下就行。要相信老百姓不是傻子,精神的东西是能体现出来的。你自以为"聪明",能偷工减料简化流程缩水工艺,别人发现不了。正像鲁迅先生所说:"捣鬼有术也有效,然而难以持久。"想捣个鬼,使点花招,确实也有效,可捣鬼的效果都是临时的,花拳绣腿不可能长久,最后总是搬起石头砸自己的脚。

非遗不往一处想会出问题。有一家不错的作坊,可是传人的内部矛盾几乎把这个品牌毁掉了。本来他的烹制技艺是从宫廷流传出来,存在两个传承谱系,先是教家里的人,同姓子侄,但是干着干着亲哥们兄弟没干好或者说不想干了。后来师傅就带了几个徒弟,徒弟就是所谓的外姓人。徒弟很上心,学得也蛮好,申报非遗的时候咨询了一下,又参加了几个展销会,名气也上去了。对此,家族传承人明明可以从品质、手艺上下功夫,实际却没在产品的内涵和工艺上竞争,只说自己是正根。把劲儿使在外层,造成销量一时大减,品牌也停滞不前。相关部门和专家组在讨论天津市非物质文化遗产条例的时候,一致认为,非遗带头人所申报的项目和项目的技艺、流程应该是一种规范。只要定下来,就不能瞎折腾。这一项目的其他人也得照规程和规矩去做,坚持技艺的严格规范。

天津还有一种非常简单的小吃,叫锅巴菜。天津大福来锅巴菜被定为非遗。有一个细节,能够反映出来这家店的聪明才智。锅巴菜盛在碗里还要撒上一点香菜,香菜末用的是去掉根儿的部分,切下来带点紫头的这一截根部怎么办?扔了可惜,大福来的前辈就把洗净的香菜根用底油煸炒一下,捞出后,再调料打卤。有这么一道工序,那味儿就跟别人不一样。现在有的小摊儿号称天津嘎巴菜,弄些水倒点酱油,放上芡粉熬成卤汁,最后淋上香油。实际上不是这么简单。还有回汉族口味的分别。比如清真口味,卤汁就用羊骨头熬汤,后来强调卤汁要素的,可以不用羊骨汤,但是不管怎样,把创造力放在真功夫里,是成为非遗项目的关键。看似简单,实际上充满了非遗人的智慧。

再比如,做葫芦器的艺人,每个人的绝活儿里都有特殊工具。特殊工具也属于技术范围之内,有的人工具独特不愿意往外说,要尊重他的知识产权。他的工艺范围,甚至工具的变革、变动都属于他的创造。工具不同,技艺手法也会不同。扬州剪纸称为精细剪纸。精细剪纸特别适合小桥流水仕女人物,这种"细"就会体现在工具使用上,绝对不像有的人说的那样简单,一个小剪一把刻刀全解决了。强调工具的意思,是要保护自己的工艺,只有坚持这样的工艺、这样的工具,才能形成权威性,拿出来的东西大家才信服。有的艺人忙于投入市场,就"萝卜快了不洗泥",这是对自身工艺的一个损伤,对艺术的损害,对文化的衰减,最后出来的东西就叫大路货。

总之,"非遗"一是指,在历史传承与技艺延续中所能呈现的,具有独特性的实践活动。主持这一实践活动的可以是团队也可以是个人,并且在制作与展示时,应当具备文化意蕴,同时还要把含有文化意蕴的各种实践、表演、表演形式、知识体系和技能,及其有关的工具实物、工艺品和文化场所,视为"文化遗产"。丰富多彩的非遗项目是民族、民间值得珍惜的"非物质"的存在。二是说,各个群体和团体随着其所处的环境与大自然的相互关系和历史条件的变化,使这种代代相传的非物质文化遗产不断得到创新。三是讲,非遗项目实践的过程与成果,要在社区中获得活动的认同感和传承的历史感。在相互比较中不断成熟,从而促进了非遗文化的多样性和激发从业者的创造性。

(四)活态传承要文化自信

1.活态传承的关键在于人

当下,比较棘手的是非遗项目的家族传承,遇到后继无人的难题。比如湖笔制作,是毛笔制作中极具代表性的技艺。中华民族的文字、书写艺术、绘画艺术,都能从湖笔制作中形象地折射出来。一支笔12道大工序120多道小工序,光是选毛和最后形成毛笔头的那几道工序就已经非常

艰辛了。真正的好湖笔取材于羊的四肢的腋下部分。第一,要选择好毛的材质,这个"好"是历代制笔、用笔经验的积累;第二,一般的毛笔是两层,里面有一层,外面一层形成那个笔尖。做这个必须是手工。记者访问过非遗传承人,一个女同志,干这个已经 40 年了。曾经讲一句话,听了以后人们很受感动,她说:"现在我们条件好了,有空调,各方面不断改善,有了很好的工作环境。过去不是,一双手 365 天就泡在水里,才能把毛选出来。制作时使用的工具很硬又有刃,刮那个毛,一不小心刮到手上,刮出一个口子。最初做这道工序,几支毛笔头选下来,水都有了红色。"她说,今天条件好了还是要坚持手工制作,因为湖笔具有中国文化最典型的特征。全球的毛笔也只有出自中国的才是正宗的。从传说的蒙恬造笔到现在 2000 多年。悠久的湖笔制作有 120 多道工序,任何一道都不能马虎,而且是机器不能替代的。选毛这道流程就有 70 多道小工序,机器再棒和人工选毛的感觉是不一样的,这也体现了中华民族的聪明睿智和历史积淀。仅从一个制笔工艺就说明,中华民族是勤劳奉献富有创造性的民族。非遗是文化的技艺表现,在活态传承中折射出华夏大家庭的智慧人生和生活追求,反映出各族人民在满足社会需要上的探索与创造。非遗拓展了生活天地,更体现出不同环境中的民风民俗与不断向上的精神世界。非遗活动就是非遗人在艰苦中求索、传承时精心制作、认真创新的具体体现。非遗技艺的精彩是非遗人生的精彩。

人是非遗文化的核心力量,这个"人"具体如何? 相信非遗人都应该具备"技艺、经验、精神"六个字。首先得有技艺,就是制作者的技术。如布老虎制作,怎么选布,怎么选丝线,怎么配的颜色,怎么往上绣花,怎么一针一线缝出来? 其次是经验,在实践中边琢磨边积累。老虎的眼大一点,如何调节黑白两色的比例:眼睛要"萌萌"的,应该是怎样的针法才会让它更有趣? 多一针就不出彩,少一针就无神。至于精神,体现在一针一线都要有着对非遗的坚守和自信。一位西北的布艺人,为了做出布老虎的威风凛凛,十几次去博物馆看相关的汉刻、唐三彩和宋陵的石像生。没有这种执着自信,手里的"活儿"就出不了民族、民间的精气神儿!

2.要"活"在社会人生

天津有个十八街麻花,全国著名产品。为适应市场在工艺上做了相应的改进,却有一道工序不仅不改,还得坚持,还要技艺保密,这就是"搓条"。全国都有麻花,天津的麻花有自己的特点,大部分含在"搓条"中,在揉搓、添小料、搭配拧制成型几个程序里,都用手工完成。它酥脆的程度、个中的味道,会在非遗技艺里得到体现。酥脆和味道,是"十八街麻花"制作工艺的核心追求,从来没变过。

再举个例子,天津没有茶田,天津本地茶叶的制茶工艺需要拼配。正兴德茶和现在老津卫茶就是拼配茶。"拼配"就是它的工艺表现。不产茶的天津是个移民城市,外来人口很多,需要的茶饮口味各异,这是环境需求;此外,天津喝茶的主要消费层不止于上层,更多在劳苦大众这一层。天津是要冲之地、水旱码头,出大力流大汗的人特别多,要喝浓茶快茶,这是购买需求。怎么让他们喝上茶?喝上好味道的茶,还不能太贵,因此要拼配。这个拼配比,就是它的工艺的关键。笔者问过天津老津卫制茶技艺传承人,湖北的茶、福建的茶、江西的茶、广西的茶,他都作为基茶使用,然后用茉莉花去熏制。怎么熏?用哪里的茉莉花?是有讲究的。此外,天津还有一个十分有意思的"津茶"现象,即数十年始终坚持着物美价廉薄利多销。来天津的外地朋友,看到"正兴德""老津卫"这俩牌匾的时候,你进店问经营者:有"高碎"吗?他马上明白,这人是老茶客,又不是那喝一杯要消费100块钱的顾客。作为普通劳苦大众,老天津的高碎茶,味道浓香,还低价,现在依然维持在40至60块钱一斤,全国都难找到这种价位。江南茗茶一斤上万,色味香上乘,却难以进入寻常百姓家。可是津卫高碎茶不仅喝得起还觉得喝得挺有意思,味道浓还解渴生津香飘胡同,天津卫的城市文化也就含在里面。天津老味茶有技术还有经验,经验的背后是精神,要为津沽低收入人群、为劳苦人群,喝上有味儿的价格还低些的茶叶。现在有一种风气叫非遗产品工艺化,对此笔者持不太赞同

的态度。有工艺精神,工匠精神,要支持。把非遗产品工艺化了,走市场高端高价,把活态的非遗高高挂在墙壁、摆在红木大桌子上,总觉得与大众有点隔膜。

前面提过天津区级非物质文化遗产——天津药糖,很有意思的一个小食品。制糖的时候加上一点中药,调制一些口味,尤其在夏天真是生津止渴。相声里有一段"谁买我的药糖了",那段唱就是学卖药糖的。有一款叫做某某"吆喝药糖"的非遗项目,就是边卖药糖边吆喝的一种文化,非遗人自己握有大概三四十首固定的曲子,里面有内涵,冲着大娘怎么说,冲着孩子怎么说,冲着老头怎么说,祖辈传流下来的词曲。这是非遗,不仅是药糖的制作工艺,还含着某种精神在里面。他在卖药糖的歌中劝导大众如何做人处事,赞美守善尚德。

试问一下,非遗制作非要高度精致化,以便进入"收藏"的殿堂吗?比如做手工鱼竿,技艺精湛,也漂亮好看。可是鱼竿首要功能是钓鱼,这是钓鱼竿使用的基础。如果把它精致到了只放在少数人手里作保存纪念。这种情况不是不可以,但不能只专注于此。并以为这就是"鲜活存在",其实是把鱼竿变得极富炫耀性,离实用越来越远。纯手工的精致鱼竿,归为收藏品,就和非遗的活态传承有些距离。这种情况不是不可以,不能只专于此。布艺老虎也是这样,应该有三层含义:第一,它是干什么用的得搞清楚,审美取向重点是要放在孩子和旅游者身上。第二,它表达的社会意涵,主要是提醒人们驱灾避邪,祝持有者吉祥安康。布老虎制作要结合实际可以创新,但是产品的基本含义不能变,形态必须有老虎模样。造型变化一下可以,比如说在花色上加上一些当代的审美元素,但是吉祥、辟邪的效果不能失去。所以,第三层非遗的含义,叫作适度创新,彻底改变面目的创新会违背原来的传统。

制作工具也要遵循传统。例如葫芦押花技艺,其中一种工具用玛瑙石制成。押花葫芦不是雕刻出来的,而是押、砑出来的。对葫芦的选择就有自己的要求。什么时候采摘葫芦,需不需要打皮?在什么时候去押制和定型?它是有一套技法的,对天气温度和环境湿度都有要求。中国文化里面有个很重要的因素,一定要讲究天时地利人和,布老虎有它适合的场合和特定人群,所以文化环境很重要,但制作中也需加上时代特色,比如在缝制上、材料的选材上肯定要改进,但是怎么改也要考虑。不是把旧的东西都扔掉,而是先研究一下需要保持的基本元素在哪儿,然后在这个基础上去适度发展。

非遗传承的核心还是人,关键在于技艺经验和精神。现在有些艺人一身绝活儿,想传给青年一代,年轻人却觉得掌握这个东西太辛苦。其实,辛苦的背后是一种文化力量。近一时期,非遗文化传承与当代媒介如何互动,成为热点话题。作为新兴的 IT 技术,社会已深度接受,甚至网络改变了人生。非遗不可能不受到影响,但是传统与现代的碰撞,并非难以调和。任何一个地方都有手艺文化的空间,全部用新技术代替是不可能的;相信信息技术有它的发展条件,不能完全取代手工,非遗文化更重要的还是非遗人的本身。

非物质文化遗产的保护发展,在于守住传统的前提下,砥砺前行。过去的京剧,有四大须生、四大青衣竞相比肩。所以才出现了谭富英、马连良、梅兰芳、程砚秋等各领风骚。恰恰现在被忽略了,出现了"流派单一",如都去学"程派"。实际上程砚秋的程派是在逆境中,在开拓自己的唱腔、唱法,在"青衣"行当里同中求异。他原来嗓子很好,接近中年的时候,艺术已趋成熟,但嗓子出了些状况,激励他不断磨砺,选择了适合自己嗓音的唱法和味道。现在有的人盲目的学程派,憋着嗓子在那儿唱,这是不对的。一定要把学的东西琢磨透再去继承发展。琢磨不透,后面就不好办。对京剧而言,把握流派要考虑这个表演风格怎么出来的,怎么唱?还要了解京剧是怎么回事,曾经的辉煌和眼下的状况,以及今后如何。一定要看自身条件与艺术积累,不能认为这个流派今天欣赏的人多了,就学它了。明明有一个很好的嗓子,也憋着嗓子唱。那绝对成不了所说的"角儿",也就是说成不了艺术的代表人物。

第三节　选择与共舞

(一)非遗需接受人文环境的选择

1.人文环境在选择你

非遗项目的传承人应该在继承的基础上结合自己的优长去创新,把这个艺术、技艺推动下去。看似是你在选择怎么去做,实际是所处的人文环境也在选择你。还以葫芦技艺为例。着手就应把葫芦制作的来龙去脉弄清楚,再看葫芦的各种用途:从简单的水瓢,现在发展到人文匏器。涉猎这一行,就要遵循非遗制作的要求,不断考虑如何动手才能跻身其中。还要深入琢磨,所做的葫芦器,在当下处在什么水平,如何适应新的需求。它的欣赏作用,审美的作用。当产品的收藏、使用的社会影响力有所削弱之时,制作人就应该抓住两点:一是坚守技艺中所显示的传统魅力;二是适应消费需求,在产品制作中合理表现当代因子。总之,关键在于"非遗"制作不能脱离人们的现实生活与实际需要。

还以葫芦器为例,流传到今天,必定有着社会需求。从业者应先去调研市场动态,定好了方向,再去研究制作何类产品。目标明确了,制作人就要考虑什么时间去采摘葫芦,选择尺寸多大的葫芦? 是北方的葫芦还是南边的葫芦,是水汽大的葫芦还是稍微干燥点的葫芦? 在什么季节什么时间段,作品出来的效果最好? 显然,制作前和制作过程中,非遗都与社会效益、经济效益密不可分,离不开人文环境对非遗的制约与涵养。正如闻一多先生谈写诗要切合韵律,就像"戴着镣铐跳舞"。非遗作为传统文化遗产,非遗人必须遵守规范去制作去表演,也要带着技艺传承的"镣铐"去展示自己的"绝活儿"。倘若对围绕着传统技艺的这些人文因素,从业者都不去研究琢磨,单凭着某一项技术去做,即使手法娴熟,成品也会脱离受众,失去活力。即使制作时中规中矩效果也会很呆板,作品算不得成功。

布艺老虎用于民间民俗,也要懂得相关的历史文化。在汉代刻砖、唐代的壁画当中就有老虎的形象。汉刻里面有人与虎搏斗的浮雕,那个虎的形状就跟今天某种布老虎的形状差不多。中国人爱虎并喜欢它的精神劲儿,给男孩子做一双老虎鞋,显然希望小男子汉能英气勃勃。老百姓对传统文化的了解,来自耳濡目染。手工艺人更有系统的认识。老百姓偏于感性,手艺传承人理性的东西会多些,但感性的东西不等于不深刻,理性的东西不等于不会浅薄。做一项事业就要了解它的精神实质。

葫芦制作,在把握技艺的同时,要了解葫芦文化和它的发展史。葫芦来自华夏民族和域外民族的历史交往,引进到华夏后,中国人对葫芦情有独钟。"芦"字谐音"禄",为"福禄寿喜吉祥如意"之意,我们就把喜庆文化附着在葫芦上。各种匏器既能实用又被赋予一定的吉顺祥和的含义,葫芦文化也因此逐步发展至今天。

对民族文化的理解,地域不同风俗也不一样。很多地方的人看见棺材不由自主地躲着走,在广西或者在一些南方地区,高度缩小了的棺材可以作为一个饰物挂在身上,认为"材"是"财气",财运袭来有好运。小范围的风俗,区域性明显,难以在中国其他地方推广。中国有好多种年画,杨柳青年画制作有其特征。它是刻绘结合,木版刻印出框架之后,着色的时候是彩绘,刻绘结合得非常好。很多吉祥的画面,比如连年有余、阖家欢乐,都体现着顺遂安康的意识。豁达乐观幽默是津沽性格,吉祥因素在天津就特别突出,非遗项目的内容也结合着时代变迁,杨柳青年画因此流通广泛、长久。

非遗项目要饱含着人文。首先,非遗产品的传承与制作,需要非遗人先要把历史和文化概念、文化环境弄清楚。其次,从业者要明确手里的技艺及产品从哪来,今后往哪发展? 倘若在一般的又缺乏特色的配饰上加个现代元素,不会觉得突兀。但是在传统布老虎工艺上恐怕就要斟酌,要琢磨琢磨,我们民俗文化当中接受的主体是什么? 要变化传统样

式，现代元素加在什么地方既和谐又合适，大众能迅速接纳。所以说创新要适度。再其次，往非遗元素里添加新的东西，目的是进一步盘活、激发非遗项目原有的韵味，产品能被今天的人们广泛接受。有的技艺人守持传统，守持来守持去制作却越发死板，产品缺乏生气，受众也会离他而去。在相声表演中，一个很重要的活态因素叫"现挂"，相声演员根据观众氛围舞台现状，根据与搭档之间的默契，突然间甚至从一个失误当中能把它变成笑话。这就是语言的艺术，现挂是相声语言生命力的一个表现。

2.把握好需要、特色与积淀

非遗的很多东西是需要环境作为依托的，环境之间又是可以接壤和融通的。要互通互融，不能因为区域之间有差异就予以人为的阻隔。你是你我是我，会导致一些不愉快的事情发生。比如，七仙女的故事，一般来说和孝感地区有关，因为二十四孝里的董永卖身葬父的故事流传在孝感。其实仙女下凡的情节不止这一地区，不能因为巧遇仙女的故事在某地也有历史记载，就只许"仙女下凡"在这个地方有，别的地方有类似的情节就不行。民间传说需要传播、演绎，姜子牙不是津沽人，可天津的静海有子牙河和姜子牙的传说，是市级非遗。

天津的生活特点，喜欢在舶来品中出新。而且推陈出新又能够涵养初始元素，津沽文化的这个能力很突出。饮食多来自广浙苏鲁和山陕，却能结合宫廷手法形成天津菜。就是说天津厨艺，会密切结合自己的优势去发展。好多天津的食品都是这么来的，即使是源自德式西餐的"起士林"，发展到今天已融入了中国元素，适应天津食客的知味需求。山东煎饼到了天津以后出现水土不服，就在于原料是棒子面和小米面，摊出来凉得快还易碎。天津人钟情绿豆，认为绿豆能清心败火，特别是夏天爱喝绿豆汤，所以做煎饼用上绿豆面，取代了棒子面小米面，然后绿豆煎饼卷上果子，果子还讲究现炸，再抹上面酱、酱豆腐、辣椒，撒上小葱，卷好了趁热吃。最早没有加鸡蛋的摊皮，到了 20 世纪中期，人们认为加个鸡蛋又营养又好吃。有意思的是，天津百姓还带上自家的鸡蛋去摊，摊主也认可，自家带鸡蛋与摊主的鸡蛋（要收费的）并行不悖，这很独特。外地好多人不理解天津摊煎饼果子可以自带鸡蛋去摊制，可煎饼果子在津沽就是这么独具一格。体现了老百姓在饮食上的互动，摊主也适应这种互动。

把环境特色和非遗项目结合起来，很重要。天津全域有万年以上的人文足迹，因为蓟州区有旧石器；千年左右的城市发展，因为在天津之前有直沽寨，有海兴镇，这都在金元时期。近代百年的天津确实是大发展，有着引领全国的经济、军事、交通、教育等等的"百项第一"。于是"万、千、百"就把天津的人文环境、人文因素从卫城的局限摆脱出来，津沽的文化文脉也就在宽度与广度上提高了。弄明白上述，再去想想天津非遗。其特征，一是天津的非遗项目基本上要和周围环境结合，天津风味大多是发展型的，饮食更多来自运河沿线，源头总是和北京、河北、山东、山西、江淮密切相关。二是，它往往是南北文化在天津有一个沉积的过程。举个例子，每年正月十五"闹元宵"，南方元宵多为用揉好的糯米面包制馅料。天津是把馅料制成小方块之后，边淋上水，边在盛糯米面的容器内滚动，反复几次，汤圆制成。二者比较，外观和质感都不太一样。原本汤圆叫元宵，上元节的特色食品。袁世凯称帝忌讳"元"（袁）被"削"（宵）掉，改元宵为"汤圆"，这本身就是一种人文。抛开这一点，南北汤圆的不同，已说明"非遗"在制作中因环境而异。同时，南北"非遗"尤其是风俗流传，也有相依衔接的情况。相传妈祖常穿一身红，天津姑娘结婚的时候一定是一身红，这与津沽把妈祖奉为天妃娘娘的习俗有关。到现在天津的婚庆产品多以红色为主，相信这些都和津闽两地临水靠海，尊重女性持家有关。三是，非遗项目与文化关联起来才能有大的视野，才会明白做出的东西所含的文化风俗在哪里。历史积淀与几代传承密不可分，从父辈传下来的东西，需要明确传到你手里的是什么，怎么去巩固、拓展和延续。

(二)特色要不断受到熏陶

环境与非遗有着密切的关系。环境需要有环境产生的文化,有了环境产生的文化必然产生特定环境下的非遗。文化环境中的非遗项目要内外兼修,还要从坚持并体现出地域的文化特色去着眼,当前非遗发展的关键在于保护、抢救、继承。非遗技艺在传承与展示时,还应注意思想性、艺术性、观赏性。非遗活在民间,活在社区,必须体现生活趣味,不忘初心,让大众在非遗中感受民族文化、地域文化、华夏人生。非遗项目与文化环境互为依存,重视非遗必须要关注文化环境。

1."有非遗的日子真好"

环境通常指的是大自然提供给人类的各种条件,在某一地域的相对综合。人类在大自然中活动,与土地、草木、山川、河流亲密接触,自然环境提供了人类的各种需要。生活中,人类期盼与追求着"日子过得更好",希冀并生活在某一区域环境——有着相对综合的适合人们繁衍生息的"地利",借助这地利求得"人和"。举个例子,四川盆地,三面有山环一水,背靠青藏高原,形成一个盆地环境并且水系丰富土地肥沃。这个地貌所形成的风俗习惯、生活条件显然就和华北平原不一样。四川人的吃苦耐劳,对事物的执着,与天府之地共生共享;他们对生活的认知,就和长期居住在沽地,三岔口,河海通津的天津人有着区别。水汽笼罩,山峦起伏,四川人钟情"麻辣"而天津却"当当吃海货,不算不会过",讲究什么都要尝鲜,哪怕兜里没钱,也要把身边的物件拿到当铺当了换钱,去吃从海里捞出的活鱼活虾。环境与环境的差异性,使人们生活习惯不同,饮食口味也不同。

缤纷的非遗项目,不同性状的存在,应该先从所属的区域环境的特征去辨析。天津大学办非遗研培班,学员来自五湖四海,相互交流,你我他之间可以借鉴甚至"拿过来"。但是,应当清醒知道自身的特点,保持所处环境的特色,不要盲目地学别人,不要照抄。看到别人的优长,不能气馁，不唱衰自己所处的文化环境。非遗人应该守护和传承自己的项目，对养育非遗的环境珍惜爱护。非遗项目的萌生、发展与当地文化环境密不可分、水乳交融，只有了解身旁的文化环境，知晓当地的社会特征，还要懂得些地方历史，才能更好发展。现在生活节奏快了，眼前的事忙不过来，会忽视身边的人文环境。

中华民族把长城和大运河视为矗立在华夏大地上，一个无比伟岸的"人"字；大运河流经的四省两市的历史辉煌与今天的繁荣，有赖于大运河运输的日夜繁忙。在大运河山东段，先民运用多次设坝以便抬升水位与流向。这一古代科技手段的运用，使河水由低向高处流，迄自杭州的航运船只得以顺利抵京。大运河山东段，水流高程与低程相比差 64 米。几百年前，明朝设计建设的南旺水坝，叫做七分流天子（北京），三分下江南，它的功能和都江堰分流岷江水的道理一样，使运河水能够按灌溉和运输的需求流淌。今天的参观者会近距离看到，从低洼流向高处再逶迤向北的这段古运河，几百年来一直发挥作用。亲临者无不为古人的勤劳和聪明才智点赞。现在山东段大运河与淮安的运河一样，照样可走大船，几十吨上百吨的运量，运输成本相对低廉。大运河的古代科技促进了运输通畅，大运河的通畅也改变了两岸的环境与生活。至今，大运河两岸的民众无不心系大运河，无不感念历代开凿、疏通、守护大运河的先辈。

人使自然环境变化，并通过人对自然的理解和认知，按一定的规律给予环境一定的改变。正是这种对自然的应对，使某些地区出现了越来越适合人类居住的环境，那么与自然环境合起来，就形成了一个人文自然环境。

天津环境有两个优势。第一，就是大运河，使津沽地域有了三岔河口地貌；第二，在陆进海退的历史演进中，形成了三津大地的河海通津能力，并以商埠中心的区位功能服务于京师。这是天津文化地理的优势之处。反映在饮食上，天津人讲究河海两鲜。最典型的一道菜，叫八珍豆腐，别的地方也有，但是天津最为正宗，把海鲜等食材凑成八样与豆腐一起

烧制。天津菜系的特点，是利用自己环境里的食材，加强它的口味的多元化。这也表明，自然环境之外重要的是人文环境。有了人文自然环境，才铸就当地的文化环境。

看一个地区要看它的历史环境结构、文化表现。如天津的河北区中山路是近代以后，北洋时期，袁世凯由于种种原因，要自己规划出一块地，叫北洋新区，也被称为河北新区（详细介绍见本书第一章）。引入新兴思维规划街道里巷，布局重点建筑。重要的是出现了新式教育，并跟近代革命有密切关系。现在的天津美术学院是邓颖超年轻时上学的地方，叫北洋女师范学堂。天津城区还有一个老城厢，就是南开、红桥那一片，街区和建筑颇具明清风格。天津还有过九国租界，现在的五大道就是其中的一片。这段租界历史要从两面看，一个是当时半封建半殖民地社会的真实状况；从另一种角度讲，也是一种建筑文化遗存，使天津有了很多不同于其他地方的特点。而且，租界地有开展革命活动的缝隙，因为管理当局是各管各的，民国政府机构难以明显干预租界，这些地方就可以进行革命活动。于是，留下了李大钊、周恩来、于方舟、马骏、张太雷、江震寰、吉鸿昌和中共北方局刘少奇、彭真、姚依林等人的身影。这就是天津市区的地理环境。在这样的人文环境下，天津的非遗项目就具有了自己的特点。富有特点的居住环境与日常生活交织，使用非遗产品，体味着其中的况味，一定会感受到：日子过得有滋有味（详见本章后面各条内容）。

2.让技艺适合环境需求

举个例子，几乎全国都有剪纸，南方的剪纸讲求精细，北方的剪纸讲求浑厚。显然这与南方富有水韵，北方尽显豁达相一致。西北的剪纸工具大部分用剪子，天津剪纸主要是以刻刀为主，这又与西北的古朴执着的性格、津沽的市井风习有着关联。剪纸的内容也不一样，即使围绕节庆、喜寿日去做剪纸，西北剪纸以窗花、墙饰为主，而天津剪纸独有"吊钱"这一品种，专门为经营买卖而制作。吊钱挂在商户的窗户上，图案多为富贵平安和招财进宝之类。吊钱的下沿一般是铜钱加穗的形状，表示经营兴旺。近年因为经济活跃,外地贴吊钱的渐渐多了起来,这也说明津沽剪纸与商埠繁荣息息相关,并与市井人生联系密切。还有句津门俚语,天津剪纸的样子看绣花鞋。生活在海河畔的老人聊起津派剪纸,不约而同谈到窗花、鞋样子。天津人做女鞋、童鞋,要鞋面绣花,花样子就需要用素纸剪成富贵花卉和吉祥小动物,粘在鞋面上,再用各种色彩的丝线绣出来。受鞋样子的影响,天津剪纸大部分图案跟富贵吉祥这四个字有关系。前面提到特有的剪纸品种吊钱,为商家求吉,为家庭纳福。后来相关专家向剪纸的师傅提议,干脆津沽一带的剪纸就叫天津吉祥剪纸,和南方剪纸纤秀细腻的手法相比,不仅在风格上,而且名称上也有所区别了。

从事非遗项目眼光应该大些。家族代代相传的手艺承载着非遗的延续,祖传手艺看似是一家一户在传承,却和环境、历史有紧密关系。北京的卤煮、天津的锅巴菜、河南的胡辣汤……无不有着地方风情。从事非遗要弄清楚自己的手艺,哪个是环境和乡土的元素,哪个是技艺与风格的要素,要保持风土味道和弘扬技艺特征。鲁迅先生讲过一句话:"有地方色彩的,倒容易成为世界的。"(鲁迅 1934 年 4 月 19 日致陈烟桥的信)结合非遗,这句话也可以是"越是地方特色的,越能成为全国关注的"。现在有个通病,市场化把大家给牵扯住了,只顾着追赶时尚,而忽视了有着地域特色的非遗制作。非遗产品要面向市场,非遗产品应当也必须出售,才有经济效益。但是如何卖出也很重要。比如说有的人走工艺品的路子,越来越高端化。表面看着挺好,一张年画就标价几百上千。其实年画最早是依托春节,装点生活贴在屋里,既显示着喜气,也祝福日子越过越顺遂富裕。究其初始,源于缸画。就是春节前夕给日常盛水的大缸上贴一幅鲤鱼荷花图案的木刻着色的画,或在水缸的上方贴一幅鱼儿游动的挂画,以便让缸里的水映照出鱼来,寓意"年年富裕"。这种缸画线条朴拙颜色不多,却很有生活乐趣。住在乡村和里巷的大众,不论老人孩子,看到新的缸画就知道要过年了,并祈盼以后"连(莲)年有余(鱼)"。现在的年画,远离中国春节,也不去适应变革,怎能再次走进新世纪的春节?倘若只以

高端的姿态、以工艺品礼品挂在墙上,民众会觉得有点与日常隔膜。从朴素生活走来的年画,嬗变为高端工艺品,是适应大众生活,还是只作收藏和装饰用?提高点价格也没关系,这是应该的。关键要大众欣然接受,发展年画要对市场有一个正确的认知。

非遗和风俗有着密切的关系,尤其是信仰类。文化环境当中风俗有其表征作用,非遗项目往往是某种风俗的遗存或显示。举个例子,有一道跑竹马的花会,重点道具是用透编的方式编出一个用于演员边骑边舞的马型。因为津沽某地养马的条件很好,现在这一地区虽不以此为主业,但这道花会多多少少留下了痕迹。可是后辈人接续这个非遗活动,看见原来的竹马破旧了,重新制作又价格很高。为图省事,就订购了几个和"跑驴"差不多的道具,这道花会的历史内涵就缺失了。塑造关老爷像,把握关公的神态很是重要。对关公的崇拜赋有多重意义,比如在商店和一些家庭里摆放是视其为财神;摆在庙宇宗祠为的是彰显正义;有的放在厅堂为了企盼家人平安。现在有些人不问焚香敬拜的意涵,就随意摆上一尊红脸长髯横拿大刀的关公像。这是只要形态未能从内涵着眼。内涵不一样,关公的神态会各有区别。为了旺财,制作上就要想一想,通过那几个细节把求财的含义表现出来。要把关公塑造得威猛大气,就要塑出关老爷身上有一种吸引力——美髯微翘,杏眼闪闪发光,一进屋就觉得那里亮亮堂堂。

从技艺和制作中,从业者要仔细把握形成作品的内涵和精神,或是展现所做的成品的地域风习,才能使非遗项目与环境协调,作品的区域特点凸显。近代百年的天津,在中药制作上与时俱进发展很快,对相邻产业也有着影响。有着舶来轨迹的"鼻烟",在清代官员中间颇受追捧,闻鼻烟逐渐成为达官富贾与上流人物的习俗。为适应环境,中药的一些成分被制作者加进鼻烟。"益德成闻药"在清康熙年间应运而生,后进入津沽市井。历经6代相传至今已是国家级非遗项目,其产品遍布大江南北。非遗在传承中,无论发生于本土还是从域外引入,只要落地并接受该地环境的影响,必然在产品形成中有着地域特色的印痕。"益德成闻药"如此,"合真香"从东北辗转来津,成为天津非遗的著名项目也是如此。"合真香"在延续中科学地加入中药成分,进一步完善制作工艺后,使用时不仅馨香怡人,还能醒脑提神清洁居室。显然,这些津门非遗项目都和天津是中药制作的重要基地密不可分。积极吸收环境中有益于非遗制作的各种元素,会不断激发非遗人坚持传统技艺,去努力提高非遗产品的内质。亦如前文所谈到的,即使去塑造关公形象,对它的精气神制作者也要了然于心,把握内质才能塑好外形。表现义气千秋,就追求关公的神态稳重,让人尊重;视关云长为正义之神,塑像摆在那要有大义凛然的气场出现;如果想为了体现某一群体的团结一致,关公塑像的脸部应透出凝重。从事塑像雕塑,要明确手中制作的形象其神韵是什么?代表了哪种意涵,哪种神态,哪种风习。小作品和大作品都需要体现内在的东西,神韵决定人物,而不是靠外在的一些东西。现在人们觉得有些摆放件,如蟾蜍嘴里叼一个铜钱,放在柜台,这种直接盯着钱的表达,有俗气,没有艺术,也不能成为风俗。

　　人有信仰总比没有强,当然要信主流的,大爱、正义的和向善的。在各地流行的民间故事中,总有着对做人要走正道的呼唤,这也含着大众信仰,对社会生活美与丑的审视。从事非遗,讲究技艺,必须要有正能量在内,应该把这一点作为非遗人的一种精神状态,一种必备的素质。

　　天津被人们称道的食品制作,基本上都有着宫廷手艺的痕迹,不少手艺的元素都是从北京传过来的。比如说"京八件",到了天津变成"津八件"。而且现在的味道似乎比"京八件"更受市井大众欢迎,典型的就是十八街麻花所制作的糕点八件,有点宫廷的味道,几十道工序,虽稍贵一点,很有滋味。所以饮食制作在津门讲究河海食材,宫廷手艺。从地域风格来讲,把津沽的手工技艺简要总结一下,即天津饮食崇尚每一成品都要制作出味道和风格,并讲究工艺材料扎实,手法精准。津门手艺人性格豁达,制作时却不含糊。

(三)融入社会习性

1.区域氛围、生活细节与非遗

油条不少地方都有,在天津叫"馃子",从油锅夹出来,吃到嘴里必须"脆生"。这与津沽大众对早点讲究"香咸、酥脆、面馅合一"有关。津门工厂、企业林立,码头、货栈众多,干活的人比比皆是,出力出汗会多吃点盐。一早起来吃好吃饱,才能有精神。穷人的"吃好"不是佳肴美酒,而是闻着香咬着脆,饭食简单还要解饱。追求油条炸出来要香脆可口,还要伴以包子、馄饨、锅巴菜。天津人的早点不是点到为止,要吃了干活,午饭也不能在量上含糊,需要吃饱还要带点"腥乎"。大饼卷着头肉,烧饼夹上牛杂。没有肉,有炸蚂蚱也行。晚餐倒是可以对付。但第二天一早,还要"闻着香、咬着脆,简单解饱"。于是来两根馃子、一角饼、一碗锅巴菜,再喝口豆浆。这就是天津人的早点,津门饮食习惯的一种。若再简单点儿,就是吃一套煎饼馃子。

简单快捷,在津门衍成风气,而市井生活又追求简单不简化,快捷又不粗糙,这和津沽颇多水韵,商事讲求细致地道有关。天津人冬天养蝈蝈,用一个葫芦器装着个鸣虫。葫芦上面有个盖儿,这个盖儿对养蝈蝈的人来说需要精巧,在亮出葫芦的时候,相互比一比。而制这个葫芦盖,就必须精细。用精细制作满足需求,这也是非遗的一个特点,技艺过程,每每要关注细节。

蔚县剪纸,从描样子开始就比别人独特。一沓纸料,把它放在准备刻制的镂空花样的上面,点上一根冒烟的蜡烛,把花样熏到纸料上。所形成的花样子就有不一样的感觉,细节决定了蔚县剪纸的风格。非遗工艺的形成源自开拓与积累,延续发展不能违背自身的独特性,任何手工制作都有它存在和发展的理由,不能随意。因此,坚持自己的工艺,很重要。手工技艺一定要扎实精细,艺术表演一定要有自己独特的风格。

眼下的京剧确实不如以前味儿足,年轻演员多少受到一个时期遗痕的影响,未能原汁味地接受传统艺术系统熏陶,和传统科班出身的演员的底蕴有着不同。如果用样板戏的发音来唱传统戏,滋味会有差异。现在有些京剧演员,额头紧绷,鼓着青筋,高声大嗓,看着就很累。传统京剧的演出,上场就凝聚气场,举手投足含韵有致,随着伴奏意在内心、体味角色的个性去唱。推荐读者听听言菊朋老先生的唱片,唱腔苍劲委婉余音绕梁,深受戏迷喜爱。艺术表演要有自己独特的东西,要懂得艺术的着力点。

非遗的着力点着重在技艺过程。一把琴、一粒药、一道菜,不经过制作形不成成品。即便是表演类,如传统节庆的风俗表演,看着火爆,演出时一定要注意内涵。艺术类的雕塑和面塑涉及历史人物和传统题材,一定要注意人物的内在刻画和时代印痕。

风俗包含着很多方面的传统意涵,一方面,风俗和我们的衣食住行密切相关。天津经济倚重码头,过去打短工跑码头的很多。和研究天津文化的专家交谈,他说,天津的菜品外地人总觉得有点咸,颜色比较重,因为干的是卖力气的活儿,汗流得多,吃饭时菜要咸一些。津沽菜品颜色和味道偏重,也就与清淡的淮扬菜区分开。区域风俗还表现在某些场景上。在海河边码头上打短工是计件的,怎么计件呢?天津短工使用竹签,背着沉重的货物又用双手向后托住,竹签就在嘴上叼着或者插在衣服的脖领子后面,背一趟就把这个竹签放入有着格子的木框内,每位短工各有一格,卸完了货,数一数格子里的竹签,工钱就算出来了。那年头文化不高,用竹签记数,是天津码头搬运的一个特色。天津历史博物馆就有这样一组风俗雕塑。好的非遗艺术品,追求创作的生活化、味道化,和当地的风俗习惯挂钩是不错的途径。

天津过去的老街老巷,碰到婚丧嫁娶,过生日办寿宴,可以请专门服务的一个部门,叫作酒席处。比如住胡同平房内,在家里举办宴请,还想多办几桌,就跟这个部门联系,给定金后就来人操办。先在胡同里搭一个凉棚,然后商定摆多少桌,上几道菜,需要什么食材。酒席处派师傅来专门给你做,做完以后再结账。这是天津城市胡同的人生画面,属于市井生

活的一道风景。

津门很多非遗项目都和市井生活有关系，如果超出这个范围，把非遗某项手艺与环境需求割裂开就会出些问题。如清洁用的毛掸，传闻要卖到几万元一把，说是用于求吉避邪。掸子基本功就是掸土，不掉毛颜色亮丽就行。一支除尘工具若卖到几千块上万块钱，确有喜欢者会买。而普通大众的心中总会感觉太贵的掸子，与扫土掸灰不甚搭配，从这个角度上看，掸子的"高贵"脱离了清洁庭院的风习。

2.遵循地方习俗，现出人生滋味

风俗有个特点，没有发明人，它就是一种生活习惯的积累。有一个笑话：外地的准女婿跟天津的未婚妻回家过年，丈母娘端上饺子，准女婿吃了一口后不很高兴，丈母娘有些奇怪，悄声对自己的姑娘说，哪儿招待得不合适了？一问准女婿觉得没有被尊重，给我包了素馅儿饺子。这是对天津文化不太理解，津城最具代表性的饺子叫什锦素饺，"什锦素"不是一般的馅儿，是把豆芽菜、馃子（或面筋）、粉皮、香干、木耳、香菇、香菜七八种合在一起，用酱豆腐和麻酱拌成的馅儿。这馅儿讲究能捏成团，不发散。素馅儿还有含义，是为了让日子过得素（肃）静，平平安安吃这顿饭。这就是风俗。尤其春节年三十要吃肉馅饺子（或大餐），大年初一早晨包素馅儿饺子，以示这一年干干净净、清清爽爽。有时候风俗表示某种历史信息，津沽有句俗话："先有娘娘宫，后有天津卫。"一查，果不其然，娘娘宫在海河畔矗立比天津建城早了79年。手工工艺也是这样，非遗作品一般含有大元素和小元素，大元素是你的市场基础，小元素是你自身的特点，大小元素怎样结合也是一个要考虑的问题。结合得不好，产品精致也卖不出去。比如旗袍，注重的是领子、袖子、盘扣、开衩。因为各地风俗不一样，又与开放程度和审美相关。开衩开得太大，有些地区就不接受，有的地区就挺欢迎，这时候就得琢磨，不能瞎做、瞎卖。

非遗制作中的大元素和小元素之间的关系，也与风俗有关。中国的风俗和域外特征区别明显，而内地各个地方又差异很大。十里不同风，百里不同俗。非遗也是这样，笔者不太认同大批量生产独具性很强的产品。作品要有区域针对性，要有欣赏的环境价值。都说雅俗共赏，其实难以实现大众欣赏的一致。而雅俗分赏可以应对"众口难调"的问题。盼着谁都认同某一作品，真的很难。想想，某一作品从10岁到70岁的买主都欢迎，从小学生到博士后的人都认可，能行？所以在风俗习惯、地域特征这方面，雅俗共赏可以是目标，能做到雅俗分赏也很好；有一定的群落、一定的层面喜欢你的非遗制作就挺不错。

非遗制作者应清楚了解传统与时尚潮流的划分，过多追求时尚容易把自己手中的非遗弄丢了。已经出现了这样的问题，尤其是艺术表演，容易跟着一时的追捧走。再比如说做面塑，一般要以准确为基点，再融入自己的工艺，以便在塑造中促使神态各异，形成不同风格。面塑也可以强调浪漫，把人物特点夸大变形，但是人物的精神要准确把握。有的面塑所刻画的马三立，注意到了他的耳朵较大和脸庞较瘦，可一旦过了，做的耳朵超大，就失去分寸，失去对人物对艺术的尊重。所以，一定要把握住艺术分寸。

不管做什么非遗项目，传承人都要把握住严谨，以德艺双馨的作风坚持手中的技艺，绝对不要为追求时尚而失去你应当秉持的技艺和风格。这是第一。第二，从事技艺的人，耳朵听话的时候要会听，如果是内行人说的，真心实意地说你的东西有点欠缺和毛病，即便一时刺耳也要听进去。千万别听一些买家的"馊"主意。买东西的人往往有个习惯，恨不得多挑点毛病把价格压下来，要明白这个事理。网上的各种议论，应静下心来分析判断。心里要有底儿，相信自己手中的技艺和产品，是几代人的传承。何况，被社会认可的非遗传承人是有技艺、有水平的，对自己的水准应该心里有数。

艺术源于生活，和生活环境也有着密切关系。以台儿庄重建为例，首先，台儿庄是历史名城，是大运河的一个节点；其次，它是第二次世界大战中，我国抗击日军侵略的著名战役的所在地。有了这两个判断标准看

台儿庄建新城：一是是否保留了历史的色彩？二是战役的痕迹保留了多少？最近了解到，该地管委会在运河的对岸修建了一座非常好的台儿庄战役博物馆，弥补了城里缺少抗战遗迹的缺憾。从而把台儿庄的旅游元素和历史元素紧密结合。搞艺术作品也是一样，对自己的艺术产品一定要有一个全方位的认识，这样才能丰富作品的内涵。

　　风俗中还有重要的一点，看似婆婆妈妈其实含蓄着情趣。天津的春节，有"大年除夕，晚上不能扫地"一说。一些人解读，说"年三十夜里扫地，扫走了财气"。其实，从过年团圆围坐聊天来说，家庭成员老老少少吃着零食聊天，满屋喜气。床前桌旁地面会有花生、瓜子皮。让媳妇去扫，大过年的不合适，再说劳累了 365 天，女人也得歇歇。于是一个"年三十不扫地，别扫了财气"的"妈妈例"，包含着对操劳者的关心。还有正月初五之前女人不得动针线，道理更深。女人忙了一年，春节前把饭菜都准备好了，还让女人过节这几天去忙针线活儿，不公道。于是又有了"妈妈例"：从初一到初五动针线，会刺神仙的眼。借着"神"护着"人"，在社会习俗里实际含着劳逸结合休养生息的意义。

　　评论艺术作品时，常有这么句话"有意思才能有意义"。即艺术品得有意思能吸引人，然后再琢磨这里面有没有意义和价值多少。这句话不能反过来，"有意义就能有意思"。艺术作品首先得有意思，在有意思的基础上要赋予一定的内涵。是表达了对大自然、对历史的热爱，还是表达了对人物性格、精气神儿的赞美以及应有的审美审丑。作品有艺术感染，也应有艺术指向。含蓄中富有正气和民族风貌，岂不更好。

（四）文脉衔接，多层并存

1.非遗与文脉相连

　　前面讲了环境，讲了文化的重要性，也讲了风俗。笔者认为，搞非遗也好，搞文化产品也好，在跟当地的环境氛围联系起来的同时，还需要相互的衔接。笔者从大运河考察调研回来之后，特别想推崇一种菜系，叫做

"大运河全鱼宴"。大运河的杭州做的是西湖醋鱼,到了淮扬是清蒸清炖加烧制,到了山东叫做红烧黄河鲤鱼,天津有个名菜叫罾蹦鲤鱼,就这4道菜如果摆在一起,可以看出味道越来越浓,鱼也由小鳞片变成大鳞片。到了天津,鱼整体放入油锅里连着鱼鳞一起炸制,烧好后装在盘子里好像鲤鱼刚刚打捞出来的那个样子(罾蹦)。上述各地做鱼,味道不同,却与大运河的各段风土、民情、文脉互相关联。大运河鱼宴,折射出运河沿线环境和饮食口味互有区别,鱼的烧制方式也出现差异,但都和鱼有关联,与大运河环境相衔接,也因运河而相伴共生。

这个环境产生这种食材,然后需要这个口味,厨师经过琢磨创意出相应的做鱼的技艺,适合了这个口味,推出特色菜。在大运河每个节点上,都有着表达这个节点的特色菜、特色制品。若讲些附着的传奇故事,会更增强非遗的色彩。但是要把握住关键特点,区域文化环境会使得非遗项目的技艺更加面向地域特点。

还以剪纸为例,山西陕西地区,地处黄土高原,剪纸风格质朴厚重,线条粗犷有力,生活气息浓郁。基本是一把剪刀就能完成,这是西北的。到了张家口蔚县剪纸,它地处塞外,古堡林立,以种谷物为主,当地的人很是吃苦耐劳。有一段时间生活很不好,谷子带皮吃,生活质量比较低,对文化就含有理想色彩,使单调的生活有着靓丽。蔚县剪纸在艺术审美上就喜欢色彩鲜艳的颜色。它还是一座古城,古朴,韵味厚重在蔚县剪纸上也有体现。蔚县剪纸的浓重色彩,古朴浪漫,它的精神追求是历史的积淀、艺术的民间追求。扬州剪纸就不同,生活在山清水秀之中,环境俊美委婉,剪纸也就精细。天津剪纸发源在近代商埠,移民众多,希望生活稳定兴旺,再加上市井趣味,重视吉祥的寓意,所以富贵吉祥图案的剪纸增出不穷。上述剪纸只说了四种,已经显示出区域不同、风格不同,甚至工具使用也不相同。

2.非遗的六个层面

第一层面,一定要有中国风情,民族特色。非遗天生就有民族民间特

色，所以我们对西方的东西要有一个清醒的认识。中国人对审美的感觉是很具独特性的，尤其对于自身有着谦虚、内敛、致和的追求，和合共生。这种"和"的元素让我们的艺术有一种稳定、圆润、含蓄的特质。西方艺术擅长聚焦在裂变点和冲击点上去反映社会生活和他的认知，并走向变形。我们是越来越明丽，他们是越来越变形。我们一定要注意以"和"为主，搞我们的圆润含蓄，东方美的东西，一定要保持中国风情民族民间特色。

第二层面，具有鲜明的地方文化元素。比如说天津的相声，就是讲究"帅、怪、卖"。不管长得多丑，但是站在台上，你觉得我很帅气，但我又很"怪"，然后把真东西"卖"出来，获得艺术的敬重。北京相声表演在皇城根旁，就比较文，但不是文眼，是一种儒雅。所以北京的相声，以前是侯宝林、郭启儒、马季、郭全宝，现在是王谦祥、李增瑞这一对。对比天津相声能看出来，北京的相声有蓄势待发的韵致，与天津的火爆风格是完全不同的。鲜明的地方特色很重要，地方环境孕育出的风格一定要坚持。

第三层面，要传承有序，历史悠久。非遗一定讲究传承，制作人的工艺、演员表演是怎么样的？从哪儿传过来？其手艺传的是什么特点和韵致？要把它弄清楚，弄不清楚，就把握不稳，产品就走味儿，就弄得哪儿都不是。天津三绝：包子、炸糕、麻花。笔者比较推崇的是麻花，为什么？在揉面的这个环节上，宁可投入大量的人力物力，也要坚持自己原有的特色。无论成品市场需要的数量有多大，在搓条、拧花的工序上，这两处工艺依然坚持手工制作，绝不含糊。当然在流程的某一环节也有大的革新，就是炸制麻花。早先的炸制工序是一口大锅周围，有七八个师傅边炸边把炸好的麻花捞出来，师傅虽有经验，仍会有火候不够或是炸得过火的现象。后来与高校有关实验室合作搞了一个恒温炸制麻花的大型不锈钢装置，而且油温数控自动化，油渣每次按程序过滤，工艺更洁净，炸出的麻花更香脆。现在十八街麻花，不仅保持了原有的手工技艺，它的工业生产线也成了参观项目。传统食品进入了现代化生产，展示非遗工艺的手工部分仍然要坚持传统。即使麻花的炸制环节"现代"了,依旧按照麻花的传统标准,多大的直径的麻花需要如何搓条,需要多大的火候,一丝不苟。非遗的制作生产不是一成不变,但该坚持的要坚持。

第四层面,技艺独具,制作工具独创。比如说面塑,制作过程中从选面揉面到捏制到着色,到最后成型、晾干,是有着固定程序的。木雕也是一样,怎么选材,使用什么木质,怎么借助自然纹理,那是有一套功夫的,不能瞎折腾。还有就是非遗人手中的技术,甚至包括产品的流程一定按照传统,把独特的东西坚持住。心里要有数,哪几个环节是有特色的,包含制作工具。评审非遗项目的时候,特别是对技术比较突出的传承人,都要求他们拿出工具给专家组成员看看。

第五层面,产品一定要有社区的影响,有个好的口碑。在相应区域内要有一定的影响力,但是绝对不能用"山寨"去傍名牌。历史流变要遵循,技艺传承要尊重。在天津有两个泥人张,研讨的时候就说,这两个泥人张是客观存在的,一个是家族的,已经传到第6代;还有一个就是泥人张工作室从20世纪50年代至今,这反映着特殊的中国国情。天津市政府对民间文化积极抢救与保护,20世纪50年代, 党和国家面对经历风雨已经衰落,几乎失传的民间工艺、民间艺术,通过政府指导集体协力,推动民间文化恢复活力、推陈出新。那时,泥人张家族传承有困难,需要建立泥人张工作室予以发扬光大。"泥人张"这一从衰到盛的过程,既是一段难忘的历史,也为后来的申遗打下基础。虽说泥人张有两个发展体系,但是它的技艺尤其在工作室体系内获得较快发展。不能只强调家族传承,排斥专有的社会传承,或是二者反过来。要承认天津泥人张工作室的历史过程,它也是"泥人张"。

中华人民共和国成立后,尤其在城镇里,手工业集体化是一种引人注目的发展,非遗也在其中。只要坚持传统的工艺和流程,是独特的东西,社会是会欢迎的。两个泥人张的情况,相信外地也有。家族传承,到一定程度由于种种原因收徒了,师徒传承也是传承。非遗项目看的是传承

有序，是把产品制作技艺重视起来，让产品不断产生着社区影响。产品要有口碑。比如说××烤鸭，原来花上几十元就可以吃，价钱过百也接受。如若烤鸭越来越昂贵，就脱离大众。不要走绝对高端，老百姓生活里的东西，要薄利多销。或者本来就是中档产品，不错了，非得贴上一个金字招牌走高端，难免会自我衰败。其实把味道弄好，大家都去吃，价格公道，人们自会蜂拥而至，不照样赚钱吗？

最后一层，某些项目亟待抢救，其紧迫性一定要认识到。非遗其实挺不容易，相信有很辛苦的传承人。有些非遗项目社会认知度低，不少人尤其青年人感觉这些东西没什么价值。品尝民间小吃不如去吃汉堡快餐。其实应当明白，汉堡是一道很简单的国外快餐，而我国的特色小吃并不简单。中国的各种非遗项目从萌生时，就有着"中国心"和"民族风"，我们不能忽视这一点。所以，种种濒临衰落的非遗项目，要积极抢救、挖掘、保护。要扶植身怀技艺的年长的传承人和他的团队，及其制作、表演流程。收集资料，记录传承口述史，恢复传统工艺，鼓励生产，即使进入市场经营，不同的非遗产品也应该在一个良好的环境当中合理的竞争，去凭本事赚钱。同时非遗项目要与时俱进，在保持传统中适度发展。此外，乡间村镇里的表演类非遗，原本发生发展在同一村落、相近街区，尤其演出者的居住地相互之间距离不远。现在乡镇和社区建设变化很大，相聚不容易，非遗活动面临着组织困难，这也极大影响了非遗的传承。需要以文化场站、活动中心为纽带，让非遗表演进入新的环境生态继续发展。

以上的六点不能偏废。非遗是一种文化，绝不能因为小制作、小作坊就自我弱化或甘愿被边缘。各行各业各项非遗有各自的位置，这样才能使社会生活多彩多元，充满活力。过去有大粮行，也有小面铺。老天津的胡同面铺，门脸不大，还要适应老百姓吃多少买多少的习惯，因为就挣那么一点工资。蒸一屉棒子面窝头，老板给你称一二两豆面，然后是二三两的细棒子面，再盛十几两的粗棒子面，三种面给你凑二斤，这样蒸出的窝头最好吃，粗细得当还有股子豆香气。买卖这么去做，也是天津特色，一种地方风情。这不属于非遗。却从侧面说明,非遗和人们的生活及社会环境密切相关,不能脱离群众。很怕非遗产品嬗变成高高在上的收藏品,待价而沽,远离大众,会使非遗走入孤家寡人,乃至束之高阁断了人间烟火气。高端可以有,不要成为孤独的主打。比如说制作年画,还是要对应春节。年画是一种过节时候的吉祥艺术载体,非把它弄得过分高端,未必是正确的,要低高端结合。

第四节　天津非遗的特点

(一)主要特征

天津地处京畿门户,为要冲之地。居九河下梢,沽洼众多,加之设卫筑城屯军屯粮,又因大运河流经此处逶迤入京,随着漕粮盐运繁忙,码头之风盛行。当塘沽新港成为中国北方大港,天津在风云际会的近代,已是东方狮醒正在睁眼,活跃的市井生活与变革前沿带来了推陈出新。中国近代百年所看到天津,正是南北交汇、中西碰撞、官寓(达官寓居)民涌(民众涌入)的高潮,对方方面面有着影响。这使得天津的非遗,既有着民间的大众性又有着达官富商寓公士人的致雅追求;也使得天津的非遗与京都的宫廷制作、东北山东的旷达、江淮闽粤的婉约,交汇在一片一片的街区胡同里。而津沽河海通津所形成"津卫气韵",更加促进了天津非遗的个性与特征:

饮食制作讲究河海食材,宫廷手艺;

手工技艺追求俗中致雅,扎实精细;

艺术表演推崇风格独具,获得赞誉;

医药炮制提倡精研细作,保持国风;

传统节庆富有向心意蕴,注重表现。

综合上述,天津文化包含着非遗传承与源自"万、千、百"的文脉。津

门因运河之功，海洋之力，商埠、门户之地位，九国租界之形态，调成市井气息。更含着多元趣味，俗中致雅，粗中有细，流传有序。面对大众，以独具特色，获得影响和声誉。

天津非遗的特征，可以归纳如下四点：

首先是"通俗性"。津沽非遗多表现在衣食住行上，与街头巷尾和城市底层特别接近。享誉盛名的"包子、麻花、炸糕"，誉满华北的"达仁堂丸药、独流镇老醋、义聚永的五加皮"……几乎与百姓生活须臾不离。名声遐迩的泥人、风筝、年画本就源自里巷胡同，之所以人人喜爱，也因为做工地道，技艺超群。天津非遗人有良好的风范，在通俗层面上，让产品做到最好，虽利润菲薄却绝不以次充好，降低技艺和制作的门槛。一碗锅巴菜 14 道工序，尽管是街头小吃，口味却不能被大众"挑出毛病"。可见通俗本身就是一个高标准，能做到通俗很不容易。写漂亮的文章也要让大家一读就明白，做非遗也需要大家在使用时获得称赞，还应该在时间的磨砺中，保持着优质又通俗的原则，不间断地守护着让大众满意的初心。

其次是"真切性"。非遗以及任何产品制作，一定要真材料、真功夫、真传承。最近，在天津有一件文创。她家的旗袍，尤其晚会的着装或者婚礼旗袍做得很好，价格也略高。家里的一位年轻姑娘，对盘扣格外研究，做成头饰、耳坠、手链。由于盘扣做得格外精细，盘扣饰品巧夺天工，颜色搭配也时尚，戴在女孩子长头发上特别漂亮。她把旗袍的盘扣工艺予以创新，也是很好的传承。真挚地去做非遗，用真心真技艺真材料，即使出新也在"真"的基础上，才会收到硕果，所以说真切性很重要。

再次是"独特性"。工艺独特，表现独特，要有自己的个性。大家都知道人民音乐家施光南，天津音乐学院毕业。曲谱得很棒，新疆味很浓又很灵动。其实他不是新疆人，但从小就喜欢新疆音乐和啦啦啦的衬音，一旦节奏感适合，他就在谱曲时放上几个特色的衬音。有的人对此不甚满意，越不满意他越弄，而且弄得非常好。西游记主题曲的作者许镜清，在《西游记》里大胆运用电声音乐,当时有人反对说:中央台第一部改编自四大名著的电视连续剧,竟然用电声? 可是神话题材用二胡三弦似乎难以满足,用小提琴也不是那个味道,导演杨洁坚持音乐必须符合剧情。结果他一系列的歌曲、系列的配乐,成为影视音乐作品中至今的经典。

最后是"趣味性"。非遗一定要有意思,有乐趣,有讲究。比如说砖雕为什么要这么用刀? 为什么要刻成浮雕、半浮雕、圆雕? 要十分讲究才能把这个技艺展示出来。文房四宝中的砚台,雕刻时讲究"眼",一块石材,正好有不一样的地方,别人看是缺点,非遗传承人认为是优点,就围着这个"眼"下刀了。天津有位搞葫芦雕塑的,葫芦上端歪了,他就在歪的部位刻一个摇着扇子歪坐着的人物形象,这就是能耐。艺术就是在"不是"中找出"是",发现美,是技艺里的本事。

大家都知道,改革开放以后最振奋人心的画作,是那幅大型油画《父亲》。头上围着旧毛巾,满脸的皱纹,拿着一个有点残缺的碗,日子的沧桑含在其中,我们的父辈就过的这样的生活。有时代有人生有命运的作品越多越好。当然,得下很大的力气深入生活,锤炼技艺,没有功夫是塑造不出来的。真正的泥人张的代表作,不只是钟馗,而应是蒋门神那种小作品。他背着手挺着肚子一扬脖,看似霸道其实唬人的面孔就出来了。这是艺术品里蒋门神形象最好的一个,第一代"泥人张"张明山制作的,因此声名远播。

从事非遗,需要保护传统,维护技艺原则,坚持作品的良心。要在实践中,把正义、是非、诚信、知恩、爱国渗入到非遗制作过程里。现在有的人已经突破了这个底线,那就麻烦了。比如上大学首要的是看书、听课、做实验、做练习。校园不推崇物质上的攀比,不多用智能,要多多用头脑。写稿现在用电脑,但需要经常手写文章,起码到老了字还能写得端正。书写汉字应坚持用毛笔,基本的东西该坚持的就去坚持。非遗,就是在坚持基本的民族、民间的传统技艺和特色制作,坚持中国元素和地方元素。要使产品有思想性、艺术性、观赏性,而且不忘初心!

(二)非遗的"精神家园"

1.小吃吃出情怀

作为非遗文化里的饮食，比起一般的吃食要做得更精细和更讲究，在制作技艺上常有着老百姓所说的"诀窍""绝活儿"，出来的口味与模样会与众不同。有趣的是，口碑满满的小吃，在传承中往往附着故事，故事常常是对这种食品的浪漫演绎或者是张扬这种食品的传奇。即使不那么神奇，也富有创业和传承的不寻常之处。正因为此，非遗文化里的故事，大都寓意着不以细小而不为的努力和厚积薄发的精神。

（1）桂发祥十八街麻花

把和好的面搓条，拧成辫状，再入热油中炸制，就是麻花。这种食品很多地方都有，唯独在天津闻名遐迩。

桂发祥十八街麻花，诞生于20世纪初叶，在海河西侧的南楼棚户区制作、销售。让天津麻花名气大增的开拓者，名叫刘老八。他精明能干，尤其在产品的"奇"与"绝"上动脑筋。经过多年的摸索劳作，比较中选出顾客喜欢的味道，再添加小料和花色，很快有了一套和面、发酵和制作的独特工艺。例如，在白面条和芝麻面条中间夹一条含有桂花、核桃仁、青红丝等多种小料的酥馅儿，炸出的麻花风味独特、香甜酥脆，且甜而不腻、久放不绵。由此，生意也越来越红火。刘老八的麻花铺子坐落在名叫十八街的巷子里，人们习惯地称"十八街麻花"。加上店名"桂发祥"含有吉祥、财运的寓意，"天津桂发祥十八街麻花"进入津门小吃"三绝"。

"百年字号，百年时尚。"在开掘历史积淀和全面提升自身实力的同时，桂发祥本着进一步弘扬中华民族的传统食品文化、传承桂发祥十八街麻花制作技艺的宗旨，通过兴建工业旅游项目，全力做好对非遗文化的推广，为此还建有建筑面积达4000平方米的"桂发祥博物馆"。让八方来客在参观麻花的研制、工艺、生产、文化的过程中，了解桂发祥十八街麻花的悠久传统，加深公众对生产技艺的了解和认识，展现桂发祥十八街麻花制作技艺的风采。

围绕着"桂发祥十八街麻花",没有太后品尝、皇帝赐匾的故事,也不借此渲染手艺的正宗,让平民饮食平步青云。它以自己的兢兢业业开拓了口碑,以对非遗的扎实传承严守着自己的技艺,以大量的实物建立一座麻花博物馆展示着自己的业绩。于是,它用创始人的勤劳汗水和对制作技艺的追求,把天津麻花源自平民、服务平民的文化意识融进小吃;把津门饮食为着大众,追求工艺的严格和调出让顾客称道的味道,生动体现并实践出来。

天津小吃的非遗文化,含着一种张扬"津风卫韵"的自豪,体现出对百姓的贴心。一座五方杂处、京畿门户、商埠通衢的城市,在众多的非遗工艺和产品上,重视大众需求,注入心思,这是何等的俗中求雅。天津非遗"不以微小而弃之,却以小而精的努力去传承",人文精神就是这么以小见大地体现着。

(2)大福来锅巴菜

锅巴菜的主料"锅巴"源自煎饼。相传三国时,诸葛亮让军士做饭,铜锣放平摊上面糊加以烤制成煎饼,手法简单又可快速充饥。伴随神奇的传说,煎饼成为有特色又有故事的大众食品。我国的煎饼以山东摊制的大煎饼最负盛名。山东煎饼最初源于泰山,至今已有一千多年。清代蒲松龄称煎饼"圆于望月,大如铜铮,薄似剡溪之纸,色如黄鹤之翎",其"味松酥而爽口,香四散而远飘"。

裹着大葱蘸酱吃的山东煎饼到了九河下梢,变成天津锅巴菜,与津门饮食风习密切相关。

津城自金元时的直沽寨、海津镇,到明朝的筑城建卫,发展为商埠码头,各地官兵南北移民于此汇聚,带来各地的风土。在饮食上尤要适应劳动大众快捷、便宜、味美的要求。所以,在津门尤其推崇面菜一体的饭食,像包子、炸糕、捞面、馅饼等,既实惠又有滋味。

把薄薄的煎饼切成柳叶形拌上卤汁、调料,叫作"锅巴菜"。是经过制

作技艺的开拓出新，形成的既是饭又是菜的著名早点小吃。

据传，天津的煎饼的创业者名叫张君，系梁山好汉菜园子张青、母夜叉孙二娘的子嗣。为躲战乱，年仅5岁的张君被一老汉搭救，学得了制煎饼手艺。后来张君从山东来到直沽寨，出于生计，在三岔河口支棚摆摊卖山东煎饼，他的后辈皈依伊斯兰成为回族。到了清朝，张记煎饼铺已由三岔河口迁到西北角，掌柜张兰，被视为张青的第十三代玄孙。这个故事把英雄后代、草根创业与民间小吃浇筑在一起，投射出普通饮食有着不同凡响的痕迹，显示着小制作也有着历史的孕育，辛苦的创造，不能瞧不起它。津沽的小吃，凡有名者大都附着一些传说，看似为了彰显，实则体现对从业人的敬重。天津建卫之后，移民聚集，一技之长者既可养家糊口，又让百姓的衣食住行增添色彩。平凡中有着不平凡，也为小制作有着大故事铺下传说的温床。津门包子被皇太后吃到后颔首称赞，锅巴菜得到乾隆赏识，都出于此。

资料记载，乾隆二十二年（1757），弘历皇帝二次南巡，途经天津三岔河口上岸逛街观景，一路来到张记煎饼铺前，饶有兴味地品尝煎饼卷大葱。吃惯山珍海味的皇上，首次吃煎饼卷大葱，很是味美爽口，可一时吃得太急，有些犯噎，便让张兰上碗汤。情急之下，张兰之妻（姓郭，排行第八）将煎饼撕碎，剁些葱花、香菜，点上香油、盐面，用开水一沏端了上来。不想皇上连说好吃，并问此汤何名。妇人以为问她名字，便低声道："郭八……姐。"乾隆一听，说："锅巴倒也合理，锅上摊的锅巴嘛！再加个菜字，锅巴菜更好。"第二天，一位御前卫士来到张记煎饼铺送来200两赏银，并对张兰高声叫道："你的大福来了！"随即张兰方知昨天来的老爷子是当今皇上，便叩头谢恩。从此，煎饼铺改为锅巴菜铺，专营锅巴菜。人们闻听皇上吃过说好的美食，纷纷前来一尝为快。为不负众人品尝，张兰对煎饼汤作了两大工艺改进。一是将小米面加黄豆面的山东煎饼改成以绿豆面为主的天津煎饼；二是将白开水改成酱卤，外加小料，从而创制出有别于煎饼汤的原始天津锅巴菜。素香风味的天津"大福来锅巴菜"从此诞生,并相传到今,成为津门历史悠久的老字号。

锅巴菜问世后,大受欢迎,效仿大福来的锅巴菜铺越来越多,竞争日趋激烈起来。到清朝光绪年间,大福来掌柜张起发对大福来制作工艺又进行了三项重大改进,增添大、小卤,香菜根炝锅和卤香干片,大福来工艺自此正式定型。由于坚持精心选料,严格14道工序,从而在市场上脱颖而出,一枝独秀,是天津标志性地方特产之一。

(3)独流老醋

海河水系曾是黄河北抬至渤海的水道,经曹操打袁绍御乌桓,为输送粮漕屯兵屯粮,人工开凿平虏、泉州等渠。隋时大运河疏通、元代漕运兴起,黄河从鲁入海,津沽水系不仅独立出来,并使九河下梢沽、汊、沟鳞次栉比。位于南运河畔的古镇独流,得交通之利,在粮食颇丰的基础上,发展酿造业,独流老醋应运而生。

醋在中国历史悠久,古代先民制醋酿酒比翼齐飞,随着环境和时代变化,醋的制作技艺在技艺拓展的同时,口味出现多样。

在我国一直流传着:"独流老醋曾为宫廷贡品。与山西陈醋,镇江香醋并称为中国三大名醋。"明嘉靖年间的《河间府志》中说,这一带水丰物美,盛产鱼虾,独流老醋借此而勃兴。特别把"春分酿酒拌醋"的习俗和"鱼酢"记载下来。随着酿醋工艺的不断改进和提高,独流老醋依节气,结合当地习俗精细制作,形成自己的酿醋风格。津沽饮食所推崇的"会制作更知味",使独流老醋技艺本身就表征着天津人对调味品的"重视品相讲究口味"的追求。

相传,清乾隆四十一年(1776)三月,皇帝弘历东巡,沿南运河行至独流时,地方征收进贡御酒,当地争先恐后酿制。一户农民错把自酿的醋当酒送上,皇上尝后没有责罚而是赞叹不已,并用它作为御膳中的调味品。民间说故事,文献记载事由。清同治十二年(1873)《静海县志(物产卷)》有独流老醋的记载。清光绪三十一年(1905)的《直隶全省商务概况》明确称:"天津府静海县独流醋行销天津、河南、山东……"1922年4月,在直

隶省第一次工业观摩会上,独流镇酿制的老醋,荣获食品类一等奖。1932年天津《益世报》专题报道,称赞独流镇"所产之醋,各省驰名""产品畅销长江南北及平津一带"。在30余家制醋作坊中,老字号"天立"独流老醋,始于清朝康熙年间(1665)。创办人是王十爷。后来,王家的六爷自立门户,创办天立酱园,并传手艺给儿子王伯良、孙子王文超。经世代沿袭,到清朝末年,天立酱园已是全镇名气大、销路广,年产量约四百吨的酿醋作坊,并以"六道黑"享誉于世。所谓"六道黑"曾是独流老醋的一种代称,以包装签上六道黑印被人们视为正宗标记。原来,天立酱园有一块木质商标戳记,上有六行说明文字,由于使用日久,木板磨平,字迹不清,只剩下了六道模糊的印痕,于是人们就称它为"六道黑",而这"六道黑"更成为老醋的出口商标,行销到南洋一带。

经过岁月更迭历史传承,形成了独具的固体发酵,两次成熟,三年陈酿为主要内容的传统手工技艺。它以优质的元米、高粱为主要原料,配用小麦、大麦、豌豆,经糖化,再通过蒸煮、酒精发酵、醋酸发酵、陈酿、淋醋等十几道工序,并历时三个伏天,才制成"独流老醋"。因而风味更加鲜美,口感更加醇厚,香气更加突出,从而历经岁月磨砺,达到了醇香不腻,酸而不呛,味甜柔和,存放期长,这一要求。"独流老醋"生产技艺和流程是中国酿造食醋的宝贵遗产之一,不仅丰富了华夏制醋工艺,而且其味绵柔、厚而不呛。

(4)天津包子

重点说说"狗不理包子"。它的出名不在于袁世凯把狗不理包子进贡给慈禧太后获得称赞,这只是锦上添花的宣传。狗不理包子在制作上经过时间的冲刷,不仅形成了"半发面、水馅儿猪肉包"的特色技艺,还在于诚信经营获得好评以后,依然在供不应求之时,铺子主人仍一丝不苟严守制作工艺。由于忙于活计埋头打理包子,顾不上和顾客搭话,得了"狗不理"这一绰号。正是这一绰号,折射出狗不理包子高度适应大众,以物美价廉显示出天津城市追求"以简求精,以知味求美"的饮食取向。《天津论》中，描述津沽小吃："鼓楼北出酱肉，双立园的包子白透油，南糖北果，荤素菜头，映月斋的点心最可口。"可见老城里的大街小巷都有目不暇接的饮食可卖，这与"码头生活"需要又快又好的吃食密切相关。

上述简介可知，津门饮食虽与京师有着千丝万缕的联系，在所谓的皇家光环下，各种小吃显示的是津门饮食制作对地域文化的吸收与显示，即深受"要冲之地、京畿门户"影响，遵循和强化了市井人生的需求。例如，天津人靠河吃河，靠海吃海，多有鱼虾端上餐桌，对醋的要求也随之苛刻。而独流醋在一两百年的技艺完善中，把平常的调味品做出了不寻常。这与津沽文化的演进一样，结合城市需求，在比较的同时做出"卫风津韵"。

2.传说传出文韵

2006 年的 6 月 10 日是我国首个"文化和自然遗产日"，此后每年 6 月的第二个星期六都被确定为国家"文化和自然遗产日"。经过广泛征求意见、专家论证，我国第一批非物质文化遗产名录最后确定了 518 项。天津有 7 个项目入选了第一批名录，包括杨柳青木版年画、泥人张彩塑、天津京剧、天津时调、宝坻区评剧、京东大鼓和红桥区回族重刀武术。

首次遗产日的主题是"保护文化遗产，守护精神家园"，其意义非常深刻。文化遗产是对人类历史优秀文化思想的积淀与总结，而守护精神家园，使文化遗产保护工作有了质的飞跃，从中让我们重新认识历史，推动现在的发展。尤其是精神方面的认识与理解，会比过去深刻得多，比以前宽阔得多。

非物质文化遗产作为一个较新的文化遗产概念逐渐被人们认识，它的活态传承，更体现了人类社会的文明。像入选我国非物质文化遗产名录的"杨柳青木版年画"，从大运河一路走来的同时，凝聚着桃花坞、朱仙镇年画的优点，以木版印制、着色彩绘的特点，风靡长城内外。

杨柳青镇古称"柳口"，京杭大运河流经此地，"杨柳阴阴似画图，春波满岸长春蒲"。足见杨柳青景色之美。也为杨柳青年画的生产以及传播

造铺垫了厚土。杨柳青年画线条出自木刻，着色的地方手绘，分为细活和粗活。细活在构图、线条、用色上精细讲究。粗活，符合大众审美，线条简单明快，颜色突出红、绿。常见的杨柳青年画，包含着稚趣、民俗，注重整体含蓄并以童趣表达真诚，也寓意对美满的家庭生活和社会生活的追求。杨柳青年画还包括大量的历史故事、历史知识，既显示喜庆、愉悦，又以欢快明朗渗透出天津人的爽利豁达。杨柳青年画是天津文化的一颗珍珠，是中华民族民间精神的展现。

保护非遗文化，也就是要把历史上的文化精髓保留住，同时还要让它真正活起来。历史文化以非遗流传，会在日常生活里展现传承的活力，也是社会人生由古至今的融合。为此，要格外关注民间文化的繁衍发展。人文的"寓意"、知识的"活态"恰恰在民间故事、民间传说中体现出来。精神的、创造性的活态寓意，在成为大众审美之后，会对物质载体予以指导和增值，是一种文明的注入。比如一张桌子，在四周雕刻上荷花，就能映射出淤泥而不染的精神，它就不单纯具有使用价值，还有一种文化和审美意味在其中。人在这样的环境中生活，自身的素质就提高了。人的创造力，文明的传承性就会增强。

民间传说和歌谣，是表现先民精神与文化生活的艺术载体。不仅以辈辈口述显示出强大的传播生命力，而且在内容和形式的不断丰富中使作品有着隽永的生动，并以其悠久和鲜活，不断积淀人类文明，也成为培植社会伦理和表达人们情感世界的重要组成部分。它凭借叙述者代代延递，或以故事，或以诗行，刻画社会镜像和抒写人生况味，并穿越时间隧道，遗存至今。

天津的民间传说和歌谣，突出了由于历史足迹的深刻和生存实态的艰辛所形成的情感喷发，既有对古代英雄事迹的传奇性描绘，又有着因生活境遇的不平而发出反抗和愤懑的呐喊。前者以"秦地传说"为代表，后者以"排地歌谣"为典型。

天津曾是退海之地，古代边塞并于宋辽时期成为二者的疆界，这种地域特征，使天津的民间歌谣含有鲜明的屯田开垦和戍守防卫的拓荒性、征讨性、地缘性。在歌谣的韵律里，显示出感情的奔放和节奏的强烈。

例如，流传在东丽区幺六桥乡的"排地歌谣"里的"创业难，五更起，半夜眠，一头耕牛十亩田"，在低沉的情愫中有着创业的决心。而"穷人种稻地，事事都为难。吃饭穷对付，花销没有钱。四月闹咸水，六月还不甜。水车不上水，地里赛盐滩。秋后簸箕响，先还借的钱。早来弄稻子，晚来稻草搬。今年白忙活，来年怎么办？"歌谣在强烈的节奏里流露着对人生不平的抗争。

流传在宝坻老区附近的"秦地传说"，多以故事的方式流布，一方面诵说着秦城（即秦地）是宝地，留下很多寻宝的故事。例如《金瓜钥匙》《翡翠叶子》《金马驹》等等，反映了古代宝坻某些习俗和人们对美好生活的向往。另一方面，以秦唐时代为故事背景，借建国立业的气派，讲述乡土历史的不俗和先辈们英雄行为的感人。这实际是在启发、教育后代如何爱乡，如何做人。例如《影淀洼的形成》，叙说始皇派兵用手捧土造秦城，城建好后，取土的地方形成了大洼，就是后来的影淀洼。显然用手挖土筑城，饱含着对劳动者辛勤付出的讴歌。而《巧擒头僧》的传说，把李世民东征和秦城联系在一起。讲他被一伙僧人围在城里，为了解困求胜，派人偷了头僧的坐骑大吼所生下的小吼，一声长啸，大吼失去神勇，头僧束手被擒。故事强调了秦地的不同凡响，强化了对家乡的认知。

天津民间传说和歌谣，充满着原生态的质朴和底层百姓的心声。清中后期以来，社会动荡，民间文学的传播与创作活跃，听、唱"秦地传说"和"排地歌谣"成为当地群众不可或缺的文化活动。在有序的传承中，不少作品在经历了近代百年的蹉跎和奋斗后，更染上了一种历史的厚重，见证着天津的人文足迹。

天津火车站一百多年前称作"老龙头"车站，作为中国最早的铁路枢纽，以传统的龙及其龙头的寓意，寄托着津沽交通的时代变革。20世纪80年代，天津火车站扩建，为彰显改革开放之初的气韵和揭示津沽文

脉,车站大厅的顶部,以浪漫的笔触,浓墨重彩地画出全国第一幅巨型穹顶油画"精卫填海"。饱含着奋斗不已精神的神话传说"精卫填海"和"哪吒闹海"的故事,是天津民间传说的精彩一页。尽管故事的发生地,不似白娘子在杭州、董永和七仙女在孝感那样明确,但是天津作为退海之地,滩涂形态的海岸难以抵御朝夕的冲刷,其所形成的海难,也的的确确为"精卫填海"和"哪吒闹海"提供了传说的演绎空间。何况曾经的海边,历史至今的陈塘庄,也就是哪吒父亲李靖驻守之地,不仅建有秦叔宝、尉迟恭"雨后晒甲"的挂甲寺,还有着象征着哪吒风火轮的"东、西圈"村,因此远古神话与唐代征伐实绩交融为传说。正由于津沽的地貌和历史遗存与传说联系紧密,《精卫填海》与《哪吒闹海》的故事在三津大地流传是很自然的事。而且填海、闹海也与天津陆进海退的环境、与津沽人的临海生活相印证。这也形成了非遗中的天津民间传说,有着明显的环境痕迹,呈现出家园色彩。

3.故事讲出生动

历史久了有传说,传说多了有文韵。千年足迹的静海,伴随它的不单有历经磨砺的舒平、章武等古地名,还有着显示岁月沧桑的《姜子牙的传说》。

按说,商朝末年的姜子牙在辅助周公击败纣王之后,其封地在古代山东临淄即称作齐的地方。然而,相传姜子牙的出生在冀,于是,历史按照文学的脚步来到了静海。

静海的地理环境与历史文学竟巧妙相合:潺潺流淌蜿蜒而去的一条河被称为子牙河,略高又有些朴拙的临水之台被称为钓台。特别是在静海境内的西南,还有一处古村落,叫尚家村,多人姓尚、吕和姜,都与姜子牙有关系。因为典籍里记载着他是姜姓、吕氏、名尚。或许文化的功能还有着实虚互补,以虚为情以实为景的演化功能,当传说与情景有某些耦合,人们为了解读由此岸到彼岸的前因后果和增添生活的绚丽厚重,便从故事上予以扩充,把传说落实在和环境相近、相似和相像的地方,并在时间的不断延伸叠加中拓展着许多历史情节和文化遗存。以致民国时期编修的《静海县志》记载："邑西子牙镇,相传为姜太公钓鱼处。故河名子牙河,镇名子牙镇。尤奇者,北有尚家村,多姓尚;镇内多吕姓、姜姓,均自称为太公之裔。"

环境有了,人文印痕在口传心授中逐渐丰满。千百年来,静海子牙镇一带的民众围绕着尚家村、子牙河、钓台的来龙去脉述说着优美的民间传说、故事,并从姜子牙的故事中传递着民族步履、精神构筑、道德建设。比如姜太公钓鱼的故事,简约生动地描述出,姜子牙用一根绣花针,既不做钩,也不挂上饵料,在离水三尺处,却钓上来一条神兽——锦麟,口吐出一本"天书"又回到水中。姜子牙从此一边钓鱼,一边阅读"天书",几年后写出《太公六韬》。这六韬包含着文韬、武韬、龙韬、虎韬、豹韬、犬韬;姜子牙也修行成一位仙风道骨、神通广大的奇人,并为百姓解救危难。周文王得知后,虔诚请姜子牙出山为大司马,后来又帮助武王伐殷,确立了数百年基业。

显然,故事折射出的创业者的人生基础在于学习和积累本领,是从古至今一样的道理,值得借鉴。而《姜子牙走"厄运"的故事》则叙述了,姜子牙辞官后和妻子马氏来到静海一个村子度日,其间蹉跎求生辛苦执业,但屡遇挫折日子过得苦涩,遭到妻子马氏嫌弃,竟离子牙而去。姜子牙虽被命运所厄,却不心灰意懒,就到村子西面的那条河上默默钓鱼,磨练意志。表面看,故事叙述了"夫妻本是同林鸟,大难来了各自飞",可是其深意在于鼓励共度时艰,面对人生低谷一家人应当互助守诚,不能甩手而去。传说中也有着浪漫,当玉皇大帝想找一位德才兼备的人,替自己在天、人、地三界为 360 位神仙确定职位,便命姜子牙主持筑台封神。有意思的是马氏离开姜子牙后,听说他当上了大官,想重修旧好但遭到拒绝,一头撞死在石墙上,但其魂魄到了天庭。姜子牙封神时想到了马氏,封她为"扫帚星",以此告诫人们勿忘初心,不要成为让后人讨厌的形象。

古代的传说是朴实又现实的,姜子牙封了 360 位神仙,却把自己忘

了,苦于神位已满,便给自己封了一个"太公在此",意思是各路神仙都是我姜尚所封,所以就成了神上之神。只要亮出"太公在此"的字符,众神仙都应让位,包括害人的恶神。这样一来,从静海到各地,很多居民在墙上、门窗上、屋梁上常常刻着"太公在此""太公在此,诸神退位""太公在此,百无禁忌"等告诫语,以便驱邪纳吉,求得安康和顺。可见,姜子牙在静海的传说故事里有着做人的道理、道德的圭臬和大众的是非判断。放置"太公石"的民俗形象传导出人们盼望顺遂的善良愿望。这也从一个侧面反映出静海的地杰人灵、文脉的久远、人生的深度。

传说让静海更美丽,也让津沽的历史有了浪漫的温度和地理环境有着动人的情趣。传说故事能使古人走近,能使历史伴随,能使河流、村落更富魅力。虽只是人文大书的一页,却让大众获得有意味的社会认知与做人的事理,使人们在历史文化的陶冶中成长。在天津还有《杨七郎的传说》《张娘娘的故事》,以及有着史实依据的《窦燕山教五子的故事》《李半朝的传说》。稍加罗列,会折射出津沽文脉的曲径通幽,从中体味天津在历史上的某些闪光,以及它的文化情影。

4.节庆增添火热

记得在农村采风时常听一句话:"到了日子就要耍起来。"好一个耍字!道出了过节的真谛。而大年初一,"耍"正当时。

中国的节庆多是来自祭祀庆丰,有着悠久的历史文化传承,演变为今天的节日活动以及与此相关的节庆文化。既然许多传统节日今天还在过,而且越过越红火,就说明这些节庆经受住了岁月的冲刷,富有活力,蕴含民族精神。

农耕文明浓烈弥漫时期,节庆文化强调居家围坐团圆庆贺春种秋收。出于生活境况,劳作辛苦,人生清贫,百姓的过节:一是追求来年丰收日子富裕,二是祈福家和顺遂体健安康,三是欢乐畅快心情愉悦。落实在衣食住行上,要吃点好的,穿点新的,住屋洁净喜庆,邻里亲朋互助幸福。于是火锅饺子猪肉炖鱼,着衣戴花点灯放炮,打扫庭院擦拭桌椅、张贴年画春联,初一拜亲朋初二回娘家。贫困家庭难以处处见新,也要尽量现出过年的样子,贴幅年画吃一顿饺子。吃好是中国农业社会的底色,而出彩的地方在于把年的味道"过"出来。社会风习在此刻现出魅力,非遗在这期间推波助澜。于是春节要遵循并依照传统的规矩去身体力行。除夕要吃年夜饭,元宵节要吃汤圆,端午要吃粽子,中秋节要吃月饼……虽说这些吃食包括制作也是一种文化表现,但绝不是节庆文化的全部。

节庆文化关键在于活动,如以前春节会燃烟花放爆竹(须遵守安全要求),串门要作揖问安,在天津大年初一还应当吃顿素饺子,初二时要女婿携妻抱子带礼物去岳父母家过"姑爷节"。到了元宵节大江南北都要制灯赏灯闹元宵,有江河湖水的地方端午节要赛龙舟,全国各地的重阳节都要登高望远等等。因此,在重视弘扬传统的今天,节庆文化要发掘并开拓出丰富多元的活动。笔者认为,这一时刻,一要围绕各节庆特色组织五彩纷呈的活动;二要在节庆活动中保持并发扬精神内涵,如尊老、爱国、和谐等等,也应有怀念之情,但更多的则是获得欢愉;三要尊重节庆的各种习俗和表现形式,像天津人春节要贴吊钱、窗花,要走街观艺,我们就应该把剪纸艺术和春节需要装点出喜庆结合起来,把广场艺术和户外迎春结合起来。

在改革开放的40年间,华夏大家庭的节庆活动发生了许多可喜的变化。像央视的"春晚"已经成为新年俗。尽管还不尽如人意,但已经是每年农历三十晚上的"必做功课"。全国各地举办的联欢活动凡有特色又结合传统的,都是节庆活动的新发展。自2008年始,传统节日端午、中秋成为国家的法定节日,那就更需要多在"过"和"耍"上下功夫。眼睛要向外,不要回家就是吃。文化的核心在于内涵的精神要隽永,外延的表现要生动。俗中含雅,众人参与,有序而热闹。节庆应该也必须兼顾家庭和睦与社会祥和,而且要绚丽多姿,情切怡人。

不是歌曲在唱着"好日子""红红火火过大年"吗,那就到了节庆时,依据特色耍起来吧!

5.舞蹈舞动津门

津沽民间舞蹈虽少全国瞩目的演出，却有着以皇会为舞台的大型巡游。其历史之长久、场面之壮阔、影响之深，可谓津城翘楚。是天津市民生活的重要一页，尤其每年的农历三月二十三和两年一次在九月份的"中国·天津妈祖文化旅游节"都有皇会绕街巡游。行（xíng）会表演中融聚了仪仗、中幡、挎鼓、法鼓、旱船、秧歌、宝辇、銮驾、高跷等40多种天津民间技艺精华。并具备三个突出特点：一是目的唯一，二是主题突出，三是组织严密，非一般庙会可比。本文所谈的天津舞蹈，以此为主。

大家知道，舞蹈是人类生活与发展的倩影，以舞之蹈之折射出敬天祭地感恩人生的心路历程。它不但历史悠久，而且内涵丰富。民间舞蹈含有社会足迹的大量符号，并有着鲜明的原生态和丰富的群艺文化信息。

天津民间舞蹈多以花会形式出现，具有鲜明的区域特色，并因流传的环境、承继的渠道不同和各个时期代表人物的不断创造，更有着一方水土一方人的烙印。

天津的民间舞蹈，结合花会、庙会和广场表演，展示出田野风情。后因筑城建卫，由县置府，府县合一，再经开埠成京畿重镇，民间舞蹈揉进许多市民韵致，加上妈祖信仰的普及，便和皇会走街巡游结合起来，道道花会舞蹈，流动的花团锦簇，成为天津节庆之日的一景。

天津民间舞蹈在表演中注重装扮，尤其是脸部化妆，或饰浓彩，或画脸谱，但都主张寓古拙于艳丽之中，带有傩戏的遗痕，锣鼓鸣响和激越张扬的巡游表演中，把沽上河下的大众通过旷达欢乐、抵御艰苦、抗击磨难、跟随妈祖娘娘祈福吉祥的生命意识，展示得淋漓尽致。

天津民间舞蹈远溯可至数百年前的金元时期，结合农事，伴随节庆，沿运河风行在沽上田间。从以高跷、旱船为舞蹈主要形式看，折射着船工挑夫的身影，但舞姿粗犷刚烈追求难度，又明显带有军武之威。天津"飞镲"是集武术、舞蹈、民间音乐于一体的打击乐器演奏形式，清光绪初年兴起于天津的汉沽、北塘一带沿海村落。起初"飞镲"是为着祝愿渔船出海平安,迎接满仓返航,后来参加庙会的街头表演。飞镲演出时气势雄浑,音响壮阔,精彩之处体现在一个"飞"字。持镲人在凝重有力的铙鼓声中,用含有武术的动作,表演涩镲、缕镲、掏镲、怀镲、分镲等技巧,表现出了淳朴渔民出海捕鱼丰收回归的喜悦和对美好生活的憧憬。

　　天津民间舞蹈在传承中,由于曲牌和节奏的各异,形成多种流派;加之跷高、脸谱和道具的不同,形成多种风格,但在总体上显示出护卫京畿的威武敞亮,刚劲靓丽;口岸码头的多姿并举,南北相映;经济重镇的浓烈火爆,厚重大气。并在广场、街衢表演时,通过对戏剧角色、传说人物情节性的展示,增添了戏谑、幽默、吉祥的色彩。

　　天津的跷(高跷)类舞蹈突出高、难、帅,龙灯旱船类舞蹈突出猛、喜、灵,秧歌落子舞蹈突出柔、美、忍的特点。在看似相近中内功各异,在色彩相依里又自成体系,结合市民审美又彰显着祈求人生吉祥,社会共生的同乐共舞取向。

　　入选市级非物质文化遗产目录的天津民间舞蹈,多已传承百年以上,如"葛沽宝辇""百忍老会""永良飞叉"等,既有鲜明的清末遗痕,同时又有近代商埠之风。乡间色彩褪去,市民情趣凝聚,普世信仰增强,表演不再固守原有空间,而是以传统特色彰显津沽的文化根基,传达乡梓的风情和对历史的弘扬。

　　今天的天津民间舞蹈,更注重同乐同庆,观众越多即兴表演越多,难度也率性加大,而各种舞蹈技巧也就集中展示出来,同时形成表演与观赏的互动。

第四章　妈祖文化的天津流变

第一节　天津妈祖溯源

（一）两座敕建娘娘宫

天津被称为"中国北方妈祖文化中心"，显示出妈祖神祇在天津的地位。由于津沽的"要冲"位置，已有着全国影响的妈祖崇拜，在津门更有其独特的价值，集中表现在元朝时已有两座皇家级的妈祖庙。

1.难以磨灭的背影

元朝时期，海河流域自三岔口至入海口的大部分地区统称为"直沽"，是大运河流经津沽后，海漕、商业、军事、宗教文化的中心。元朝延祐三年（1316），朝廷改直沽为海津镇。当时供给北京的物资，尤其是运粮漕船，一般经东海北上，绕山东半岛入渤海，从大沽口沿海河到大直沽，再由小船运至京师。明永乐十三年（1415），朝廷改变漕运方式为"支运"，用京杭大运河取代海陆兼运，漕运中心移至小直沽（三岔口一带），大直沽失去了往日优势，却依旧是津门倚重的街区。从清道光《津门保甲图说》中可窥见，所在地的商铺与小贩占居民户近一半。被人称道的"三宗宝"，即烧酒、高台和古庙，至今直沽酒，依然飘香；以台作为地名的有好几处，如大直沽后台儿。而古庙早已湮没，仅留下残存的记忆。

带来惊喜的是，1998年12月至1999年1月因城区改造，天津市考古队在大直沽发掘出了元明清天妃宫大殿基址。看到埋藏于地下几米深的阔大墙基、庙宇构件，可推断当时的天妃庙宏伟壮观，很是有着皇家气派。再结合大庙遗址周边的发掘，清晰看到大直沽一带，埋藏着津沽城区较早的文化积淀。元、明、清时期的瓷片、砖瓦、生活用具等依次堆叠，最上层有着晚清八国联军火烧大直沽的痕迹以及日本侵略者扔下的炸弹。并从含有贝壳、海沙、黄土、灰烬的地层剖面中，触摸到津沽一带海退陆进的生动情境，感受到元代大直沽的某些生活状态。这一页页的"地书"，清楚说明了"大直沽早于天津卫，津沽千年的城市足迹在天妃宫有着深刻的烙印"。经多次论证，市政府决定，为了长久保护，应建设一座遗址博物馆，见证天津城市演进的足迹。国家文物局考古专家组，在现场考察天妃宫遗址后指出："大直沽是天津历史文化名城的原生点，它从直沽寨发展到海津镇，天妃宫遗址则成为这个原生点的标志。"

依此考察津沽的城市步履，经《重修敕建天妃灵慈宫碑记》等碑石与相关典籍相印证，可知元代朝廷开放海运，自江苏太仓浏家港启航的漕粮船北上过山东半岛进大沽口入海河，抵达海运终点大直沽。再换河船运往今北京区域的元大都，大直沽成为海漕与河漕的转运重心。元代诗人王懋德的《直沽海口》描述了当时码头街市的繁茂景况："东吴转海输粳米，一夕潮来集万船。"朝廷在大直沽设立接运厅，敕建天妃灵慈宫以保漕护航。津沽由此进入城市起源阶段。至正年间（1345 年前后），危素在《河东大直沽天妃宫碑记》中有"庆国利民广济明著天妃祠，吴僧庆福主之"的记载。遭火焚后"福（即吴僧庆福）言于都漕运万户府，朝廷发官帑钱，始更作焉"。可见危素所见到的灵慈宫，已经是官府出钱重建的庙宇。

大直沽天妃灵慈宫，是天津历史上众多天后宫中，建庙早、规模大的一座。《天津县新志》对此记载，"天妃宫，一在大直沽东岸，一在大直沽西岸"，其在大直沽东者"泰定间被火重修"。

至于建筑时间，《古代天津城市史》认为，最早的天妃宫在大直沽，约

建于元代初期,后遭焚毁。十数年后,官府拨款重建,大直沽妈祖庙又现昔日模样。但是该庙毕竟损毁过,朝廷便在元泰定三年(1326),临近三岔河口处再建一座天妃宫,即至今依然香火不断的娘娘宫。两座妈祖庙都建于元代,间隔时间不长,双庙隔着海河相互守望,彰显着城市的气势。津沽也因漕运繁忙兴旺起来,百姓生活逐步热闹,对妈祖更充满希冀,祈福敬香的同时,津沽大众按方位亲切称天妃宫为"东庙",天后宫(娘娘宫)为"西庙"。

岁月沧桑,风云跌宕,大直沽天妃宫几遭磨难。尤其是 1900 年,八国联军侵占天津,大直沽天妃宫被野蛮焚毁,虽又重建,但已出现颓势。不久庙废,殿宇坍塌。"东庙"的跌宕起伏,深刻烙印着天津城市的兴衰。

两座妈祖庙在津沽,应视为古代津沽的显著地标。

2006 年国务院公布新建的元明清天妃宫遗址博物馆,为全国重点文物保护单位,天妃宫遗址成为国家级的文化遗产。天津是国务院颁布的历史文化名城,大直沽的元明清天妃遗址博物馆是天津历史文化名城的极为鲜明的印证。

2.靓丽至今的名片

天后宫建于 1326 年(元泰定三年),原名天妃宫,俗称小直沽天妃宫、西庙、娘娘宫。明永乐初年设天津卫,在筑城设卫的同时,朝廷重建天妃庙。据记载,"东西殿阁塑像(塑像皆海洋诸神)不知其数,崇奉之严,祀事之繁,无如此庙矣"。可见,天津妈祖庙的祭祀、规制都是皇家规制。历经多次重修,这组古老的建筑群巍峨气势犹存。它背靠城厢面临海河,方便了往来者奉祀海神妈祖和市民敬拜的津沽之母天妃娘娘。

庙门前,是一布局格致的广场,远端的戏楼面对着娘娘宫,二者之间临近宫门处矗立有两根粗壮笔直历经风雨的幡杆。幡杆是天津娘娘宫一绝,它以双臂高擎迎接着大运河来津,又用笔直的腰身彰显着津门要冲的气度。并以此昭示着妈祖为行船者护驾,为津沽百姓的人生护航。仰望幡杆,会领略到京杭大运河对两岸经济、文化和生活的孕育与推动。大运河推促了妈祖信俗,娘娘宫带动了天津发展,津门的确是"大运河驮来的城市"。

走进天津娘娘宫铜铸麒麟守卫的正门,前殿、正殿、凤尾殿、藏经阁依次排列。入口两侧有钟鼓楼、配殿和回廊;前殿有祭祀天后仪仗的护法神,正中为王灵官,左右分别为千里眼、顺风耳、加善和加恶;正殿供奉着天后。圣座之上的天后圣母神像,凤冠霞帔、慈眉善目、仪态祥和。她的左右立着四彩衣侍女,其中两人手执长柄扇遮护天后,另两人一位捧宝瓶,一位捧印绶。塑像周边有记录着妈祖生平的大型壁画,壁画前面放置各种仪仗。

抬头向上,看见三块匾额,中间一块写着"垂佑瀛堧",意为赐福沿海。两旁分别写着"盛德在水""万里波平"。正殿曾悬挂一幅福州人郑瑞麒所撰的楹联:"补天娲神,行地母神,大哉乾,至哉坤,千古两般神女;治水禹圣,济川后圣,河之清,海之晏,九州一样圣功"概括了妈祖一生与功德,写出了妈祖文化的气韵。丰富的意涵,把人们引入美好的联想中。

凤尾殿在正殿后身,祭祀着净瓶观音、滴水观音和渡海观音。左右配殿陪祀其他民间信仰中的神灵。有祭祀天后仪仗中药王和四海龙王的配殿、祭祀财神的配殿、祭祀关羽的配殿、祭祀斗姆及北斗星君(六十太岁)的配殿。

具有津沽风韵的妈祖供奉,是按照市井生活的需求,希望天后妈祖能治病患,能助生育,尤其能保护妇女的双眼——大多的天津移民家庭里,男人在外出力,妇女在家操持日子,用眼的地方很多。白天看孩子做三餐,晚上缝衣服纳鞋底,女性在家里的地位突出。虽说天津的码头经济繁荣,可基本的劳作多为打短工或扛活,收入常难固定。操持家务的妇女也自觉不自觉地成为一家人的主心骨、稳定的核心,对来自福建湄洲的妈祖、纾难解困的女神,有着天然的亲近,并希冀海神除了带来航运的平安,还应有着更多的护佑功能。由此妈祖在津沽分出护眼的"眼光娘娘",防病的"痘疹娘娘",保胎的"送子娘娘",护生的"子孙娘娘"也就顺理成章。

天津随谈

156

天津家庭妇女的生活诉求，影响着社会风习，去津沽娘娘宫焚香祭拜求安祈福的，多为成年到老年的女性。她们对妈祖的崇信，也使得妈祖娘娘不单是海神，还在津沽百姓心中有多种身份，抚慰着人们的多种心灵需求，为着天津城市的平安。天津娘娘宫自元代兴建以来，影响日益深入，成为津沽文化极具特色的一个内容。

天津妈祖祭拜的地域特征，还表现在把三津大地的民间传说也归纳进娘娘宫。如王三奶奶、白老太太、挑水哥哥，是津门口传的行善之人；马王爷、土地、魁星等，也是市井大众寄予人生安康的世俗神。在娘娘宫落成之后，逐渐进入殿堂，接受大众的祭拜。至今，每到妈祖诞辰日和去古文化街逛逛的时候，许多人要到娘娘宫拜一拜，这也体现出，天津的娘娘宫是津沽的城市文化生活的一部分。视作城市之灵气的，还有娘娘宫正殿前的三口水井。传说是天后娘娘为保一方平安镇住海眼而出现的；井水清澈甘甜，喝上一口据说可沁入心扉，平静思绪。

20 世纪 90 年代，在娘娘宫左侧不远的一间茶馆，老板依据老年茶客的传言，几经验证，于地下 3 米左右的深处，发现了青砖铺成的大道，可直接通向海河边，考古分析这条青砖路建于明朝。印证着娘娘宫一带在 500 多年前的繁华喧闹，行人车马川流不息。

3.隽永的影响

数百年来，水工、船夫、官员在出海或漕粮到达时，都向天后祈福求安；居家百姓求财、求子，驱除病灾，也要焚香向娘娘祷告。围绕着天津娘娘宫还有着一系列的祭拜活动，隆重的仪典和热烈的皇会，既反映了码头的船工挑夫祈求平安的心态，又投影出市井的工商大众强烈的祭拜妈祖护佑生活的情愫。天后宫门前也因酬神庙会的出现，吸引着沿河船户、周边信众纷至沓来。各地商贾竞相投入，建店铺、设柜台，或经营或储货，再加上流动商贩，造就了天津最著名的商业街——宫南宫北大街（今古文化街）的繁荣。

1954 年，天后宫被天津市列为重点文物保护单位。每逢农历初一、十五,到天后宫烧香的善男信女络绎不绝。他们拿着香烛、供品走入山门先拜前殿的护法神王灵官和四大金刚神像。然后穿过前殿,在正殿前半人高的铁铸香炉里焚香,随即向正殿里天后圣母方向三叩头,再起身步入正殿并敬拜祈福。

除了举行隆重祭祀海神天后的仪式外,还经常在殿外广场和戏楼上有中国特色的各种酬神演出。尤其每年农历三月二十三日为天后妈祖的诞辰,娘娘宫要举行大型祭奠仪式和总称为"皇会"的多道花会表演。这两项活动已列入国家级非遗目录,以历史的厚重和精彩纷呈吸引着大批游人。

元代张翥在《代祀湄洲天妃庙次直沽》描写了拜祷天后的盛况:"晓日三岔口,连樯集万艘,普天均雨露,大海静波涛。入庙灵风肃,焚香瑞气高。使臣三奠毕,喜色满宫袍。"妈祖祖庙在湄洲,朝廷派员去福建太远,天津娘娘宫可以代替祖庙为皇家祭祀之地,足见该庙地位很高,也说明津门与京师的政治、文化的密切关系。官方之外,祈祷的人中更多的是船户。清代汪沆的《津门杂事诗》写了"天后宫前舶贾船,相呼郎罢祷神筵"。孟毓徽《津门杂咏》描绘出津沽乡间:"三月村庄农事忙,忙中一事更难忘,携儿结伴舟车载,好向娘娘庙进香。"崔旭在《津门百吟》中强调了津门天妃的历史荣誉:"飞翻海上著朱衣,天后加封古所稀。六百年来垂庙飨,海津元代祀天妃。"至今,津门娘娘宫与福建莆田湄洲妈祖庙、台湾北港朝天宫并列为我国三大妈祖庙,受到全世界瞩目。

庙宇香火久盛不衰,往往会影响四周并萌生地域风俗。天津是移民城市,三岔河口地貌使码头众多,运输业发达。拜娘娘祈求平安的同时,也祈福日子好过,多子多福。去天后宫求子"拴娃娃",即表现了这一习俗。夫妇婚后无子会到天后宫,祭拜后用红线拴一个泥娃娃回家供奉,称为"娃娃大哥",也就成了家庭的长子,日后即使生下长子也要排行老二。娃娃大哥每过一段时间还要拿去"洗澡"(重塑),换换着装;"娃娃"随着岁月面貌身材要变化,寓意每年长大一点。这也是老天津的民俗之一。

（二）古籍里的"天津妈祖"

1.册封之最

自宋徽宗至清代同治年间，共有 14 位皇帝先后对妈祖敕封 36 次，使她成了万众敬仰的天上圣母和海上女神。清王朝对海神妈祖予以极大关注与推崇，和黄帝、孔子一起正式纳入国家祭祀。随着朝廷对台湾管理的深入、与琉球交往的频繁，需要妈祖文化的情况越来越多，涉及国家漕运与航运安全的各大事项，也要倚借天妃神灵，清廷对妈祖一再加封，共加封妈祖十五六次之多。清咸丰七年（1857），妈祖被褒封为"护国庇民妙灵昭应弘仁普济福佑群生诚感咸孚显神赞顺垂慈笃祜安澜利运泽覃海宇恬波宣惠导流衍庆靖洋锡祉恩周德溥卫漕保泰振武绥疆天后之神"，达到 64 字。同治十一年（1872），再加上"嘉佑"二字，封号已至 66 字。这对纳入国家祭祀体系的民间神来说，是很大的褒奖。

这也造成了几个妈祖之"最"，根据林国平先生的研究：

其一，妈祖尊称最多。仅官方的尊称就有：灵惠夫人，昭应、崇福、善利夫人，灵惠、助顺、英烈、慈济、善庆妃，护国庇民天妃，以及感应圣妃，天后、天上圣母等。

其二，皇帝给予的封号最多。宋高宗时首次封妈祖为灵惠夫人，以后南宋历代皇帝先后加封妈祖为"夫人""妃"，计 16 次。元代封妈祖为"天妃"，共 5 次。明朝对妈祖的敕封 2 次。清朝皇帝对妈祖的褒封多达 15 次，封赐为"天后""天上圣母"，成为女神中最高的封号。显示了妈祖在最高统治者心目中的崇高地位。

其三，宫庙最多，信徒最多。宫庙名称很多，北方多称天妃宫、天后宫，民间习惯称娘娘庙、奶奶庙，南方多称妈祖庙、妈祖宫、马祖庙、娘娘宫等。几乎遍及中国广大沿海地区乃至内地，延至东南亚、欧洲、北美、南美等地。全球各地的妈祖庙接近万座。除了保佑航行，人们还赋予多种功德，受到从南到北沿海和内地有妈祖庙的千千万万信众，乃至海外华人的崇拜，人数超亿。2009年，"妈祖信仰"被联合国教科文组织列入世界非物质文化保护名录中，在中国系首例，据说在世界也是第一例。

其四，妈祖庆典最盛。每逢妈祖诞辰日，各妈祖庙会举行盛大的迎神赛会。中国福建湄洲祖庙，妈祖诞辰日前后，世界各地妈祖信众蜂拥来此进香谒祖。中国台湾在妈祖诞辰这几天，举行盛大绕境巡游活动。其中天津天后宫的"赛神会"即天津"皇会"，以"全城瞩目，大众参与"的态势，从清中晚期一路走来。到今天成为国家级非遗项目，并在连续数届的"中国·天津妈祖文化旅游节"中占据突出位置。

2."天津妈祖"寻踪

翻阅古代典籍，可看到：《元史·世祖记》中记有："惟南海女神灵惠夫人，至元中，以护海运有奇应，加封天妃神号，积至十字，庙号灵慈。直沽、平江、周泾、泉、福、兴化等处，皆有庙。"其中的"直沽"即后来的"天津"。此后的《元史》还有着"至治元年五月（1321）海漕粮至直沽，遣使祀海神天妃""至治三年二月（1323）海漕粮至直沽，遣使祀海神天妃""泰定三年七月（1326）遣使祀海神天妃，八月作天妃宫于海津镇""四年七月（1327）遣使祀海神天妃"等记载。可见在元代的津沽，沿河城寨以码头漕运为依托发展迅速，当地的社会生活不仅有着走向商埠的奠基，而且成为朝廷祭祀"海神"之地。庙宇兴，人群集，津沽的京畿功能逐步显露。

到了明代，史籍里，多处记录了"永乐间（1409）封妈祖为'弘仁普济护国庇民明著天妃'"。至崇祯朝，加封天妃为"天仙圣母青灵普化碧霞元君"。有清一代，康熙十九年（1680），封妈祖"护国庇民妙灵昭应弘仁普济天妃"，照黄河神祭祀。明清两朝的天津由"卫"升至"州府""府县合一"并成为"京畿门户"，天津妈祖庙既受到多次敕封，又在大众的几代香火和供奉中视为与海河母亲一样的神祇母亲。所以清代学者赵翼（1727—1814）在《陔余丛考·卷三五》，明确指出"今江湖间俱称天妃，天津之庙并称天后宫"。

从中可看到，天津城市是自海津镇、直沽寨到天津卫，再发展成中国

近代北方经济的重心，天津的妈祖信奉的功能也逐渐扩大。而扩大的基本走向是进入城市、进入里巷、进入家庭。信众由船民河工转为居民大众，由兵丁士官转为三教九流。妈祖信奉不再单单是护佑出行的安全，而增加了市民的众多需要。"进香之客自晨至夕络绎不绝，大殿之上无时不在拥挤，通宵如是，直至夜阑人静"（《天津皇会考纪》），这对认同城市，认同环境，认同邻里，十分重要。都去娘娘宫祭拜，也就是在文脉和人脉上趋向一致，不管原先来自哪里，现在都作为天津人在天津生活。

（三）天津城市的"助产士"

妈祖文化不单单是一种大众信仰，对天津而言，还有一个说法："先有娘娘宫，后有天津卫。"把一座妈祖庙宇和天津城市的兴旺联系起来，并且庙在先城在后，印证着民俗活动能奠定着一座城市的诞生，天津的城市源头并不止于明永乐皇帝颁旨设立了天津卫，才迈开自己的步伐。

天津的发展源自大运河与河海相通的优越地理环境，以及活跃的物流和民俗活动。其中妈祖庙的出现，推动了津沽大地的社会生活。而妈祖对天津的形成发展大致表现在三个方面：推动河海运输，聚拢民居人心，改善民风民俗。这既包括对经济的促进，更具有对社会健全的帮助。天津的发展源自水运，南北运河的通过，又使码头功能扩大。金元时期建都北京，强化了天津拱卫京师和水运第一关的地位。特别是漕运和盐运，关乎国家命脉，虽说天津原本只是金元时期的直沽寨、海津镇和明朝的一座卫城，但经济的需求和社会结构以及朝廷的布局，使天津自设立镇、卫开始，就发挥着超越城市制置的影响，看似是军事为主的卫城，实际上是一处迅速成长的经济中心。

"六百年来垂庙貌，海津元代祀天妃""天妃庙对直沽开，津鼓连船柳下催"。这些诗句写出了妈祖庙的凝聚力十分强大，早在天津筑城前，已进入大众人生、市井生活，并一边联系着漕运经济，一边积累着社会文化。在明朝建天津卫之前的海津镇、大直沽，妈祖信仰已经落地生根。天津城市的文化特征也就日益显现出来。

天津从镇寨到卫城、商埠的脱胎换骨，当然来自优越的水运条件以及运输带来的巨大经济效益。同时，天津作为移民城市，从四面八方涌来的居住者既有着强烈的漂泊感，又以人数的众多和所带来的各种风俗把津沽原住民的生活习惯予以改造，原有的民间崇拜难起较大作用。精英文化也由于自身的政治理想和人生目标重在京师之地，求职致仕的号召力对津门而言并不强劲。当时移民来到津沽，不是随着军事驻跸到此，就是凭借漕盐运输来到三岔河口，以及因为躲避各种灾害来到天津。因此，移民的生活和信仰的影响力反而比原住民大。于是妈祖信仰不仅扎根津沽，还能从她传导出来的济危解困、崇仁尚善、护佑女性等意识中，感受到妈祖对天津文化的影响，市民纷纷尊奉妈祖为城市的保护神祇——"娘娘"。

这也和津沽在政治、经济和军事地位越发为首善之地服务关联密切。天津不仅有河海通津之利，还是京畿门户，且是朝廷重要的军事关卡。虽非当官入仕的首选之地，却距离京城很近。津沽常被视为赴京做官的桥头堡和瞭望台，是重要的过往地、贸易口岸和朝廷的屏障。于是很多政治人物和知识人才一旦在天津驻足，不是"寓居"，就是"移过"，来来往往竟成为一种风气。而文化也随之流动，津沽的政治、经济常处在阶段性发展中。因此精英们的集聚津门，多是视津城为或进京或南下的歇脚之地。难以长留人才，使天津出现了人员流动多于扎根的状态。例如，"水西庄文化"就是相聚与离散交汇，一个时期内可以人才荟萃，却难以扎深。所以，津沽精英文化很难逐步夯实和稳固扎根。却在"流动"与"移过"中，给了市井文化留下较为阔大的空间。一方面，如清代纪晓岚所说，因盐业发达使天津"繁华颇近于淮扬"，但"古迹颇稀"，少了一点儿历史积淀。（见纪昀《沽河杂咏·序》）另一方面，民众意识里的大众信仰特别是社会支配行业，也就是天津的盐漕运输和相关贸易人员所信奉的神祇、所张扬的风气，往往成为市井中的共鸣对象。也就是说，市井文化和民间信

仰在天津更能迅速发展起来，这也使天津妈祖信仰能根深叶茂，能延绵不断。

当时的水运以南方来北者为主流，信奉妈祖，妈祖落户三岔河口、海河畔也就顺理成章了。况且天津本是临海之地又沽水河汊众多，信仰海神、水神有其顺势助长的条件；妈祖又是女性民间神，天津对女性尤其是姑娘多有敬重之意，本来津沽大地就有女性持家和主事的乡风习俗，供奉妈祖更加吸引妇女的参与。传说中妈祖常穿红衣，天津姑娘不仅喜欢红色，结婚时更是由里到外一身红。不论这穿红是妈祖的影响，还是天津地域特色，都表明妈祖在天津有其独特的融合条件。同时，信仰也是一种力量。主要行业的从业者信妈祖，广大的移民包括南来的士兵信妈祖，山西河北来的贫民也信妈祖。民俗中妈祖的内容不断增加，整个社会又以市井风习为重，天津妈祖在推动经济和聚拢人心的同时，把妈祖文化的内涵与外延提升和扩大了许多。

天津的变化还来自妈祖信仰和城市居民的在精神和心理上的互相依存。天津的妈祖信仰与文化，一方面受地缘经济和地缘政治所决定，在南方广有信众的妈祖，能沿海路和水路北上天津；另一方面妈祖扎根天津是受广大中下层移民，尤其是漕盐从业人员保平安求共识的影响。移民来到津沽，迫切需要扎根和被周围认同。当"妈祖"被天津居民尊称为"娘娘"，它的文化内涵就增添了落户和添丁的层面，希望妈祖助其延续香火，世居津沽，长久平安。所以，天津的妈祖就有了"送生"的效能，帮助每一个家庭多子多福。虽说沿着大运河有好几处因泥塑成名的城市，唯独天津有着到娘娘宫"拴"泥塑娃娃的习俗，可见绝非偶然，是天津居民生活的需要。正因此，年节花会也与妈祖巡游联系起来，民众的舞蹈、庙会的欢乐，依娘娘的诞辰和升天日而举行，并且有了高规格的旗罗伞盖与娘娘的坐撵相配套，变成了"皇会"，形成每年出现花会巡游风俗。而闹皇会乞吉祥为妈祖祝福，也是天津市井文化的重要表现，妈祖不仅是天津的最主要的神祇，也是天津文化重要的特征。

对此进一步分析，还显现出三个层面。其一，妈祖来天津扎根并传播开来，源于天津的河海相通，漕盐两运，大运河进京的最后停泊之地等区域优势，以及天津作为京师门户的政治地位。其二，是以移民为主体的天津广大民众的凝聚力和信仰的强烈需求。其三，妈祖信仰的由民女到神祇再到皇封的天妃，其贴近草根的亲民性与朝廷提倡的主流性形成一个各种阶层、各种身份都能共生共鸣的崇敬，这种意识一旦变成风俗并进入道德圭臬，普遍的求吉祈福，尤其是伴生着水运、海运给移民带来的漂泊感，使妈祖崇拜升华为在津扎根的人生信仰。建有妈祖庙的区域成为福地，如宫南宫北大街人流如注，与信奉妈祖的人们经常去娘娘宫上香，求得精神慰藉密切相关。

妈祖的风俗与文化还纳入了一定的价值范畴。例如，信妈祖与做善事，拜娘娘与求和美，祝生育与子孙兴旺等，给了家庭人生以信心和盼望。这里体现着家庭的和睦，做人的善良，从业的企盼，并折射着津沽百姓对国家民族兴旺的向往。

（四）中国北方妈祖文化中心

妈祖崇拜出现在北宋时期。妈祖，原本叫林默，亦称林默娘。生于宋建隆元年（960）卒于宋雍熙四年（987）。28年来，她做了不少利民爱乡的好事。尤其林默未到而立，因救海上落水之人而牺牲，从而获得了船工渔民的怀念与爱戴，很快就为她立庙上香，尊敬为海神。中国历史悠久，人们崇敬挺身而出的英雄。因年轻并是女性，历经生死名垂千古的，有很多。例如抗击暴秦的孟姜女、替父从军的花木兰、抵御入侵的穆桂英等等，但是她们在促进大家的爱国情怀，推动崇德尚善精神的同时，留下的多是优美的传说。传说充满着浩然正气，激励着后来人，并彰显着中华民族的精气神。可是林默娘从舍己救人的壮举出走来之后，却接受大众祭拜成为海神。这引人深思。

妈祖生活在北宋的福建沿海，中国社会到了公元九百多年，对海洋

的认识有了新的拓展。离妈祖成长的湄洲不远,是当时的世界大港泉州。泉州系宋代海外交通贸易的大港和"海上丝绸之路"的重要起点。以泉州为基点的经济、政治往来,构成了中华民族向海外发展并促进我国繁荣的宏伟平台,至今依然发挥着应有的影响。所以,妈祖生前的主要活动和海洋有关,她的救危济困与舍身救人更与大海直接联系。林默在成长阶段,因"会凫水、观天象、懂医术"而被周围百姓所热爱。其间,还发生过一件感动乡亲的事:一次大风初起,已是夜间,黑黢黢的,让人根本分不出哪是海水哪是岸边。为召唤出海的渔船急速返航,林默把自家房屋点燃,用舍己救人的壮举让船工转危为安。她28岁时,为救失足掉进大海的遇难者而牺牲。当地大众为纪念它,遂敬为海神。

中华民族对"水"有着浓厚的情愫,苏轼在诗中说,"天壤之间,水居其多"。万物生发依赖于水,水在我们的民族文化中占有十分重要的地位。妈祖的出现,与中国人的敬水思维相一致,而且古人认为"江汉朝宗于海",也就是万水汇海,海洋天地更广阔。可以说,当妈祖敬拜越往后发展,越有水神的烙印,妈祖作为海神正表明中华民族对海洋的拥抱。从天妃的封号和海娘娘的俗称中,足可看到妈祖已进入神龙圣母的体系。并且以女性的形象彰显着,"水阴类也,其神当为女子"的东方思维。于是,对妈祖的祭祀和敬仰就越发在临水区域和经济比较活跃的地方发展起来。

后来围绕着她的济困救难的故事和传说层出不穷,以致被航行海上的人们奉为定海神针。中国神话里的海神,尤其是龙王,是广义的水神,真正司职海洋并从人走向神祇的是妈祖。而且朝廷颁旨敕封之初和历代最主要的褒奖语也是和四海安澜有关。反映出祭祀妈祖祈求安康的同时,中国人面向海洋的文化意识更为突出。其中宋宣和年间(1119—1125)的给事中路允迪,出使高丽中途遭遇大风多船沉溺,他乘的那艘据说因妈祖护佑而无损。返回上奏于朝,朝廷赐妈祖封号"顺济",从此"拜妈祖"正式列入朝廷祀典。到了郑和下西洋,妈祖的海神身份得到充分体现,国家的海洋意识也生动展示出来。

金元明清时期相继建都北京,京城所需粮食皆仰仗于南方、东北及河南、山东等地,通过河路和海路转运北京。天津东临渤海,华北诸河汇流于此出海,是沿海各省通往京城和华北腹地河海交通的枢纽,因而成为河漕、海漕的转运中心。金代泰和五年(1205)朝廷下旨疏通南运河,使运河水从独流以北,经杨柳青入津沽,此后山东、河南、河北的粮船由河运汇集津门转至北京。这即是"河槽"。元代至元十九年(1282),从江苏刘家港试行由海路运货绕山东半岛经津入京,从此"海漕"开始。河海"两漕"都路经津沽,一时间,"一口粮船到直沽,吴粟越布满街衢"(元·张翥)。三岔河口南北运河船集万艘,所运粮食由几万石增至几百万石;船工们历尽风浪波涛,扬帆摇橹进出津门。

为祈求航海安全,元朝延佑至泰定年间(1314—1327),朝廷先后在大直沽、三岔河口建起妈祖庙(即娘娘宫),这是专为祭祀妈祖的场所,每年漕运开始,官、商、民都到此祈祷安全。妈祖也从"灵惠夫人"加封为"护国庇民广济福惠明著天妃",妈祖庙此后改称天妃宫,百姓俗称娘娘宫。天妃宫的建立,成为当时舟商、渔民、船工聚集和活动的地方,宫庙朝拜活动和庙会吸引着四面八方的朝拜者和客商,至此三岔河口一带商贸活动也迅速开展起来,因而也促进了津沽繁荣。

永乐帝继位后迁都北京,为确保漕粮供应,永乐九年至十三年(1411—1415)疏通南运河的会通河段(济州至临清),使大运河漕运畅通,代替了海漕。漕粮每年达300万石,运粮官兵十几万人。天津筑城建卫以后,人口较前有所增加,三岔河口的天妃宫香火更加兴旺。清代漕运沿袭明代河漕,漕粮和运丁保持相当规模。康、雍、乾百余年间,朝廷采取开放海禁,允许漕船捎带更多土货交易;优惠闽粤商船税率等一系列措施,社会经济得到很大发展,天津城市经济进一步繁荣。天妃宫的香客除了漕船船工外,还有南来北往的短工、商人和官绅。康熙年间(1662—1722),妈祖又加封为"护国庇民昭灵显应仁慈天后",位于三岔河口的天妃宫由此也改称天后宫。天津的妈祖神祇供奉,从现有的遗存来看,和元

代的海运兴旺运河的通畅密切相关;也与明清以来天津由卫升府,并且成为直隶督署以及开放为口岸相辅相成。据传,天津一地的妈祖庙鼎盛时期有数十座之多,遍及城乡。而且最大的庙宇,为各朝皇帝"敕封",可见妈祖在天津的地位与影响。

当然,百姓信仰的迅速普及和深入,是天津妈祖文化有其特征的关键。天津的河工船家流量很大,他们是妈祖信众的骨干。津门肇始的"卫",是军事建制,士兵是天津居住者的主流。他们把对亲人的思念祝福与对妈祖的信奉融在了一起,妈祖又是一位女性之神,理所当然地护佑家庭吉祥多子多福。这其中便也有延续香火盼家丁兴旺的意思。对妈祖的敬拜由于有了家庭要添丁进口,家族要至亲至孝的因素,也就是更加亲情了。当船工士兵成为天津基本人口(包括其后代在津繁衍兴旺)以后,天津向着运输枢纽北方重镇发展,对妈祖的神祇信仰,又有了进一步的市井性和民间性。

鉴于天津城市是自海津镇、直沽寨到天津卫,再发展成中国近代北方经济的重心,天津的妈祖信奉的功能也逐渐扩大。而扩大的基本面是进入城市、进入里巷、进入家庭。信众由船民河工转为居民大众,由兵丁士官转为三教九流。津沽的妈祖信奉不再单纯出自护佑出行的安全,而是增加了市民的众多需求。防病求福拜娘娘和"拴娃娃"风俗的出现,是天津城市迅速扩大移民激增以后,四面八方来津的市民一旦安顿下来就要解决"根"的问题——虽从各地来,要做天津人。这对认同城市,认同环境,认同邻里,十分重要。总之为了互相认同,也就是在文脉和人脉上趋向一致,把泥娃娃视为"大哥",而且都是从妈祖庙娘娘宫中请出来的,也就有了同根同祖。在旧时天津城里,大哥之称是给娘娘宫拴来的娃娃的,一般不太相熟的男性,见面的尊称只能是二哥了。这在老相声段子里有精彩描述,可见天津妈祖风俗之一斑,也是妈祖信仰的一段趣事。

良好的意愿与民间文化元素,经妈祖文化的浸润,便成为天津的独有风俗。妈祖不仅仅是护航之神,还是护佑家庭的女神。不仅仅救险,还

妈祖文化的天津流变

有助生育。女性功能在农业文明中的天津得到如此放大,并给一座城市带来独特的生活习俗和生活信仰,它表明,天津的妈祖具有强烈的风俗性,民间性,这是妈祖文化在天津的一个重要发展。

作为一种习俗,往往象征意义大于实际操作,妈祖信俗没有严格的戒律、繁复的仪轨。它只是一种历史文化轨迹:其一,天津妈祖信仰的发展是天津独特的地理位置所决定的。大运河、三岔河口是天津妈祖文化的自然环境载体,天津的移民集聚是天津妈祖文化的人文环境载体。其二,天津妈祖神祇的敕封身份不单纯是皇帝重视的结果,而是天津在北方海岸中的经济区位,及其拱卫京师的门户位置的一个必然发展。其三,伴随着天津城市地位的上升,天津妈祖已成为天津民众的保护神和城市的重要文化映像。特别是对市民的亲和力与凝聚力作用极大,并深入市井形成了影响民风的一种民俗信仰。其四,随着近代天津城市经济的发展,与华北腹地货物交流密切,三岔河口过往船民、商人熙熙攘攘,到天后宫的进香人摩肩接踵。《天津皇会考》介绍说,妈祖"在天津得居民之信仰最力"。

第二节　妈祖神祇的精神意义

(一)从古至今闪烁生机

妈祖和中国民间诸神不一样的地方,突出表现在她没有成神之前,于普通之处闪烁出生气和助人为乐的光芒。前文已经提到,幼时的林默娘会凫水、观天象、懂医术。有人把这三点往身有灵异上去解读,其实住在海边的人,能游泳,依据气象谚语和某些风浪前期的痕迹去判断即将发生的海潮、飓风和暴雨,以及采些草药用来医治瘟疫与头疼脑热,是十分正常的。同时恰恰在这里,反映出妈祖自幼就很懂事,有着关爱大众乐于助人的心肠。正是善行与其人生相伴,这就为她身后获得崇敬奠定了

基础。何况林默娘有过在夜里点着自己所住房屋,以火光告知海上捕鱼和航行的父老乡亲赶快在飓风到来前安全返航的义举。当她因救人而被巨浪吞噬于湄洲岛海域,大众怀念她、祭祀她,并由爱戴升华为崇拜,敬称其为妈祖。此后推崇为海神娘娘,进入庙堂拜为神祇,这正应了古代一句名言"聪明正直者为神。"林默娘的成为妈祖,成为海神,成为国家敕封、百姓祭祀的重要神祇,是华夏大地民意的凝聚。

妈祖的由人到神,首先在于善行,然后是舍身救人。大家在纪念、仰慕其品格和壮举的同时,由崇拜英雄发展到尊为神祇。而一旦尊敬为神,也就是以神的意涵为社会的行为圭臬、生活的道德规范、立人的内在尺度。可以超越朝代、地域和行业,指导和约束人们的言行。妈祖神祇在众人眼里的"娘娘"身份,应当是一个永远的景仰的形象,心中有了她也就有了良好的寄托,修身养性也许从这一刻开始。

妈祖作为女性神,代表了中国文化的地母意识和水审美思维。华夏民族农业文明立国,又把"齐家治国平天下"作为根本。女性尽管在男权社会里饱受约束和压迫,但围绕着女性的一系列审美——从古老神话到历代口头传说,充满着浪漫的艺术创作,不论是创世的女娲还是填海的精卫,不论是替父从军的花木兰还是追求挚爱的杜丽娘,都有着一种昂扬的振奋的助人向上和涤荡心胸的感染力量。同时,女性美的象征在中国文化里,主要折射在尊敬女性慈爱的心性与性格柔美婉约上,尤其对外柔内刚的女神充满敬仰。而妈祖的出现恰恰是这二者的统一,并且因为助力海事和水运,对漂泊者的安全感引力极大,其以海神形象表达出的强烈的中华民族的意愿与精神,更对大众的内心世界有一种情怀的洗涤,一种伴随着福爱相依与家旺国兴的沐浴。

妈祖文化是一种植根大众又规范人心与秩序的信仰元素,虽说自宋元到明清历代皇家都纷纷赐名,以致加封为"天妃娘娘"。但是,妈祖在进入了主流"圣殿"之后,不仅没有离开大众反而在百姓的拥护中,提升着自己也在提升着广大群众的仁爱尚善的意识。譬如,在信仰越来越广泛越来越社会化的同时,祭奠仪式却越来越庄重规范;在作为信俗越来越走向敬拜的同时,迷信落后的东西却难以广布。在成为社会风习,世俗道德作用越来越显见的同时,剔除俗念号召爱心善良的成分却越来越多。此外,在妈祖文化的社会传递上,一方面年轻人热情参与,另一方面在现代环境中妈祖文化的元素也日渐增多,不仅仅是旅游,在吸引投资、联谊海外诸多事情上的作用也越来越大。正是这几方面,表明了妈祖文化是一种既历史悠久又有现实活力的文化。它源自民间又经历朝廷敕封,有其朝廷圣化的一面,更有其扎根百姓,被百姓作为草根心灵代表的一面。

中国的神祇,渊源于祭祀崇拜的一般离百姓较远,出自历史人物演化为圣人的百姓往往敬而远之。只有平民成神的如鲁班、扁鹊、妈祖被大众敬仰,是普通百姓从心灵上接受了他们身上所传导的尚善、崇义、敬和、大爱的精神与理念。这是妈祖信仰产生的坚实的发展土壤。也就是说,芸芸众生日子艰难命运坎坷,人生受到温饱和贫困的挤压,他们希冀获得一些安稳和基本的衣食却难以实现,困顿中盼望着杰出人物能给予物质与精神的力量,他们的朴素的信仰常常以社会楷模为基础,以能济困解忧为着眼点,以通过显灵(精神安慰)为企盼,去避祸求吉。源自南方的海神妈祖,到了天津这座移民众多又临海且沽水遍布的城市,必然会获得广大民众的信奉,使天津居民生活增添了爱意和人生的温暖,也必然令百姓把妈祖视为城市保护者,称妈祖为娘娘就有着这一层意思。

百姓心灵是朴素又厚重的,它建立在"民为重"的立国之本上,虽说百姓处在社会底层,但其人生诉求却决定着生活取向。应当看到,百姓的基本人生与大众的较高追求是相辅相成的。日常所需要的护佑安康,避祸趋吉的朴素企盼,在敬拜妈祖时都流露出真诚的希冀,其实这应视为社会最基本的诉求。各代皇帝重视对妈祖的祭奠,不断加封,敕建庙宇,也是基于这一层面。

妈祖成为中国影响最大、神格最高的海神,与妈祖的慈母般的形象有关。而慈母神祇,又与中国文化的"地母意识"直接联系。农业文明高度

重视农耕文化,于是,地母意识下的海神妈祖本身就与朝廷的"重农"思想相关联,何况民间对妈祖信仰如此之浓烈,皇帝的敕封也就在顺水推舟中。让一尊民间神提升为国家祭奠之神,并使得对妈祖的信奉,有了高达天庭的思想、道德规制。她的富有活力的层面,是优秀的中华文化,是含有中国特色的具有基因性的文化基石,也是今天要继承与弘扬的。

妈祖的民间崇拜历经千年,对妈祖的崇敬日益隆重,可基本的文化表现多为自发半自发状态。现在进入发展新阶段,妈祖信奉受到深入、全面、理性的认知和对待。妈祖信仰和祭拜被列入文化遗产和文化发展的范畴,其祭拜典仪列入非遗名录,不少地方举办了妈祖旅游节活动,像天津的妈祖节一样产生着全国的影响。妈祖作为文化在普及中提高,在提高中深入。同时,妈祖文化正以健康的方向和有力度的审美发展着。妈祖文化所蕴含的崇德、尚义、大爱,在建设和谐社会、共奔小康生活的征程中,会更显现其文化价值。

在当代,经济高速发展,文化为经济寻根助力的作用日益显现。妈祖文化本源的草根性和今天文化生活需要的植根性,使妈祖文化越来越应该根深叶茂。

(二)妈祖文化和当代精神

"贤者,民之所生也"([宋]苏轼《晁君成诗集引》),由林默娘而成为妈祖和海神娘娘,是我国非常典型的由人到神的民间造神活动,是和关云长变为关帝爷,以致也是财神之一一样,都与中国文化里的英雄和道德模范推崇为神,以便借此树立超越时空的心灵圭臬。他们曾经是真实、真切的一个社会存在,并且其言行做到了人人应该崇敬的一个榜样的标准。而且在越来越崇敬之中,妈祖这样的人间楷模,一方面,会在大众内心成为可爱可敬的祭拜对象,进而为神,并因为她是神而去朝圣,这一过程便是一种精神与文化的升华。或者说,以此净化心灵,提高修养。另一方面,如荀子所说:口能言之,身能行之,国宝也(《荀子·大略》)。能身体力行者会彰显出光彩,会影响大众,用以教育后人。所以,自北宋末期,历代朝廷无论是从民心出发,还是为着统治,都在解危济困、惠及社会大众原则下加封妈祖。以致到了康熙五十八年(1719),妈祖和孔子、关帝等一同被列入清朝官方的最高祭奠,规定地方官员必须亲自主持春秋二祭,行三跪九叩礼,以国家祀典,令万众敬仰。

而且,如下的足迹,每一步都体现了古代文化走来的闪光点——妈祖因救人于海上而失去年轻的生命,更由于是女性而受到敬重,列为神灵进入社会与人的精神道德层面。皇权的经年认证使这一源自民间的信仰衍化为主流文化,在走向华人世界的同时也结合地域特点有了多重身份:海神、正义神、送子神、平安神、医护神等等。自北宋末期滥觞,到现在已有千年步履且能与现代生活结合,演变为可以依此净化心灵,助益道德行为,增强人际关系和谐的文化表现与氛围。

于是,当这一优秀的传统文化进入今天,也就是中国社会发展到共筑"中国梦"从站起来到强起来的时候,妈祖文化也因其浓郁的民族特色更需关注。

妈祖文化彰显着民族道德。妈祖的一生和妈祖文化的一路走来,谱写了"尚德、崇善、守义、大爱"的华夏品德,生动彰显着"利他、助人、舍己、护佑"的精神,把中国文化的"人必知道而后知爱身,知爱身而后知爱人,知爱人而后知保天下"和"己欲立而立人,己欲达而达人"的做人准则,形象体现出来。其中立德而人立,好的德行会树人并保障齐家治国平天下的道理,被妈祖文化的核心"慈济、助顺""仁爱为怀、济民护国"予以心灵的诠释。百姓妈祖信仰的重心在于体味仁善,修养德性,立人利他。

妈祖文化铺陈着精神家园的草根底色。妈祖由人到民间神,再到祭奠于国家殿堂,大众向往她的"义和善",精英称赞她的"以厚德行大道",即基层百姓与高层仕宦的相向推崇,使其文化突出了教化的力量。表现在祭祀和与之相配的各项活动,如分灵、巡游、祭拜、祈福等,更以一种大众热烈参与、朝廷多次敕封、社会积极组织的形态,让妈祖精神广泛传

播。今天则通过隆重的纪念和举办大型活动,让妈祖文化推陈出新,在现代生活中发展。

妈祖崇信植根于街衢乡间,多在宫庙花会展现的妈祖文化活动,使百姓的心里有养性修身的寄托。这种寄托,伴随着一位民间姑娘的为救人而牺牲的英雄壮举,伴随着妈祖成为神祇之后每每祭祀所引发的敬畏之情,人们在内心会油然涌起尊重妈祖、崇敬妈祖文化的信念,这信念中也包含着对中华文化的了解,对民族精神价值体系的接受。

妈祖文化体现着民族的认同。妈祖敬仰与妈祖文化,无论是在萌生、确立、传承、发展的各个环节,还是在今天作为海峡两岸、华人世界交往的桥梁,都充满着心向往之、各地趋同的群众性。大陆每到妈祖的诞辰日和升天日,都会有隆重的祭祀与省亲踩街活动;在台湾,有八天七夜的全岛数万人绕境祭拜活动。其他地方的擎香祈祷活动更是数不胜数。诚然,百姓的代代参与,难免会在历史沿革形成的风习里,杂糅着陋习与迷信,但这些都是非主流的现象。更主要的是,大众在尊崇妈祖的活动里不断受到感染,妈祖文化中的扶危济难和仁爱为怀、济民护国的思想,渐入众人之心。

妈祖文化在发展中,先是从湄洲发轫,然后沿河流大海遍及我国沿海各省,再经各地增容丰富,使妈祖文化的地域性在求同存异中更加绚丽多彩。拿天津来说,妈祖娘娘有五副面孔:本身娘娘、眼光娘娘、送子娘娘、护生娘娘、斑疹娘娘,各司护佑百姓、慈济女性、生育儿女和治病送医的职责。这种妈祖文化的地域发展,越是进入风俗习惯,越表明她的广泛性。当海外华人一旦集聚,有了妈祖供奉和妈祖文化活动,浓浓的妈祖认同感就生发开来——妈祖天下一人,天下妈祖一家。可以说,只要崇敬祭拜了妈祖,就找到了同胞亲人,就置身在华人世界。

人们致敬妈祖,是在心灵中有了慈济如妈祖、做人如妈祖的信念;人们尊崇妈祖,是在言行中有仁爱德兴的规制与底线。敬畏是妈祖文化的一个重点,有了敬畏才能把围绕妈祖的传统精神弘扬下去。妈祖文化所体现的精神价值,也正是今天的核心价值的传统植被。现在倡导的"富强、民主、文明、和谐、自由、平等、公正、法治、爱国、敬业、诚信、友善"的社会主义核心价值观,与妈祖文化的护佑、仁善、和谐等元素相伴,会增添着历史的厚重并走向隽永。

妈祖信仰,她的大众性、安康性、修身性、和谐性,伴随着天津河海通津,移民凝聚,地方内容予以丰富之后,随着时代和官方的扶助,进入了津沽市井大众人生。所以,周汝昌先生著文指出,天津有"两个母亲,一是海河,另是娘娘(妈祖)"。这从一个侧面,揭示了津沽地区民俗景象。今天应当提倡,妈祖文化与现代生活适度结合,增强人际和谐的表现与氛围。

天津在 20 世纪 80 年代中期,经国务院批准为"历史文化名城"。批文明确指出,这座城市的发展自金元开始,河海通津和三岔河口的地貌与南北交汇东西交融的人文是天津突出的城市味道,而妈祖和妈祖文化在津沽尤其是在核心城区有独特的存在并产生着深远影响。因此,妈祖与天津的研究和继承是个说不完的话题,应当持续地推进下去。我们纪念妈祖,传承妈祖文化的意义也在于此。

第三节　天津的皇会

天津有一项重要的民俗类非物质文化遗产,那就是皇会。

每年的农历三月二十三日是妈祖诞辰,这一天凡有妈祖庙的地方,都举办巡游和花车、花会表演,有些地区搞的活动还相当热闹和十分盛大。值得注意和深思的是,只有天津把这样的活动称作"皇会"。并以历史悠久、队伍讲究、内容繁复和表演绚丽受到社会的瞩目、大众的欢迎。

(一)何为"皇会"

独特之处必然有其超出一般的缘由和表现。从皇会一词的源起看,

研究者对此有两种分析：

　　一是，传说与乾隆皇帝来津有关。弘历要南下苏杭，自京沿大运河乘船至津沽，驻跸在水西庄，莅临三岔河口时，有官员安排并让他看到了娘娘宫巡游的花会。对此，乾隆大加赞赏。民间就把此项活动称为"皇会"。但从现有资料经吴裕成先生考证，皇会的称谓是在嘉庆年间。津人樊彬于嘉庆二十三年（1818），在《津门小令》一诗里描述："津门好，皇会暮春天。十里笙歌喧报赛，千家罗绮斗鲜妍，河泊进香船。"而在此描述之前，并无其他文字说到皇会，因之可以推定皇会的提法出现在19世纪初期。原本与乾隆关联不上，无奈弘历有着"圣君"光环，便把皇会之名附会到他的身上。这也和最近学者分析出《皇会论》的作者，不一定是乾嘉名宿杨一昆，多半是一位较晚在津的佚名人士一样，把若干附着一定容量的活动，用传说拉扯到皇帝和名人身上，以便借此进一步扩大影响。

　　当然，无风不起浪，把皇会说成乾隆首肯，会有一些缘故。这和天津有着两座"奉旨敕建"的妈祖庙，关系极大。大直沽的天妃宫，海河西岸的娘娘宫，都在规制上符合皇家要求。自元代即雄踞津沽，并且每年都派岁遣使代朝廷祭拜。张焘诗中的"使臣三奠毕，喜色满宫袍"，写出了官员祭妈祖之后手舞足蹈的兴奋心情。明永乐初设天津卫，在筑城设卫的同时，朝廷重建天妃庙。据记载，"东西殿阁塑像（与海洋有关的诸神）不知其数，崇奉之严，祀事之繁，无如此庙矣"。可见，天津的妈祖庙其祭祀、其规制都是皇家气派。因此，与之相配的巡游花会被称为皇会是很自然的事。

　　二是，研究者也指出：皇会的真正推动者，即经常出面组织花会巡游并以此祝贺妈祖诞辰的，往往是富甲四方的居津盐商。而盐商要从朝廷的盐引中获利，他们操持下的妈祖巡游使用了有官帑背景的课税盈余。而有盐商加入的天津商会，也会把娘娘宫的花会巡游作为大事去经办。天津商会在百姓心中的分量不亚于官方，因此花会巡游被大众视为"官家之会"即"皇会"也就顺理成章。从1936年即天津历史上最后一次老式皇会巡游所留下的大量照片中，可以窥见盐商或天津商会对皇会的巨大影响。所以，笔者觉得把津门盐商组织的娘娘巡游花会称之为皇会，更符合活动的实际。

这也恰恰说明，皇会的活动不局限于妈祖祭祀的范畴，对天津而言其实是一场显示要冲之地商埠重镇的文化盛宴。是把敬拜妈祖、信奉娘娘和提振城市精神、活跃经济、丰富市民娱乐、大众游玩购物综合在一起的一场大型文化活动。

也有人认为，皇会和妈祖的每每受到历代皇帝的册封，与越封名号越大密切相关。不过，皇会在天津被大众高度重视，究其根本还在于妈祖神祇自有的魅力。当祭拜妈祖之风沿着海岸和运河，北上到河海通津的三岔河口（即后来的天津），这座移民为主的军寨商埠不仅升格称妈祖为天妃和娘娘，在海河两岸各建一座大庙；而且在敬拜中发展了妈祖的内涵和形态。

天津是以军队立足的区域，民风彪悍，而四面八方移民的涌来，使这座城市增添了一层海纳百川的宽容。但是，各自的原生习俗毕竟有别，一起生活的愿望促使大家需要一个共生的崇拜对象。依水而来的妈祖，虽是海神却因护佑漂泊者（包括部队官兵），成为母亲一样的保护神。何况在津沽大地，水网纵横，对妈祖有着一种自然的亲近。这位来自福建湄洲的南方妈祖女神，落户津沽，身上便会增添着天津居民的意愿，与海河并列视为津沽大地两位母亲。

拜妈祖出皇会这一津城活动，是对市井生活的深层介入。面向海洋不畏风暴的妈祖，在津沽通过增加娘娘的护佑妇女、促进生育、治病除瘟等功能，让妈祖信俗有了更多的生活内涵。这不仅对"齐家治国平天下"的理念有很大帮助，而且对儒家的仁义礼智信的主张有所助益。妈祖庙在天津的敕建，从一个侧面说明有宋以来的皇家，把妈祖定位为益家护国的神祇，妈祖文化越发代表农业文明，而海洋精神日益消减。同时，这一过程不断地被道德化和生活化。尤其在津沽，把妈祖的祭拜仪式与皇

会融汇在一起,并在大型巡游中竭力表达欢乐,形成城市的节日。天津极富色彩的皇会,体现了民间信仰的高度生活化,多项歌舞内容又使其走向普遍娱乐化。

(二)欢乐中的崇拜

古人云"聪明正直者为神"。而一旦尊敬为神,并和社会生活密切到天津的妈祖文化这样,也就是以她为社会的行为圭臬与生活的道德规范,甚至是娱乐的尺度。众人眼中的"娘娘"身份,是一个永远的从心底里去景仰,并能引发大众愉悦的形象。若从皇会出巡万人空巷的角度去看天津文化,它表现出津沽一贯的火热的城市风格,并以深入到市井大众说明天津人对欢乐生活的企盼。整座城市都会在这一时刻,被一种崇敬与欢乐的氛围所浸蕴。而单纯的一场花会、一阵子的锣鼓喧天绝无此种能量,只有达到了人们从心中就去拥抱"皇会"的级别,才可以达到如此规模、如此大的影响。所以,围绕娘娘的天津皇会就有了不一般的意义。

意义的第一点,是妈祖以她的生前的英勇事迹获得后人的赞誉,并由于和海洋关系紧密成为民间崇敬的海神。第二点,朝廷的重视与农业文明的浸蕴,经过儒家文化的熏陶使妈祖信仰更多地有了仁义礼智信,也就是崇义、尚善、大爱、和谐的内涵。第三点,天津的妈祖增添了人们对生活的寄托,尤其是妇女持家所需要的求吉顺保安康多子女的信仰诉求。第四点,天津的妈祖活动除了敬仰之外,更有着促进经济,丰富人们文化生活的内容。天津皇会成为上述内容的集中体现和典型代表,百余年间延绵不断。皇会的巡游出会,在津门形成规制。

在日期上,每年三月十六日"送驾",十八日曰"接驾",二十、二十二两日"出巡"。"送驾"时上香叩拜后,天后圣母、送生娘娘、斑疹斑疹娘娘、子孙娘娘、眼光娘娘五位娘娘升坐宝辇,伴着鞭炮声请出娘娘宫,开始出巡。沿途花会表演。"接驾"时手持高香,跪迎宝辇。二十日和二十二日天后圣驾出巡,被称作"巡香散福"。二十三日为妈祖诞辰,娘娘宫有祝寿礼仪,宫前戏台要演剧三出,香火达到高潮。上述时间安排,一是长达七天,显示活动重要,影响全城;二是迎送仪式完整、隆重,在祭拜中参与者完成一次心灵的洗礼,求娘娘护佑,家庭社会和谐,尚善崇仁安康;三是祭拜与散福相结合,敬妈祖不仅是一种仪式,还是一种群众文化表现。它已不是宗教的形态,而是民间的奉神活动,在生活层面上更显示大众的人生追求。这也可视为古老的社火活动与妈祖敬仰的结合,推动了百姓在生活中去敬神求福,在过日子中表达朴素的精神向往。

在出巡上,以整套的皇会表演去传导娘娘的威仪,并辅以充满戏剧元素的游乐。既有庄严的仪式,又有欢快的表演。巡游出会十分热闹且声势浩大。每一种执事仪仗、表演形态为一道会,据记载多达七八十道。队伍前面是类似皇家气派的旗罗伞盖,尽显"仪仗森严,制同王者"。随后巡游的是酬神表演——舞狮、法鼓、大乐、重阁、跨鼓、中幡、高跷、杠箱等。当然,这之中还有一支服务的队伍,也以"会"的形式参加,如护棚会、接香会,公益服务者如梅汤会等等。也正是如此丰富有序,皇会被人们视为"行走的民间艺术博物馆"(冯骥才语)。有意思的是,在感受巡游所带来的对娘娘的崇敬的同时,大家的目光更多放诸在观赏表达着吉庆与欢乐的杂耍演出上。其中,仙人上寿、庆寿八仙、龙凤呈祥等,给人以祝福。高跳龙门、顺风打旗、天官赐福等,给人以欢乐吉祥。锣鼓、飞镲、飞铙等给人以振奋鼓舞。更有民间小调通俗小曲,唱贫富、说市井、现抓哏。津门民谣对此描述道,"幢幢百戏催,笙箫铙鼓响,满街人如潮,万众看皇会。"

皇会在巡游中,还有"截会"风俗。沿街商铺设案上香,店主人请求某道或几道会暂时驻足,在商铺门前即兴表演一会儿。表演者更加兴奋,音乐锣鼓更加响亮,围观的人群高声喝彩。这一刻,截会增加了表演点位,也使皇会巡游高潮迭起,从而增强了皇会的娱乐趣味,走走停停也使巡游的节奏有了意外变化。

可见,天津的每年农历三月,以妈祖娘娘诞辰纪念为中心,借皇会形成全城欢乐。正如清代有诗说,"三月村庄农事忙,忙中一事更难忘,携儿

结伴舟车载,好向娘娘庙进香"。津门文士把皇会盛事予以记载,或是《竹枝词》,或是《皇会论》,也从一个侧面反映出天津皇会是市民生活的一件大事,一项不可或缺的文化活动。

最近,天津藏友收集到一本宣统二年(1910)六月出版的《京奉铁路旅行指南》,在该书第126页介绍天津时,说道:"金钢桥迤南有宫南宫北大街,每逢朔望焚香者络绎不绝。三月初一至二十三日谓系天后诞辰,香火尤盛。"这段话仔细琢磨有这样几层意思:一百多年以前,天津天后宫的名气已经很大,连京奉铁路的"旅行指南"都明确说这是一处来到津沽必去的游览之地;而且每逢初一、十五,娘娘宫的所在地宫南、宫北大街会有庙会,大众蜂拥而至去娘娘宫焚香祭拜;特别之处还在于农历的三月,从初一到妈祖的诞辰日二十三号,天天都有活动,并且香火尤盛。

对妈祖的祭拜经常化,并且与上街购物相呼应,皇会组织者为强化这种文化氛围,把天津的宫南宫北大街推动成祭拜、欢乐和购物一体的"津沽第一街"。皇会的娱乐表演,往往形成一种大众的狂欢。引人关注的还在于,天津皇会的巡游,是把仪仗、宝辇与各道花会有机组合在一起的,并且通常由商会操办。于是天津皇会的社会属性超越了一般的祭祀活动,成为一种代表天津文化的城市活动。它的市井特征突出,祭拜中有着欢乐。这种对妈祖的敬仰,蕴含着浓郁的生活诉求,并充盈着乐观和喜庆,使天津的妈祖文化既不是"海事型",也不是"乡村型",而是一种充满市井形态的综合型。即以"圣母娘娘、眼光娘娘、送生娘娘、子孙娘娘、痘疹娘娘"五重身份,让妈祖成为"母亲神"。"母亲神"在皇会中又如此的"欢乐、亲民",如海河母亲的汩汩水波粼粼浪花,孕育着抚摸着津沽大地和天津人。可见,天津娘娘宫自元代兴建以来,对津沽的影响是深入到城市肌理和大众内心的。

(三)祭祀中的生活内容

对娘娘的敬仰,更多的来自过个好日子的心理慰藉与企盼。天津的妈祖在大众敬仰中,以家庭主妇的保护神、生养子女的孕育神、传宗接代的祖祭神、身体安康的保护神身份,使天津妈祖不仅拓展了妈祖的护济民间的范围,更重要的在于她以对生活的深入介入,成为天津的认宗、同脉、不是血缘胜似血缘的神祇。妈祖与社会生活密切到天津这种情景,十分罕见。津门百姓眼中的"娘娘",几乎就在身边,能焚香祭拜又能给予人生娱乐,还护佑着城市生活。

当然,敬仰妈祖并非都体现在焚香祭拜上,何况天津妈祖又那么深入市井生活。因此围绕妈祖,尤其是围绕先于天津建卫筑城的娘娘宫开展丰富的活动,出皇会,逛庙会成为天津的一部分城市形态,也就极其自然了。

古代中国社会,民间神的存在是一股强大的指导人生、张扬道德、约束社会和家庭与个人的观念力量。在民间是以问安求吉护佑的形式为主,但在观念上充满敬仰、在心灵上充满敬畏、在行为上充满敬佩。尽管祭拜的形式简单、草根化,却也在虔诚中会对人有所自省,在生活里会存留着一些信念。由于生产力和科学思维受到时代的制约,民间祭拜中难免会有迷信,但是百姓拜妈祖的主流是从中获得心灵安慰与思想的净化。妈祖文化中的救危济困的故事,传导的是正气、正义、尚善、崇德,即使有点"神秘",也不影响真善美的内涵。祭拜与敬畏本身就互为表里,妈祖信仰尽管没有仪轨、戒律、经文、住持,在看似松散的表象下,自有其精神道德力量。而且,皇会的出现,增添了生活娱乐的层面,这种敬仰与欢乐的交汇,对纳入国家祭祀体系的妈祖来说,形成了尊称多,封号多、宫庙多,信徒多、盛大活动多的一种民间信俗。把"天下妈祖是一家"的共生认同和华人和谐共处的理念推向高峰,并且能够依循着历史的节拍,至今依然繁盛。妈祖民间信俗,在 2009 年被联合国教科文组织列入世界非物质文化保护名录,是妈祖文化不断发挥着巨大影响的鲜明印证。

妈祖的祭拜,看似源自封建朝廷的三拜九叩的隆重,但是从敬献五谷、果蔬、糕点、献花等礼仪环节上看,很有农业色彩。天津妈祖祭拜还伴

随皇会的巡游表演和商界人士的大力配合,使津沽大地在纪念妈祖和向妈祖进香求吉的同时,还推动着商埠的繁荣。这又展示出祭拜妈祖既有着农耕色彩,更有着城市经营的取向。天津妈祖的祭祀多了街巷地气、多了胡同民俗、多了市井气息。妈祖文化内涵中的"崇德、尚善"的品德和"舍己、护佑"的精神,被百姓更多的"慈济、助顺"的祈求所充盈。妈祖在百姓心中更多的是修养德性,和谐家庭。而基于此的对妈祖国家层面的祭拜活动,多集中在敕封建庙和册封名号上,于是妈祖的身上还有一层庄严、华贵的权威气韵,以社会上下共同的"尊崇"使妈祖文化延续至今。

植根于街衢乡间,多在宫庙花会上展现的妈祖文化活动,源自对一位由民间小姑娘的救人牺牲的英雄壮举。当妈祖成为民间神祇之后,每每的祭祀礼仪和引发的大众敬仰,不仅形成社会氛围,也形成了认知妈祖文化的维度:首先,由林默娘而成为妈祖娘娘和海神,是我国非常典型的由人到神的民间造神活动。其次,大众借此来确立民族的朴素诉求和人生规范。再者,把敬仰有德之人的传统,通过妈祖文化系列活动延续下来。

然而,这种对妈祖精神的传扬,越来越从祭拜典仪走向民间风尚。

一方面,妈祖敬仰被视为含有祭拜的欢乐活动。人们在愉悦中体味妈祖的精神;另一方面,皇会也使对妈祖的祭拜变成习俗类的非物质文化遗产。因此,不能以历史的规制看今天的皇会,应该把皇会与妈祖文化结合,让皇会表演把"崇德、助人"的精神折射出来,要"感恩"妈祖的爱心,接受妈祖的"四海安澜"之志。

皇会要掀起欢乐,但是更应该敬妈祖。有了敬畏才能把妈祖文化精神弘扬下去。对皇会的发掘,要在恢复花会巡游的基础上,结合时代的精神需求推陈出新,摒弃那些陈旧的不符合当代思想意识的表演内容。天津汉沽飞镲的传承与发挥值得推广。飞镲是皇会的一道表演,以花式敲镲并伴随锣鼓铿锵,表达对妈祖娘娘的崇敬。20世纪50年代,汉沽盐场宣传队把飞镲做了合理的革新。先视其为一个独立的艺术节目,对飞镲的节奏、舞蹈的身姿予以改进,突出飞镲的精神要素,强调激越、奋发、清新的追求,对声音、舞姿,进一步艺术化。于是,源于传统皇会又有所出新的汉沽飞镲,享誉津沽大地,影响全国。所以,传统文化是要保护与发掘的,让其在适应时代中保持鲜活是十分重要的。皇会要向新皇会努力。

(四)皇会与大运河文化

尽管皇会是清朝哪位皇帝命的名,还存在疑问,但是在生活中,它已经是城市文化的一部分,并且是津门的重要民俗活动,也是大运河天津段一个文化亮点。民俗文化本身是一个由大众积累到社会约定俗成的过程,它形成的关键在于百姓的由自在对待到自觉参与,从慢慢接受到积极身置其中。皇家和朝廷的肯定与敕封,只不过是提高了皇会在民众活动的地位而已。

大运河穿海河而过,津沽三岔河口迎来了直沽寨、海津镇,随之明朝永乐二年在此筑城建卫,三津以卫城傲视天下,大运河也驮来了要冲之地京畿门户——天津。文化学者吴裕成沿大运河到山东济宁、江苏淮扬,发现这两个地方有竹竿巷、锅店街,津门南运河红桥段也有竹竿巷、锅店街,甚至估衣街在天津以外的运河沿岸也有。大运河不仅繁荣了五省两市的经济文化,也促成了相近的生态、类似的地名。也许中华大地的和谐统一蕴含于此,也许民族精神的互促共生凝聚于斯。大运河催生并孕育着沿岸城镇的璀璨斑斓。是的,浩瀚的海洋每一朵浪花都是自己,都不相同。沿大运河的城镇也都有着个性的呈现。多元同根更有强大的生命力,天津以其京畿要冲,运输中心和门户地位,使大运河在这里形成中国的对外窗口、北方的巨埠重镇。因城市功能快速发展,凭河海通津,拥盐漕两运,身处近代风云有起有伏更有领先。大运河铺就天津迎南送北的基石,大运河确立了津沽中西交汇的底色。天津文化的爽快,由大运河的通达至此,天津文化的笃实,如大运河的默默奉献。大运河赋予了津门的"要冲"与"门户"的担当,使天津文化勇于吸纳善于推陈巧于工艺,更在

市井形态里相依相存辛勤度日。

天津天妃庙和娘娘宫的被敕封及花会成为皇会,亦是大运河"驮来"并在津沽"发酵",形成其特定的表现:天津的皇会至少在清中期已成规模,算下来至今有近200年的历史,或更长。天津皇会不是一般的花会走街,它有较为严格的仪仗程序,先是娘娘宝辇,其后是旗罗伞盖,笙箫锣钹的法鼓法音,茶棚的茶挑子,接着是随驾狮子、高跷、旱船等等表演,这显然是与娘娘的出游相配套的。同时,在某种与朝廷娘娘身份相符的仪仗中,通过各种花会表演彰显了天津百姓对妈祖的敬重,对天妃娘娘的景仰。天津皇会使城市民间表演艺术,在妈祖的生辰和忌日期间有了一个高度集中的展示。这就把群众的欢乐推向类似狂欢节的氛围里,形成节点。同时,信众去娘娘宫拜谒天妃表达心愿,精神抚慰也借此获得满足,天津文化中的欢快、相伴、自娱和共生得到充分体现。作为一座移民城市,皇会的出现是一种同一片乡土下的联谊,来自天南海北的人们在这种参与中,有了"咱们都是天津人"的认同。皇会期间,也是天津繁华街市交易最活跃之时,宫南宫北的庙会更以津沽的特色文化影响着华北地区。可见,皇会在天津是以祭拜娘娘的形态,表达着百姓的心愿和文化诉求以及对经济、社会活动的积极投入。天津的商家和商会对皇会的组织与发展,是起着骨干作用的,例如1936年的皇会巡游是天津总商会着手操办,不仅提振了城市经济,还给现在的皇会留下了资料与遗存。经过共同努力,使天津的城市文化有了一个不可取代的大众欢乐的平台。这也是皇会成为国家级非物质文化遗产的依据。天津自元代有着两座敕封妈祖庙,有着两百年左右的皇会巡游,有着浓郁的妈祖文化。究其源头,都与大运河关系密切,但又有着独特的表现,因此也可以说天津妈祖、天津皇会是对大运河文化的回馈,是对大运河文化的添彩增容。

民俗活动首先是一种历史的积淀和折射。皇会的基础在于大众因农桑时令而产生的迎春庆秋时的舞蹈活动。在远古,还有着祈告苍天的祭祀色彩。到了城市商事活动越来越重的时期,街巷村落的集体文化活动

妈祖文化的天津流变

常常以各种花会为载体，一方面在传流有序中形成自己的表演特色，另一方面通过花会集聚人心达到同乐。而天津皇会要把街巷村落各个花会组织成一个庞大系统的艺术表演体系，这就由分散到统一，由分众到大众，由里巷娱乐到城市狂欢。文化分量大大增强，天津皇会成为全国传统花会表演的排头兵，更因为妈祖信仰的进入，演变为妈祖文化的重要组成部分，为华人世界所瞩目。

天津皇会集历史传播、文化展示、花会表演、大众欢乐、妈祖祭拜和提升社会和谐于一身。它魅力独特，群众性强，艺术热烈，是天津城市文化的光彩一幕，是大运河流域在中国北方经济重镇、要冲之地的城市狂欢。皇会是天津百姓对妈祖传播的一个创造性开拓，天津妈祖文化也因此有着自己的特色。这个特色也是天津文化的一道亮丽的风景，至今天津连续组织"中国·天津妈祖文化旅游节"，这在全国大城市中是唯一的。眼下城市更加美丽，更加和谐，更加活跃，更加繁荣，更加厚重，皇会也会与时俱进，为天津的文化生活做出新的贡献。

第五章 天津文学的足迹与当代表现

第一节　古代文学在津沽的身影

　　社会生活中,人们交往,过日子。实践活动之外,精神生活也会相应展开。不少人会在劳作、收获、崇拜、祭祀、欢悦、悲伤、心动之时,触景生情思绪万千,于是围着篝火手舞足蹈,或面对山川亮起歌喉。尤其在祷告上苍,放飞心灵,悲喜交加的时刻,更会迸发出心驰神往的想象力,用颜色画出狩猎图,用长袖演出霓裳舞,用手指弹出琵琶曲……经过社会的熔铸和时间的积累,纷纭多姿的艺术创作,成为人类文明的重要组成。

　　闪烁着文明的艺术活动,会伴随着不同历史时期的经济、政治、军事等诸多形态,后浪推前浪地演进着。如古代诗歌,从五言到七言,从律诗到长短句,文字多了,声律逐步规范,表达愈加曲径通幽,意蕴与趣味兼备。艺术的丰富使精神活动更加绚丽多元。尤其那些映照着时代命运和人生悲喜的作品,如屈原的《离骚》、杜甫的《三吏三别》、李清照的《声声慢》、王实甫的《西厢记》、曹雪芹的《红楼梦》,还有那些数不胜数、琳琅满目、灿若星汉的古代优秀文学之作,不仅增添了中华文化的色彩,也使得当地的文化更具有特色。像荆州古编钟、西安霓裳舞、苏州评弹、天津快板、东北二人转,仅仅从名称就能知道这些器乐、舞蹈、曲种来自何处。各有区别的表演与声腔,又强化了艺术发生地的文化环境,也就是人们所常说的,"这个地方的艺术,就应有这疙瘩里的味道"。

津沽地区,有山脉、平原、河流,又有海岸、沽汊、三岔河口。万、千、百的文脉,尤其是明朝的筑城建卫、清朝的由州府到商埠,直至近代出现了"九国租界"、贸易兴盛、革命潮涌……也如《天津地理买卖杂字》所讲的:"天津卫,热闹地,继往开来说不尽。"一百多年来,三岔河口津沽大地浓缩着中国社会的风云际会。因此,天津这独有的环境与跌宕的历史,使海河两岸文学有着起伏,有着个性。越到社会变革和较快发展之时,天津文学的内容越流露着鲜明域界的特点与市井生活的斑斓映像,艺术风格也朝着符合时代节拍的取向发展。见微知著,从天津相声的爽脆、快板的火爆、话剧的明快、小说的豁达,足可窥见出天津文化艺术所展现出的通达、幽默、爽快的城市风格,生动反映出大众生活的勤快与人物性格的坚韧。没有基石难有高台,天津文学艺术有着自己的路径,并富有特色。

(一)由蓟州到津门

天津为古燕地,秦属上谷,汉属渔阳、渤海等郡,境内设有章武、泉州等县。魏晋时代沿袭汉制,之后隋朝又设雍奴于此。宝坻及长芦镇出现在金元时期。明代永乐二年置天津卫。清雍正三年(1725)由卫升州,雍正九年(1731)改天津府,此后发展加快,天津遂为畿辅的大都会。

天津有文学影响于世,较早主要出现在燕山北麓与平原接壤的蓟州区域。此地原来是古燕赵文化区。蓟州古称渔阳,春秋时期称为无终;秦代置无终县,隋大业末年改为渔阳。唐朝时撤渔阳县归并蓟州,直至民国二年(1913)始称蓟县。2016年撤销蓟县,设立蓟州区。历史上的蓟州,文化积淀厚重。流行至今的《三字经》,有一处教育后代的生动故事:"窦燕山,有义方,教五子,名俱扬。"说的就是五代时蓟州人窦禹钧(燕山)教育儿子很有方法,膝下五子都学有所成,应试后全中了科举,在朝廷担任要职,声誉远播流传至今。可见在津沽,很早就有重视教育培养后学之风,这样的积淀会产生孕育文学家和文学作品的良好文化环境。

依据文史学者高鸿均先生的搜集整理,蓟州在千年前已是人才与文

章竞出之地。后魏时期，高闾（？—522）著有《高阁士集》三十卷，唐天宝晚期，鲜于向（693—755）著有《鲜于向文集》十卷；五代北宋年间，窦仪（914—966）著有《端揆集》四十五卷，其弟窦俨（919—960）著有《窦俨文集》七十卷。那位以"半部《论语》治天下"、官拜太师并封魏国公的北宋人赵普（922—992）留有《赵韩王遗稿》十卷；金代时，任秘书省著作郎、能诗善画的张斛著有《南游诗》和《北归诗》二书。到元朝至元年间，又出现了与赵孟頫几近齐名的鲜于枢（1256—1301）著有《困学斋杂录》和《困学斋诗集》等。如上简单列出，可见蓟县在津沽文脉上有着"发展早底蕴厚"的优势，是津城文化的先导。只是入明后，由于政治环境、军事地位和经济形势的变化，文化中心逐步南移至新设立的天津卫。然而直到今天，蓟州的文化积累所产生的影响仍不能小觑。应该进一步挖掘，使天津城市文化获得更多的历史涵养。

天津平原曾是海滨荒地，金朝置直沽寨，元代设海津镇。一度居者稀疏，经济落后。由于其地理位置"东环大海，西靠平原；海河水系几乎贯穿全域"；加之东汉末年曹操在此地区开凿水渠后，海河水系形成，人口增加，禾绿谷香。经隋唐到明清，大运河北抬成为为首都输送粮盐和物资的通道，津沽作为囤积转运的大码头，遂成京畿门户，很快就形成"水路云集，车船如织，店铺林立，货物堆积"（《近代天津城市文化特质的形成研究》王晶著，天津社会科学院出版社，2019 年版，第 58 页）的繁华之地。明永乐二年（1404）以后，三津确立设卫筑城，据《天津卫志·序》记载：天津"去神京二百余里，当南北往来之冲，京师岁食东南，数百万之漕悉道经于此，舟楫之所式临，商贾之所萃集，五方之民之所杂处"。于是，很多备选官员、退役军士和南北往来的经商大贾、文人学士，都看好了这块风水宝地，纷纷来天津驻足落户或携眷安家，以谋发展。

明代万历十六年（1588），思想家袁黄任宝坻知县时，重视农桑，亲自下田指导黄庄农民取水灌田，种植稻谷，有《宝坻劝农书》问世。全书列"天时、地利、田制、播种、耕治、灌溉、粪壤、占验"八章。经过袁黄的不懈努力，宝坻"积年荒地皆开成美田"。据《宝坻县志》记载："维时宝坻民尊信其说，踊跃相劝。"他因此被誉为"天津洼改种稻的先驱"。袁黄还重视家训，著有"四训"，因袁黄号"了凡"，该书以《了凡四训》流传至今。有明一代著名的科学家徐光启，曾多次来津。初到葛沽，他发现河流洼地较多，虽多荒废却有利于种植水田。他决心在津沽试种稻谷，购地价不高的荒地两千亩，围田植稻，并亲自参加农事活动，对盐渍严重的土地，徐光启施以科学手段，筑长堤防涝，戽河水备旱，并利用潮汐引水入田，还借用风力旋转水车。经过不断努力，葛沽稻米广受欢迎。徐光启在《农政全书》中介绍他在津沽的农业实践，推动了当时及以后的各地对水稻的种植。

袁黄、徐光启的一系列农事活动以及所著的经验总结，不仅在当时代表着思想与科技的先进水平，而且直至今天也熠熠生辉。出现在津沽，也说明这片土地有助于文化的发展，为天津成为商埠都市夯实了基础，为文学的活跃提供了条件。时至今日，宝坻乡风醇厚，津南稻花飘香。

津沽市区的主要文化活动，大多与居津的盐商、茶商关系密切。来自抚宁的张氏，宛平的查氏，江浙的华氏、金氏等，依靠大运河南来北往的船只运盐贩茶，成为巨贾富商；建卫驻军的官籍、军籍、商籍和灶籍等群体，逐步成为沽上的永久居民。上述"商""军"两大层群的落户，加速了天津移民城市的发展，迎来百业兴旺，朝着商埠都市迈进，连《买卖杂字》都说，"天津地理日日新"。

随着津门人口增加、经济增速，财富累积，许多人也积极投身文化教育活动，或助学或建筑园林"延揽四方知名之士，诗酒流连。"（见郭蕴静主编《古代天津城市史》天津社会科学院出版社，2019 年版 377 页）一时间三岔河口一带书声琅琅，诗画纷纭，天津文化走向高地并现出规模。这也和当时经略津沽的官员、从天津走入仕途的人家，重视文化教育有关。近人高凌雯在《志余随笔》卷五中说："三卫讲武之区，本不优于文学。然当明中叶后，士子由科甲起家，如张公愚，官至巡抚，著有《蕴古书屋诗文集》，刘公焘，位至总督、经略，著有《浙西海防稿》《奏议》《晴川余稿》。"

高凌雯评判此时的天津"武功文治,必有可观"。但他也看到了津门文化有着"移过现象",指出津门不长于文化队伍建设,对后备人才的培育不足,更多注意的是诗文书画的一时繁荣。他一语点破,"非作者无人,乃传之者无人也",因此天津的文坛画苑能兴盛一时,却难以持久。有识之士也意识到了天津文化的后劲不足。到了近代天津的变革时期,大力推动津城的教育向着完备发展,系统地建立幼稚园和大、中、小学堂。与此同时,三津大地多种业态领风气之先。尽管这些包括教育、交通、电力、造币和军工等在内的"百项全国第一"有其阶段性,却表明津沽文化的积累达到了相当的力度,而持续发展还需要进一步努力。

即使天津文脉一路走来起起伏伏,津沽古代的文化实绩还是不时闪现。明正统元年(1436),天津始建卫学。入清后,人文活动随着津沽城市地位的增强,出现了张氏遂闲堂、查氏于斯堂,大江南北知名之士聚集于此延续数十年,津沽文名遂享誉内外。也就是说,天津的诗文显现于明朝而兴盛在清代,以诗学成就最为突出。

天津文学尤其是近代市井风情的作品,韵道刚劲、豁达,颇有边塞风格并关切社稷安宁,同时又密切注视社会世俗,反映百姓疾苦。若追踪这一特色的源头,就会看到东汉曹操的身影,唐代诗人的遗踪。有研究者据此认为,津门文学传统可溯源至建安文学和唐边塞诗歌。理由是幽州燕北既和古蓟州有联系,可视为天津文学之源。其实陈子昂的"念天地之悠悠"所登的幽州,是在今北京一带,曹操的所观的"沧海"也指的是山海关秦皇岛周围,看似和天津没有很直接的关系。

然而,曹操攻打乌桓,不仅屯兵海河流域,还开凿了平虏、泉州等渠,是促进海河流域摆脱黄河水域的先声。而正是曹操率领士兵所进行的对自然水系的改造,改善了天津的人文环境,促进了这一地区军事、政治、经济和文化的发展。他的《观沧海》诗,气魄非凡:"水何澹澹,山岛竦峙。树木丛生,百草丰茂。秋风萧瑟,洪波涌起。日月之行,若出其中。星汉灿烂,若出其里"——两千余年,影响至今!诗所指的具体环境也并非津沽,但是他给河北环渤海地区带来了文化意识,培育了天津文学的精神。那种观大海波涛,望山川锦绣,存家国情怀的文化情愫,一直延续。唐边塞诗中,众多诗人写了幽州及周边的风情。仅仅是歌咏长城、草原、大漠的作品,不胜枚举,给今天京津冀区域的文学带来了重要影响。当然,也由于蓟州与幽州的密切关联,和李白等诗人足踏过今天的独乐寺周围,唐文化显然在津沽有所沉积。唐诗中的"在家常早起,忧国愿年丰"(杜甫《吾宗》)那种对国事的关心;"夜半翻营旗搅月,深秋防戍剑磨风"(陈彬《入塞》)那种对边关安危的担忧;"苗疏税多不得食,输入官仓化为土"(张籍《野老歌》)那种关注社会民生的情感;以及李太白的豪放、陈子昂的悠远、白居易的悲怆的诗风和他们体恤民情深入现实的视野,都对天津文学有所潜移默化。

(二)周边"发酵"与城市核心区文化

古代天津的人文活动,也和津沽的世事活动由北部蓟州高地向东南平地展开的趋势一致,并逐步与海河水系尤其是和天津的"陆进海退"相结合。形成了周边文化随着天津的筑城设卫和升州为府,而向海河干流的城厢区聚集。把文化遗存按照文脉顺时列出,也是辽代以前的遗迹多在蓟州,宋金元的遗痕多在津沽周边,津门市区更多的是明清建筑。到了近代天津以老城厢、河北新区与九国租界"三足鼎立"而呈现出至今的城市特色。这种文化发展过程,并非外缘文化明显转移为本土文化,而是经由外围向城市核心区,在传导中进行积淀。同时这种积淀,不是自原点开始的积累,而是周边社会环境与文化,越来越被核心区文化"拉住"以后,形成了中心区文化虽晚于蓟州、武清、汉沽、宝坻、静海,却是更为活跃的文化力量。这一情景,从近年王振良主持的大型丛书"问津"系列,可以窥见津沽四周文化的繁复多样,和与天津核心区文化的关系——先是周边地区文化"发酵",大村名镇书声琅琅笔墨飘香,各县都有本地的著述出版。随后在近代,乡间文化被天津市内核心区的新兴文化"拉住",向市井

文化走近，原有的传统表现有所嬗变，乡间的各种生产和产品更多的供应、服务于津沽核心区。而津门在这一阶段，文学、曲艺、戏剧的都出现了内容和表演的更新，同时也促使海河两岸的文化活动愈加活跃、越发有着城市氛围。

这种活跃的文化力量，把传统的乡村文化改造为适合城区市井生活的文化，尤其是诗文等高雅文化，驻足天津城区之后，于明朝时萌显，在清中期达到了影响全国的高度。天津周围各县的历史，尽管都比天津筑城建卫的时间要早许多，可是随着海退陆进、九河汇一，经济枢纽与首都门户等要素进一步增强，近代化的元素和实体多汇集于天津的三岔河口。这种城市核心引力的形成与聚合，体现出天津文化的这一性格——后起的文化活动更有着变革力和创造力，风格上更是凸显出沉实和豁达。

令人深思的是，津沽早期的"文"多系阐释"经学"的述说之作，内容主要为齐家治国、抒发乡思。到有清一代，天津文学摆脱了"卫城"因"军事氛围"而造成的"缺乏文化气息"（见郭蕴静主编《古代天津城市史》，天津社会科学院出版社，2019年版，第361页），推出了不少文学之作。例如，李庆辰创作的《醉茶志怪》一书，类似《聊斋志异》。大部分故事情节源自卫城之外的乡语故事和直隶的民间传闻，以及他和友朋之间的笑话、年轻时的游历。经过李氏的艺术加工和浪漫的演绎，编著成四卷木版印出。这部作品的情节多有奇谲诡异之笔，细品其内涵却是"托兴鬼狐""寄情儿女"。而诸多故事情节的背后有着作者对人间不平的慨叹和对社会陋习的鞭笞。《醉茶志怪》在劝世匡俗的同时，反映出晚清津门地域的若干经济形态、思想活动和信仰风俗。

这一时期的津门，出现了多所讲学和育人为宗旨的"书院"。盛极一时的问津书院，更以驾"津筏"之舟徜徉学海为号召，壮大着天津文化的声势。各地学者虽寓居天津，也积极参加津门的文坛活动，使津沽以诗为代表的文学创作出现高潮。

清朝前期的盐商张霖，致富后在追求仕途之外，于金钟河畔建问津园、在三岔河口附近建一亩园。园内柳荫碧岸、亭榭隐现、流水泛舟。名流墨客如梅文鼎、方苞、徐兰等都曾在园内居住。随后兴建的水西庄不仅是文士雅聚的高地，还以《绝妙好词笺》《莲坡诗话》的"疏通证明之功"，影响国内。梅花诗社的梅成栋编辑《津门诗钞》，收录从清初至道光年间天津诗作近两千首，诗人二百有余；华鼎元的《津门征献诗》评介了天津120位诗人的作品，津沽文学风姿已显。

鉴赏和推荐之力，也不容小觑。天津诗人佟鋐（蔗村）读孔尚任《桃花扇》抄本"才数行，击节叫绝"，遂"倾囊橐五十金，付之梓人"。自此《桃花扇》以刻本流行，以致广泛流传家喻户晓。从这一文坛佳话，可看出当时的津沽文学水平。众多津门诗歌的骨子里含着建安风气和唐边塞诗的韵致，胸怀社稷山川，心有百姓衣食。梅成栋看到百姓生活困顿，写了《秋间大疫，继以霪雨，居民悲苦，病起书事》，其中有一句"贫家自泣黄昏雨，富室犹听红雪歌"，可以对应杜甫"朱门酒肉臭，路有冻死骨"的情感传承，同情底层人生不幸，不满贫富如此悬殊。

宋以前的津门文学作品尽管很少，明朝的文章也不尽人意，却不能被视为外缘文学，或者只认为清朝以后才有了本土文学。实际是天津卫"繁华热闹胜两江，河路码头买卖广"（杨一昆《天津论》）的城市景象出现之后，天津历史上的文学印痕，已成为天津城市文化的靓丽倩影。尤其是《天津竹枝词》，如"天上津梁横九星，倒流入地长盈盈，浮桥不管人离别，目送轮蹄无断声"。写出津沽九河下梢地貌，又描绘了海河浮桥旁送客上船的情景。还有写市井风俗的，正月二十五那天，各家多有烙饼、煎粉和喝酒之举。有一首《竹枝词》就写出"光阴容易过填仓，纸剪金鸡共太阳。糖饼团圆煎饼薄，家家煎粉佐壶觞"。天津人吃鱼虾讲究赶鲜，《竹枝词》写出此景："石首（即黄花鱼）来时栋作花，河豚上日获抽芽，郎从海口贩鲜至，先送城南盐贾家。"辛辛苦苦捞出第一网，却送到富贵之家，诗中写出社会的不公，也表达了作者的愤懑之情。这些诗虽似白话般通俗，却有着古老的心存民生的遗韵，并且各有地域取向。蓟燕文化胸有沟壑，质朴

苍劲。武清、静海、宝坻等地的著述多蕴含着阡陌味道。

津门距离北京很近,京师文化来到天津的街巷胡同,越发的市民化。樊彬的《津门小令》说:"津门好,生业仿京城。剧演新班茶社敞,筵开雅座饭庄精,开市日分明。"民间说唱艺术此时已进入宴席或茶馆。手摇竹板唱"琐屑新闻"的数来宝,敲击皮鼓说"荒唐故事"的曲子书,演绎着"西游"和"水浒"的"灯下影戏",不时出现在街头里巷。

天津城市文学之特征一,起初得益于周边文学的勃兴和流布;特征二,津门文学以有清以来的诗坛盛况为代表,前有曹魏诗风和唐诗筋骨,后有清末市井风俗诗延绵文脉。清代津门诗歌不仅成为天津文学的高地,而且在清代诗坛占据一席之地;特征三,随着津门诗文渐成津沽文化的闪光,天津的市井艺术活动也相辅相成地成长在街巷;特征四,天津文学的重心是面向各阶层,抒写津门风情,关注民风民俗,并用"竹枝词"和带韵短语形成长文,如杨一昆(无怪)的《皇会论》、无名氏的《津门买卖杂字》等,虽是谑文俳语,讽世寓情之作,却记录了津沽多彩的社会民生,在叙事抒情中追求艺术享受和对天津地域的浓浓乡情。

从上述对天津古代文学的简要叙述中,可以知道:天津有自己的文脉步履,津沽四周文人著述颇丰,城内明清诗歌兴盛。到了康熙乾隆年间,南北诗人画家往来于"问津园""水西庄",诗人雅聚,出版文集,获得后人赞誉。天津文学的发展,很像河流的"漩涡",水势先外后内,再由周边向里面凝聚力量。津门文学到了近代,都市言情等作品,蔚为大观。《三侠五义》(石玉昆著)和刘云若、宫白羽的小说充盈书肆。这一三津文学的"漩涡"现象,为今后津沽文坛的发展提供了很好的借鉴。

(三)"水西庄"的文学活动

1.建园、聚文与出版

水西庄是天津古代最大也最美的一座园林。虽出现在清朝雍正年间,并在乾隆时期达到鼎盛,然而却以领沽上诗坛风骚、代表津门文学典范,成为津沽大地高雅文化的一个隽永。诚然,和名声遐迩的苏州拙政园、绍兴的兰亭相比,既没有前者那么通幽迤逦,也不似后者那么文脉悠久还系书坛胜地。以水西庄自身发展来看,却反映着大富之后一种人生的走向。

盐商自古就是巨富的代名词,人们常把骄奢淫逸声色犬马的帽子扣到他们的头上。确实也有这样的事,近代津城的盐商曾把自家的节寿婚丧办得花钱如流水,闹腾得"天津人都知道"。然而抛金撒银虽赚够了"脸面"却只留下了短暂的热议和聊天的谈资,尽管夸其"有钱"却不能进入高雅。而盐商查日乾则不同,他原本贫寒,致富不忘文化,继张氏问津园之后,修建了可媲美江南园林的水西庄,让津门又有了文人荟萃与出版华章的文化高地。

根据研究,水西庄建设之前曾有过"于斯堂"。查日乾写过一篇《重筑于斯堂记》,深情地叙述了早年"幼孤,先慈抚育至于成立"。于是暗暗决心,"吾安得一亩之室,百亩之田,以供吾母菽水之需"。可见,建设园林对查日乾而言,是对母亲的回报,是表达拳拳的孝心。尽管"于斯堂"还不是"水西庄",但是查日乾对有了钱该怎样花,有着文化的深入打算。也正是这种至孝之情,水西庄呈现出像陶渊明所说的桃花源意境。

水西庄先由查日乾谋划初建,后经其子查为仁、查为义昆仲等合力续建,世称他们两代人为"水西庄主人"。雍正元年(1723)选址于天津城西五里的地方,紧靠大运河流经天津的南运河畔。可以说,水西庄和水西庄文化,也是运河滋润的文化节点。为什么取名"水西庄"?查为仁在《抱瓮集·水西庄诗并序》中说:"天津城西五里,有地一区,广可百亩,三面环抱大河,南距孔道半里许,其间榆槐柽柳之蔚郁,暇侍家大人过此,乐其山树之胜,因购为小园。垒石为山,疏土为池,斧白木为屋,周遭缭以短垣,因地布置,不加丹垩,有堂有亭,有楼有台,有桥有舟。其间姹花袅竹,延荣接姿,历春绵冬,颇宜觞咏。"因此园"在卫河之西,名曰水西庄"。

远眺水西庄园内有大小水面四五处,之间有桥相连,回廊依丘而建,奇石错落,绿丛有致,在树碧林翠之中筑有揽翠轩、柁溪廊、数帆台、候月船、绣野簃、藕香榭、花影庵、浮螺亭、课晴问雨等妙景雅居,既取江南楼榭的曲径通幽委婉精深,又有北方园林的起伏跌宕借景造意。同时,查日乾对天津水土也念念不忘,在建设中突出了"亭台映发,池沼潆抱,竹木荫蔽于檐阿,花卉缤纷于阶砌,其高可以眺,其卑可以憩"等景致,把津沽河网水榭淀洼的地理环境优化为引人称赞的园林胜地,进入水西庄就可把津门之美"揽于几席矣"。人们从园中可感觉出津门"地为漕运孔道""舟车络绎"和"商贾之所辐辏"的区位环境。

水西庄追求园林尽显诗情画意,在堂亭,楼台,桥舟之间,更注意姹花袅竹,延荣接姿,四季景致兼有。如画的园林在查日乾、查为仁看来,目的在于"颇宜觞咏",让美丽花园中要饱含"诗心":

首先,是培养后代的人品文品。查日乾有三个儿子:长子查为仁,一生只好读书藏书。曾入狱达八年之久才得洗冤。后居住在水西庄一隅,常常回顾自己身陷囹圄的人生坎坷,并对世态炎凉唏嘘不已,进而决心与仕途分手,隐居在园林徜徉于书肆。并以明人唐寅相比,一时间都称他为清之唐子畏。他的《蔗塘未定稿》是天津清代诗坛的代表作之一。次子查为义八岁能文,对经史有深入的研究。他还曾投笔从戎,足迹到过西北边陲,不久又弃武入仕,因功授安徽太平府通判。在任八年之后,得知父亲去世即奔丧归家,不再为官。他著有《集堂诗草》,世人誉查为义的诗作"有山人林下之致,故诗情闲旷可爱"。三子查为礼(查礼),自幼随兄查为仁读书于水西庄,长大后游历于青山绿水间,与各地文人笔会唱和。后来查礼由监生授户部主事,历任同知、知府,川北兵备道等,再迁四川按察使布政使,官至湖南巡抚。他著有《铜鼓书堂遗稿》32卷,并每年都有诗作,从不间断。从这三人就可看到查氏对子女的培养,全在于仁德、文心、诗情。

其次,水西庄凝聚了一支文化队伍。查氏倾力建园林,并非让家族成员沉溺于亭美水秀之中，而是营造"诗书传家"的平台，让查家几代，包括女眷也以诗书为伴。水西庄在初具规模不久，更广揽大江南北诗画名士入园，经常举办文人雅聚，把盏赋诗，佳作迭出。一时间，江南颇负盛名的诗文耆宿丹青名家，陆续来津相聚于水西庄，吟诗绘画。园林美色和文采绚丽同步，天津文坛也就由此成一高峰，并为清代诗坛一股重要力量。三会海口的天津，原本码头和商埠文化突出，水西庄和其文化活动的出现，为津门文脉铺就一块厚重的基石，提供了后世需要的文化营养。

　　水西庄的文化活动，不止于吟诗作画，也不为一时之盛，他们还不遗余力地访书藏书，甚至为求得善本古籍，不惜把衣物抵押典当，以解购置之急。《铜鼓书堂遗稿》中有《亡妻李安人行状》一文，记载了："壬子秋，有书贾携故家书数十篑至，时新析著，诸用拮据，无以应。安人曰：'三冬尚远，彩襦犹可典。异书一去，不可复得，盍质金与之？'予欣然从其言，书遂属予。"（意思是，厚衣离冬天穿还有时日；好书一旦擦肩而过，就难以获得，干脆把冬衣典当，换钱买书。）这位李安人是查礼的妻子，名叫李钦。李钦十分好读，对史书爱不释手，在诗词上也很精通，帮助丈夫收藏书籍更是不遗余力。

　　据记载，水西庄"藏书累至万卷"。为了更好地保护和传播，水西庄里设有专门的刻书机构"沽上校经书房"。查氏追求出版书籍一定做到"上乘"，印版多为楷法手写，用开花纸印刷，至臻至美达到当时的典范，传到今天已属国家古籍善本。查为仁的《蔗塘未定稿》《莲坡诗话》和周焯的《卜砚山房诗集》，都是在水西庄刊印而传世的。此外，整理历代优秀之作和描述地方风俗是水西庄的重要诗文活动。例如前面提到的，查为仁和厉鹗合编的《绝妙好词笺》，成为后人读宋词的必备书籍；而汪沆纂修的天津县府志及在此基础上写成的《津门杂事诗》百首，则给天津留下了丰富的地方文献资料。换句话说，水西庄是天津文化的集中体现，天津因为水西庄而有着文脉的制高点。

　　总之，正是把培养子女、凝聚文化队伍和藏书印书，作为大富后的重

要的事项,园林与慈孝诗心结合,使水西庄成为津沽文化之峰,诗坛高地。尽管天津盐商和盐商文化,还需要全面研究,但津沽私家园林与津城清代文学艺术,至今依然是天津的历史文化的亮点和文学成就的不可或缺的代表。

2.水西庄的诗文

天津本是三会海口,码头和商埠文化突出。进入清康熙时代,伴随着经济繁荣,对文学的追求也日渐浓郁。有文字记载的较早诗社"草堂社"问世,表明诗人群体已经在天津正式形成,诗坛开始走向勃兴。而水西庄和其文化活动,既是清代天津文化的鲜明体现,又是天津诗画发展的高峰。为津门文脉积淀了厚厚的基础和后世需要的重要营养。水西庄不仅仅是一座园林,一座显示查氏富贵的地方,它是以其围绕园林的文化活动,彰显一座城市,一个历史时期的素养和内涵,以及对后世文化品格的影响。

查氏父子博雅好客,人品文品兼优,仗义豪爽,水西庄又提供了一个文人集聚的平台,且藏书非常丰富。大江南北才俊,纷至沓来,络绎不绝。只要是来天津驻足,向查府递上"名片"都会被热情招待。名流如吴廷华、沈德潜、汪沆、刘文煊、万光泰、厉鹗、杭世骏、胡捷、胡骏烈、朱岷等均在水西庄居住,咏诗交流佳作迭出,清代诗坛由此有了一股重要声音。这期间,天津本土诗人周焯是其中的佼佼者。

周焯(?—1750)字月东,晚年喜得一枚七峯小铜印,因号七峯。他是天津在雍正十三年(1735)的拔贡生,后来几次应试几次不中,于是专心自我文化修养,不仅诗作精,更精于小篆和治印,还醉心收藏。曾游城西海潮庵,在污泥中获得宋人谢枋得(文节公)的小方砚,额镌"桥亭卜卦砚"五字,背有元人程文海铭,珍之若性命,就此命名自己的居室为"卜砚山房"。周焯一生以教书为业,与水西庄查礼友情甚笃,临去世时将桥亭卜卦砚送给了查礼,成就了津门文坛一段佳话。据传,周焯的曾孙女是近代文化名人李叔同父亲李世珍的曾祖母。这也从一个侧面,说明了天津文化的传递与家族间的联姻有着不可分割的联系,同时,也侧面反映李叔同的家学厚重而绵长。李叔同与天津大家的关系由此也可以确证。周焯著有《卜砚山房诗钞》二卷,清乾隆间精刻。

水西庄成了南北文人雅集场所和文化交流平台。他们诗酬唱和,探讨学术,大大推动了天津文化的发展。乾隆六年(1741),查礼辑录并刻印《沽上题襟集》八卷,内收刘文煊、吴廷华、查为仁、汪沆、陈皋、万光泰、胡睿烈、查礼八人诗作,人各一卷;另附查为义、朱岷、厉鹗、周焯等主宾二十四人散诗三十五首,可见风雅之盛。在当时,津沽文苑内外以水西庄为核心,形成一股清代诗坛的天津力量。其文风既有汉唐以来曹魏的气韵,又有边塞诗情对国事的慨叹,当然主要表现了天津文脉于重视传统中展现出运河文人的社会情怀。其中整理历代优秀之作和描述地方风俗是水西庄的重要诗文活动。如读宋词者的必备文献《绝妙好词笺》,如汪沆纂修的天津县府志及在此基础上写成的《津门杂事诗》百首等等。

乾隆十二年(1747)五月,水西庄续建工程"小水西"落成,查为仁命其子善长、子媳月瑶,和女儿调凤、容瑞、绮文,以及小妾贞娘各赋步韵诗二首,后汇成了《澹宜书屋六咏诗册》(今藏天津历史博物馆),时人称:"有清一代,开津沽之风雅,为仁有力焉。"

乾隆十六年(1751),盐运使卢见曾(他是纪晓岚的姻亲,纪之长女嫁给卢见曾的孙子卢荫文。后来卢被诰,在投入狱中之前,纪晓岚曾报信,也受牵连而戍乌鲁木齐)这位卢见曾即是世人所称赞的那位"人短而才长,身小而智大"的卢澹园(号雅雨)。他在任上兴建了扬州红桥二十四景及金焦楼观。卢氏居天津时曾提出要建问津书院,却苦无地址,查为义慷慨捐出城内运署西南角的旧居一处。也有人说是把于斯堂,改做问津书院,开创了天津的书院教育先河。此后三取书院、辅仁书院、会文书院相继在天津成立,为天津人才的培养和风化教育做出了有益贡献。

乾隆二十二年(1757),查为义在水西庄东侧新辟"介园",取一介寒士之意。三十六年(1771),弘历皇帝南巡驻跸于此,适逢园内紫芥盛开,

遂御笔赐名为"芥园"（今红桥区有芥园道）。乾隆先后四次东巡和南巡往返取道天津时，均以水西庄为休息之处。

水西庄成为天津文化靓丽品牌。清人袁枚在《随园诗话》卷三中说："升平日久，海内殷富，商人士大夫慕古人顾阿英、徐良夫之风，蓄积书史，广开坛坫。扬州有马氏秋玉（曰琯）之玲珑山馆，天津有查氏心谷（为仁）之水西庄，杭州有赵氏公千（昱）之小山堂、吴氏尺凫（焯）之瓶花斋，名流宴咏，殆无虚日。许佩璜刺史赠查云：'庇人孙（孔）北海，置驿郑南阳'，其豪可想。"袁氏以水西庄的人文之盛，与素称人文荟萃的江浙并提，既显示了水西庄的俊美，也反映了水西庄的人文表现后来居上，和有数百年历史的江南园林并驾齐驱。

文坛能领军，园艺能上乘。这不仅在天津历史上仅有，在北方文化史上也独树一帜。

第二节　转换时期的文学

时代给予天津身处变革前沿的机遇和条件，快速发展又多元呈现的海河两岸，给文学创作提供了与过去不同的历史舞台。天津近代文坛形成了先驱文学与世俗文学同在的现象。学堂与报馆这些"近代公共文化空间"的产生，报刊、电台等新兴文学载体的出现，又使文学的传播方式不再完全依附政治权力和富贾的财力，开始走向市场化。

（一）"萌动"和"突进"

第二次鸦片战争和洋务运动时期，即 1860 年至 1894 年间为天津近代文学的"萌动"初期。当时，关心国事，守持正气，并且面对虎视眈眈欲要瓜分中国的西方列强且有所警惕的杨光仪、李慈铭等人，写出了反侵略斗争的诗行。天津身临多事之秋。曾国藩来津以重臣兼文坛领袖的身份,张扬"桐城派"文风。桐城派讲究"义法",主张"义理",用语清正,文以载道,一时间津门掀起治学之风。来津的范当世、严复等人,本土作家严修、王守恂等人也加入其中。

这一阶段,天津文坛接触西风,对比自身,感知到风云逼近,社会要出现变故。代表人物为津门严修(字范孙,号梦扶)在光绪九年(1883)以进士入仕,历经翰林编修、贵州学政、学部侍郎之后,深感传统科举有诸多弊端,果断上书,希望废止旧制,改考"经济"即有利社稷的新学。不久从北京辞职返津办学,创办南开中学、大学。晚年组织城南诗社、崇化学会。其诗多咏志述怀,风格拙朴典雅而富有理趣。尤其是游历海外之作,眼界开阔,观念更新,字里行间蕴含着中西比较。他著有《严范孙先生古近体诗存稿》《蟫香馆手札》等,是天津开风气的文坛领袖。此外还有赵元礼等人,都在诗作与文章中,现出对社会面临变革的思考,并对新型教育、新的文化有期盼,有实践。

进入 1894 年,天津的近代进程在思想上进入"萌动凸显阶段"。意识渐新又有海外求学经历的一批仁人志士,集聚津门著书立说或授课讲学。在他们的思想与文章里,抵御外辱、更新传统已成潮流。盼望变革、渴求新知的呼声在海河上空不断回响,这对天津近代文学的影响很大。从英国皇家海军学院归来的严复(1854—1921,原名宗光,字又陵,后改名复,字几道),在津参与洋务,积极适应时需翻译了《天演论》。书中蕴含的"物竞天择"的进化论,撬动了固旧的封闭意识,让中国封建的大门被挤出一条缝。这一"新旧要更迭,年轻胜过年老"的思潮,迅速影响全国,成为维新变法的思想武器,文化与文学要求变革的舆论也此起彼伏。梁启超、夏曾佑、谭嗣同等人发起"诗界革命""文界革命"和"小说界革命",传统文化面临崩塌。"诗与小说"要"革命",在昏暗的上空,无疑是电闪雷鸣。国家发展,需要经济也需要文化。历来是"文章济世"的科举要读"经学",而传统的开科取士,越来越禁锢人的思维。而自有诗歌小说以来,文学作品对人们的思想影响,却逐渐深入,尤其是白话小说和接近口

语的诗歌，在大众中深受欢迎。而近代的新诗、新小说可冲破束缚，对社会改革作用很大。梁启超等人的"诗与小说革命"，无疑号召文学像石头扔进缺乏波纹的水面，让固守的社会"一石激起千层浪"。这些号召"诗界革命""文学革命"的执笔的人，大都在天津。百年前的中国文学要出新，就此掀开前无古人的一页，天津第一次站到了中国文学的前沿。

严复不仅翻译了《天演论》，为中国近代社会引入了进化论思想，为中国文学的变革提供了理论武器。他还在散文中巧妙运用西方善用"逻辑"去说理的手法，此时严复的文章被认为是中国"逻辑文学"的先驱。他与夏曾佑合著的长篇论文《本馆附印说部缘起》，是近代小说理论的滥觞。可以说，严复是天津近代文学的先驱。夏曾佑也是天津近代重要作家。1896年任天津育才学堂教师，参与创办《国闻报》。民国初任教育部社会教育司司长、北京图书馆馆长。他对文化启蒙、思想解放推动甚多。作品为后人辑录的《夏曾佑诗集》。维新派主将梁启超对天津学术贡献巨大。辛亥革命前后，他在海河东岸自建的住宅"饮冰室"居住，撰写了多篇论争之文和文学研究的论著，梁启超的文集《饮冰室合集》，是近代学术的经典。

"萌动"期间，从初显到凸显，从开始的零星呼喊到围绕着《天演论》进行理性的阐释，神州文坛和津沽学界不断摆脱禁锢，并有了目标和突破——"诗界"和"小说界"要革命，让文学的社会功能高声的呼唤出来。这一思潮在今天看来，文学未必有翻转乾坤那么大的作用，却可以从"启蒙"中，提高大众的认知，培养人们的素养，在思想和意识上有所更新。天津的近代学人，目睹朝廷腐败，亲身感受到资本主义列强入侵的步步紧逼，又悲痛地经历了两次鸦片战争和甲午海战的失败，更看到外辱在摧残着津沽——天津港口炮台被炸，城墙被拆，九国在海河两岸设有租界，工商企业受到压制，百姓生活困顿；一度还被夺去城市的管理权，入侵者竟在津门建立了都统衙门……这一切都让先觉的严复、梁启超、夏曾佑和严范孙、李叔同们，在深入思索之后，拿起笔来写出思想"萌动"的文章和呼唤进化的诗文。尽管鼓吹"进化"与宣传"革命斗争"二者之间还有着不小距离，但此时津门掀起的"求新"浪潮，使天津文学开启了吐故纳新之旅。

"萌动"之后是"突进"。天津文学的"突进时期"，与辛亥革命和五四运动相辅相成。戊戌变法失败后，严复、夏曾佑先后离开了天津。北洋军阀统治阶段，社会动荡，政府似走马灯般地变幻。形态上，清朝皇帝黯然退位，民国成立。可是1911年后的中国，依旧是半封建半殖民地社会。经历了"萌动"而"突进"的文学，是觉醒着的，是中国文学变革的前夜。这一时期天津文坛上最重要的作家有李叔同、吕碧城和革命先驱李大钊等人。也有一些下台政客动笔为文，著名的就是郑孝胥。

李叔同（1880—1942）原名成蹊，号叔同，又号息霜，生于天津。可谓近代文艺领域里的通才，诗词歌赋音律、金石篆刻书艺、丹青文学戏剧都有佳绩。留学日本东京美专时，加入同盟会。其间，创建"春柳社"，演出话剧《茶花女》与《黑奴吁天录》。回国加入南社，与友人同办《太平洋报》，组织"文美会"，主办《文美杂志》。后去上海辗转杭州，任教于浙江第一师范。1918年在杭州虎跑寺削发为僧，号弘一法师。皈依佛门后，被佛教弟子奉为律宗第十一代世祖。他是天津新文化的启动者，除诗词和散文外，还在音乐独有贡献，其填词配乐的《送别》多年为人们传唱。他有后人辑录的《李叔同集》问世。

女作家吕碧城是天津文化"突进"期文学的翘楚。她生于1883年，逝世于1943年。原名兰清，字碧城，号圣因。安徽旌德（今芜湖市）人。其父曾任山西学政，但过早去世，使家道衰落。吕碧城投靠在津的舅父后，想到天津市区探访女学，遭到痛骂。气愤中乘火车私逃；她陷入衣食困境，写信向旧友求援，被《大公报》总经理英敛之看到，赏赏她的文才，邀请任大公报编辑，从此其诗词、文章屡见报刊。在《论提倡女学之宗旨》《敬告中国女同胞》等文章中，吕碧城指出，"民者，国之本也；女者，家之本也。凡人娶妇以成家，即积家以成国""儿童教育之入手，必以母教为根基"。

这些呼唤,现在读来,亦令人深思。后来吕碧城被聘北洋女师范学堂总教习、校长,民国初年任袁世凯总统府秘书。袁称帝前夕,碧城辞职南下,加入南社。"五四"后赴美,1943 年病逝于香港。她在天津留下深深的女性文学影响,也为津门文化增添有力的一笔。

"突进"更表现在年轻的李大钊(1889—1927)身上。他年轻时的文学创作是天津近代文学的一个重要组成部分。作为早期中国共产党领导者,他的革命贡献和牺牲精神,永载史册! 他在天津求学期间,在《言治》月刊上发表文章 22 篇、诗歌 12 首。即使后来任教北京大学,积极宣传共产主义思想,仍在津京报刊上发表振奋人心的诗文。

本书选录一首他在 1915 年的阴历腊月,从日本横滨坐船回国途中所的一首讨伐袁世凯的五言诗——

浩渺水东流,客心空太息。
神州悲板荡,衰乱安所极?
八表正同昏,一夫终窃国。
黯黯五彩旗,自兹少颜色。
逆贼稽征讨,机势今已熟。
义声起云南,鼓鼙动河北。
绝域逢知交,慷慨道胸臆。
中宵出江户,明月临幽黑。
鹏鸟将图南,扶摇始张翼;
一翔直冲天,彼何畏荆棘?
相期吾少年,匡时宜努力;
男儿尚雄飞,机失不可得。

从中鲜明看到,李大钊对国运的关切,对"讨袁"的支持,对热血青年的鼓励与希冀。相信读者阅读后,抚今追昔,荡起激情。

天津近代文学从"萌发"到"突进",尽管含有泥沙,却也在历史的曲折中前进,逐渐向现代的新文学转化。不久,经过五四运动的洗礼,以南开为代表的话剧,让中国话剧新姿毕现;诗歌、文章也不同以往。天津文学出现了众多优秀作家和作品,其中周恩来的"大江歌罢掉头东,邃密群科济世穷。面壁十年图破壁,难酬蹈海亦英雄"一诗,写于1917年的民初时期。以高亢的爱国之声,显示出天津近代文学在"突进"中必然走向光明的趋势,最终会完成向新文学的蜕变。

(二)北方话剧

天津是中国北方话剧运动的摇篮,中国话剧的奠基人李叔同(弘一法师)就诞生在天津。天津早期话剧运动主要活跃在天津南开学校。当时严范孙、张伯苓等都倡导话剧运动,在南开学校成立了"南开新剧团",周恩来曾是该团的骨干,亲自参加过编、导、演,并发表过有关理论文章。

回首一个世纪的风雨历程,了解话剧与中国新文化、新文艺,特别是话剧和中国命运的关系,不由你不感慨,不由你不琢磨,不由你不总结,不由你不继承,不由你不努力沿着其中规律性的内涵,去前行,去深入,去发展。

中国话剧最初称之为"新剧",虽借鉴西方,却紧紧伴随华夏社会的近代化转型和先进知识分子对海外文化的学习,融入我国新文化的大潮中。需要指出,新剧不应与当时的文明戏相提并论,前者是话剧本源,后者是话剧市俗化变异。对传统戏而言,新剧是一种对旧戏审美的"决裂"。所谓文明戏像女性的"半开放脚",表现出以改良的"卿卿我我"去取悦市井审美。因此,作为话剧先声的新剧,从一开始就具有文化的革命性,并以传播新思想为己任。同时,演出的现实性和对生活的贴近,使新剧既启蒙社会又关注国运。新剧的初始正值民族危亡之际,便高扬"救亡"旗帜,随后新剧更名为"话剧",与中华民族面临危亡紧密相连。当时,往往是热血青年为了斗争,选择话剧和投身话剧,或直接让话剧队伍加入革命军

队,成为战斗的一部分。从新剧到话剧,显现出艺术直接反映生活,既表现对传统固旧意识的抗争,又以对社会的聚焦和对底层人生的揭示,使话剧生动表达出对社会病灶的批判和对民生的关切。

话剧通过"对话",呼唤中国睡狮梦醒,借话剧喊出自己的心声。此刻的话剧不仅仅是在演出,而是在培育新人和传播新的思想,天津的南开学校的话剧,其实是一场"用新剧呼唤大众的运动"。大幕拉开就把演出和教育紧紧连在一起。话剧与校园的水乳交融,不仅仅成为天津话剧的光荣传统,而且以青春进取的姿态,使话剧进一步拓展了创剧目、育人才、表达思想深度的空间,也构成了中国话剧一个厚重的层面。天津话剧和教育,和校园,和青年的密切关系,既显示了中国话剧的特征,又强化了中国话剧的发展方向。

从历史足迹上看,李叔同是天津话剧第一人,他留学日本学习艺术,引进话剧,已为世人所知。而张伯苓先生主持南开教育,在建校之初就提出校园话剧的作用:"练习演说,改良社会",让话剧进一步贴近时代,贴近青年,贴近教育。1909 年,张伯苓自编自导了《用非所学》。五年后,南开新剧团正式成立,周恩来为其中骨干,并写文章称赞话剧的作用。1916年张伯苓之弟张彭春自美返国,任南开新剧团副团长,不仅翻译、创作话剧剧本,而且成为让导演制与话剧艺术成熟起来的先驱。他的新思维、新的艺术观念在演出实践中影响越来越大。此外,还身体力行把梅兰芳介绍到美国、苏联、日本,把京剧推广到海外。可见,他的这种重视新剧,着眼话剧又重视中国文化传统的行为,实际上是把话剧"中国化"。在中国化过程中,张彭春是以校园为舞台的。从这个角度上看,天津的教育也在深层次上培育了中国话剧。1918 年,张彭春的五幕话剧《新村正》公演,胡适认为该剧超越文明戏,并说南开新剧"在现在中国新剧界,要算他们第一了"。正是基于此,从天津走出了曹禺、黄佐临、焦菊隐、石挥……不仅话剧人才辈出,而且对中国话剧多方面的贡献影响至今。

例如天津话剧的风格:鲜活、阳刚,并注重社会问题。即便后来,新中国成立,专业院团几十年一直注重传统剧目和创作剧目的互相促进比翼齐飞,在培养新人和联系校园话剧上坚持至今。天津的校园话剧一直长盛不衰。

窥一斑可知全豹,从上述折射出天津话剧的几个特点:其一话剧最初称之为"新剧",南开学校更以"南开新剧团"为旗帜,这既表明对话剧的热情,又彰显其对传统戏剧的变革。所以话剧在天津,不仅是变革传统的,也是新文化的。其二天津话剧凭借校园话剧的舞台,建构了中国话剧的雏形,经过十年努力,完成了从新剧到话剧的跨越。并且扎根校园,扎根城市,扎根社会进步。其三天津话剧始终和校园有不解之缘。不仅从校园话剧走出了话剧大师,而且储备了话剧艺术的各类人才,而且这也促使天津话剧在每一艺术转变期都有代表性人物和代表性剧目。天津话剧一直和校园相联系,开创期如此,直至今天话剧走过百年也是如此。天津话剧已成为中国话剧一道亮丽的风景。

南开学子演话剧是"练习演说,改良社会"(张伯苓语)。站在校园并走向社会的南开话剧活动,不仅推动了大众启蒙和民族救亡,而且孕育培养了一批批走向社会第一线,甚至走上战场的战士。话剧的这种作用,能融进南开精神、南开教育,并形成一种取向:激励众人,追求民主。南开出身的曹禺,他的话剧创作典型反映出"人如何走出旧垒"这样的社会潮流。而且所包含的激励与追求的意蕴,使话剧在各个历史时期都有着动人的表现。如延安话剧之于解放区的宣传,敌后话剧之于国统区的生活,新中国的话剧之于社会主义建设等等。也许话剧本身极好地反映了时代生活,又是那么具有战斗性和折射社会的具象性。所以即使是活报剧,也给人以深刻印象。至于现实题材的多幕剧,更是引人注目,其优秀之作都成为中国话剧的骄傲。其审美中的赞颂崇高和英雄主义,以及越来越浓烈的悲悯意识和借历史题材讽喻世事以古鉴今的特点,是值得不断总结和继续发扬的。

简要分析了北方新剧与南开校园的历史,会对天津话剧甚至是中国

话剧的本质有了新的认识。那就是话剧在天津的诞生与发展,是中国话剧的原点之一,并且给话剧增添了不可或缺的艺术内涵与艺术表现。同时,天津是中国话剧的重要基地,并由于教育性的增加,格外重视人才培养和剧目的青春化、探索性。在审美上,天津话剧在坚持传统的原则下,把素质教育、人文教育、校园生活结合进来。于是,天津话剧的历史和今天的发展,又在校园里交汇,形成一种醒目又有启迪、继承又有拓展的存在。话剧在天津近代百年的历史征程中,不断前行,不断取得可喜成绩。

(三)北派通俗小说

津沽在迎风沐雨中发展,随着市井生活比重的增加,曲艺和评书逐渐占领了休闲文化市场。长篇鼓书因内容丰富、人物突出、情节跌宕,备受市民欢迎。计时收费方便欣赏。而讲述技艺的提高,使得故事曲折诡谲、悬念四伏,又让短工和伙计在大呼过瘾的同时,获得不少历史知识。当时的市民和打工者大都不识字,很多文化常识与去茶棚听说书有关。何况中国故事自萌发起就注重教益,尤其是对传统伦理道德有着感人解读。仅是"包公断案"和"英雄豪杰打抱不平",就令人们感受到"清廉"与"正义"若能出现真好。清末书肆茶馆里常有的曲目,多取材于《三国演义》《水浒传》《封神演义》《聊斋志异》《英烈传》和"三言二拍"。

影响津门的评书,是石玉昆的《三侠五义》。《三侠五义》是古典长篇侠义公案小说的代表作,被称为具有真正意义的武侠小说。相传作者多年活跃于津京书坛,只要张口开讲,必会语惊四座。这部评书讲述了北宋仁宗年间,包公赴任定远县、执掌开封府,在众位侠义之士的帮助下审奇案、平冤狱、除暴安良、行侠仗义的故事。由于版本众多流传极广,对中国近代评书曲艺、武侠小说乃至文学艺术影响深远。

我国都市的现代化历程,含有新文学的足迹,而且作为重要的层面影响着城市的素质和味道。在海河两岸,从"天津卫"到"大天津"即由农业社会到近代文明的嬗变中,传统的市井说书和用鼓曲演唱古典文学,被现代通俗小说的兴起所取代。崛起于20世纪30年代的津沽市民文学北派通俗小说，更新了《三侠五义》的传统观念和叙述方式，以中国现代文学意识变革了市井文学，并以同盟军身份融入新文化运动。北派通俗小说成为天津一个突出的文学景观，引起当时和今天读者的关注。

近代言情小说发端于"鸳鸯蝴蝶派"，此派的出现，无论在文学思潮还是在文学意义上，都是当时文学的进步。只是在文本和思想张力方面，与白话文所代表的文学意识相比，有一定的差距，没那么激进，倾向改良。但"鸳鸯蝴蝶派"对新文学的异军突起，起了"开启一扇窗户"的作用。刘云若小说创作，把"鸳鸯蝴蝶派"由"里巷"向"通衢"发展，乃至质变成为现代言情小说的主流，并有着带头和扛鼎之功。天津的北派通俗小说，以津门兴旺的报纸副刊和出版业为依托，呈辐射状发展。以可观的作者群，几十部佳作，雄视文坛，而且发展很快。如果说在1920年写出《新新外史》的董濯缨还是孤星展现，到了1930年以后刘云若、朱贞木、徐春羽、宫白羽、郑证因、李山野、戴愚庵、还珠楼主、吴云心等人的创作，使得津城星光灿烂。

北派通俗小说的"井喷"源于五四新文化运动，更与天津成为重镇大埠，大众欣赏的需求格外炽热密切相关。尤其是刘云若、宫白羽在创作中摒弃了传统市井文学的游戏人生、粗鄙脂粉之气，并摆脱了媚俗于小市民的油滑趣味。在既注重作品的商业价值，又注意小说文化品位的同时，揉以天津风情，注入豪爽与执着，幽深与灵秀，于是凸显了津味儿，并以一种新式的大众文化流布于世。

刘云若的通俗小说，多以言情为主，写家庭，写平民，写男女婚爱，如《小扬州志》《红杏出墙记》等。但作品增强了社会性，及对自由爱情的讴唱和对封建礼教的抨击。刘云若在创作中感情真挚，才华横溢。特别是对津门都市语言的艺术运用，使他的笔触常常流淌着乡音乡情。刘云若善于观察世态炎凉，并借小人物和弱女子的形象，表达混沌社会的不平和百姓命运的凄苦。他眼光敏锐，描绘出"不能言情之人的情"，格外把女性

性格中的泼辣和敢爱敢恨抒写出来。尽管他的创作还有"三角恋爱"的窠臼，并因同时撰写二、三部作品而使文字疏于严密。但他能同时给几处报馆写连载之作，衔接顺畅。显示出他的才思敏捷，也折射出刘云若对言情小说创作的娴熟。一个有趣的传言：刘云若在澡堂里舒服地洗澡，报馆伙计来找，他竟能在浴室，提笔在香烟盒的背面唰唰写出要连载的那段情节、人物。

刘云若在近 30 年的实践里，创作了 30 部左右的作品。把民初之后的天津城市转型，以多个故事反映出来。蹁跹女性、多情公子，豪门大宅、低矮胡同在动荡环境中，家庭生活矛盾频发，性格命运曲折多舛。尤其市井女性，或苦恼于无米下锅，或辛酸在灯红酒绿，或周旋在虚情假意，时有真情流露，却悲欣交集。刘云若的小说里，描写妇女人性的扭曲，流露出对女性地位不平的同情。言情中不乏烦恼，既有作者笔下对百姓疾苦的关注，也有置身在喧嚣环境的无奈。刘云若的小说写出天津市井百味、胡同炎凉。他的作品虽不是黄钟大吕，但也是用情怀涉猎着天津城市的是是非非。新文化需要注重社会民生，关心大众的疾苦。刘云若写的是家庭生活男女情愫，却以对天津城市斑驳陆离的揭橥，街衢人生的刻画，成为中国现代文学史上言情小说的一面旗帜。

刘云若近 30 部的言情小说，让津城市井生活被艺术地记载下来；对天津文化的提升、审美的提高是起了很大作用的。他的作品情节跌宕，女主角的人生命运常常催人泪下，不仅激发了大众争先赏析，而且使新文学丰富、多元。他笔下的连载故事富有魅力，增加了报纸的发行量，也让阅读进入家庭和交谈内容。同时增强了报纸副刊在社会上的影响，开拓了城市文化的文学性。刘云若创作的激情，实际演绎着一种文学创作的传奇，折射出天津小说叙述的特色独具和构思的跌宕机巧，以及背后的那种"兴、观、群、怨"的文化意识。他的言情小说表明了天津城市环境所拥有的文化推动力。天津的近现代发展，特别是思想的活跃，为文艺的繁茂提供了一定的土壤。

宫白羽的创作足迹更显露出中国新文学的某种步履。他原本是进步文学的新秀，与鲁迅多次通信，作品被鲁迅关注和嘉许。可惜后来迫于生计，不得不在天津写作武侠小说。若干年前，津门的冯育楠，就是放笔写出《津门大侠霍元甲》的那位著名作家，他以饱含殷殷之情用《一个小说家的悲剧》为书名，写出宫白羽的传记，准确地概括了宫白羽要投身"左"翼文学而不能，为了家有米粮、妻儿果腹，不得不去写大众追捧的武侠小说。不想如此，却不得不如此，还要写得曲折生动趣味十足，这种"被迫认命"，对文人来讲"悲莫大焉"。作家人生的悲剧烙印，加深了作品的内质。所以宫白羽的创作从一开始就和传统武侠小说划开了界线，并以对武林世界的新揭橥，传达着他的小说那份文学责任感和使命感。

宫白羽在《十二金钱镖》《偷拳》等广为流传的作品中，始终坚持笔下塑造的侠客是"人"，不是所谓的"灵异"。通过江湖险恶，人性复杂，仇怨难解等揭示当时的世相人生，引发读者在大众审美中进行社会思考。他的作品常有一种"英雄迟暮，常人可贵"的感慨，并在侠义人生与现实生活相冲突中，让读者去体味真挚的社会景况。看的是武侠动作，读的是人生命运。宫白羽的小说不仅在当时的天津影响很大，而且波及海外。金庸等人的新武侠小说实际传承于宫氏的创作。

天津的北派通俗小说，是津沽文学之花开在中国现代大众文苑的一束奇葩，是五四新文化乐章中特色突出的一曲。在回顾与纪念天津文化的业绩时，不能忘记刘云若、宫白羽为代表的北派通俗小说在津沽文坛的贡献。

刘云若、宫白羽和还珠楼主等人在天津的文学活动，是天津文学和天津文化之幸。他们创作生活在天津，时间很长，有的还在天津去世。而天津文学长期缺乏对他的创作的深入又有所突破的研究，反映了天津文学研究的某些不足。尽管对津门文学的纵向梳理的著作已出版，但是一般性或简评式的介绍不能体现刘云若等海河畔现代小说大家的成就与历史影响。这反映了评论和研究界在乡学探讨上，缺乏激情与视野。天津

的这一时期的言情、武侠和社会小说,以及其他的文艺创作有很强的个性与特点,仅此就值得俯身下去,不惧寂寞地进行爬梳和探究。目前,对刘云若、宫白羽开始的全面、系统的研究,是深入正确认识天津文学的一个良好的开端。

第三节　与时俱进的当代津门小说

(一)新的一页

1.铺陈阵地,组建队伍

1949 年 1 月,伴着解放的隆隆炮声,津沽大地迎来新生,天津的小说创作也开始了它的新纪元。以解放区文学工作者为主的创作团队从多地迅速集结,汇集霸州胜芳,风餐露宿进入津门,不等打开背包行囊,已着手在这个刚回到人民手中的大都市里,出报纸办刊物印传单,迅速开展革命文学的活动与创作。

急需新的作品,急需新的队伍。熟悉乡土沧桑,写出解放区文学代表作《荷花淀》的孙犁,刚刚进城就敏锐指出:"要有计划地组织文艺工作者进入工厂和作坊,也要初步建立工人自己的文艺作品。"显然,已意识到一个不同于以前的领域——城市新文学要在自己的手中开启。他任职的《天津日报》很快就创办了《文艺周刊》并由他主持。至今,该刊依然遵循最初的宗旨,以培养新人、推动业余创作为重要使命,即使经过半个多世纪,在改革开放中成长起又一代编辑,仍一如既往地扶植文坛幼苗。2002年上半年,《文艺周刊》组织了全国瞩目的区县青年文学擂台赛,文学新苗应声破土,使天津小说发展到一个新层面。2019 年,时值《周刊》办刊70 周年,《天津日报》向全国发出邀请:天津日报的老牌副刊版面《文艺周刊》,"有 70 年的办刊历史,是一块纯文学的创作版,也是《天津日报》唯一一块 50 余年而未变刊名的纯文学园地,刊发稿件以小说和散文为主,既有名家佳作,也利于扶持文学新人,望大家投稿支持,期待更多优秀的新作者、年轻写手加入我们的作者队伍中"。半个多世纪的坚守,让纯文学名家佳作迭出,让文学新人茁壮成长。这就是天津文化——深耕细作,在坚持不懈中,让文学"笼天地于形内,挫万物于笔端"(见陆机《文赋》),相伴着海河流水,或微波粼粼,或畅快入海。

津门报刊,特别是《文艺周刊》和文学杂志《文艺学习》《新港》,是天津文学的摇篮和孵化器。每位在这儿发表作品的作者,都身受园丁般的抚育。用心血尽心尽力浇灌文学萌芽,用无私关爱孕育艺术苞蕾,并把基层中的文学爱好者培养成文化的主人,是天津报刊的优秀传统。天津报刊以方向的坚定和办刊的持久,引导、支撑与繁荣着海河小说。

在孙犁等人辛勤耕耘下,刘绍棠、从维熙、韩映山等青年作者和阿凤、董迺相、万国儒等工人作家,在很短时间内就群体性地崭露头角,并蔚为大观。1956 年,在天津众多企业初步形成有组织的文学活动的前提下,以天津第一工人文化宫图书馆读书小组为基础,成立了全国首家工人文学社。20 世纪 50 年代期间,天津工人文学社与和平、南开、塘沽、东郊(今东丽区)、武清等区县级业余文学社团一起,构成了扎实厚重又生机盎然的群众创作体系,更兼文学创作硕果累累,成为津门文坛一道亮丽的风景线。既建起了我国特色文学的一个窗口,又成为地方小说发展的植被。

进入津门的解放区小说家,长期以来是天津文学的中坚力量。在新的文坛创建之初,以两重身份出现:一方面自己积极创作,为都市新时代文学拓荒,另一方面深入基层辅导培养业余作者、工人文学作家,为城市新小说播种。王昌定来到工厂,和师傅们一起劳动,相互交心,很短时间就创作出描写普通工人家庭生活,反映他们不单"翻身",还要"翻心"的短篇小说《关钱》。作品甫一发表,《新华月报》即转载,可见题材的新鲜与深刻。这篇作品的重要性还在于它以创作的实绩,表现出在革命战争结束,民主建设开始的新态势下,天津文学以毛泽东《在延安文艺座谈会

上的讲话》精神为指南，与时俱进，全心全意为工人阶级服务。这使都市文学在转型期方向明确，并高起点地繁荣起来。这一时期的小说创作，还为城市文学的题材的出新与文本的突破做了有益的尝试。萧也牧写的《海河边上》尽管后来遭遇不公正的批评，却掀开了当代爱情小说的新篇章。发人深省的是，海河作为城市的母亲河，不仅孕育着津沽街头里巷和通衢商埠的神奇，还滋养浇灌着津门的趣味人生。

孙犁的《铁木前传》以人文、人的意识、人的生活取向、人的共生价值写合作化运动，是中国当代小说超越一般写实的经典之作。他的长篇《风云初记》是抗日题材的别一种风格。作者把这场涉及全民族的斗争洗礼，投影在情感和人生的转变上来，曾经的柔弱者、懵懂人，无主见少血性的性格……都在抵御日军中变得刚强勇敢，令人肃然起敬。小说没有过多地渲染战争的残酷，而是着重表现人民和战士在斗争中的凛然气魄。即使天空笼罩着战争的阴云，可在孙犁笔下，祖国大地、家乡山水，都展现着黎明必将冲破黑暗的清新与明丽。《风云初记》的故事并未完整结束，预示着革命洗礼也不止于一次。善良的春儿，从有些害羞的姑娘，成长为一个坚强的战士；鲁莽的芒种，拿起枪来以后，从眼神迷茫到神色坚毅处事稳重。还有老温、老常等，都在洗礼中发生了明显变化。他们虽是满头汗水、扬鞭催马、运几车公粮，没有更为丰富的人生历程，却为着革命的胜利奉献着自己的一份力量。恢弘的主题，孙犁只写侧面的、日常的人生，但作品耐得住咀嚼。孙犁除了自己辛勤笔耕，还与青年作家共同努力，从《荷花淀》开始，把清新、婉约又含蓄着刚毅的新乡土小说，从天津辐射出去发展成"荷花淀派"。以此为代表，津门小说在全国文坛具有了重要地位。

若归纳一下 20 世纪五六十年代，天津都市文学的特点，主要是：第一，其创作队伍以来自解放区的作家为主干，当他们积极转换角色之后，不仅使小说题材发生明显变化，且以极大热情培养了青年作者和一支过硬的工人文学队伍。这是 20 世纪后半叶，天津都市文学的优势所在。第二,天津小说作者的队伍结构一直是三足鼎立,即专业作家、青年作者和业余的文学活动积极分子共同撑起一片蓝天。这也促成津门小说在题材选择上,以表现革命人生、职工生态与生活亮色为主。尤其是万国儒的短篇创作,文字简练、故事精致、人物鲜明,读后深感一股鲜劲、脆劲蕴涵其中。茅盾对此予以高度评价,认为开文坛一股清新之风。第三,与主流创作有区别的萧也牧、阿垅等人的文学活动,使津门文学丰富多彩,百花争艳。第四,阿英、何迟、方纪等人既是作者,又是天津文艺界的领导,深谙艺术规律,引导并推动了天津当代小说的发轫与深入发展。

2.夯文坛基石,铸红色文学

文学需要刊物与出版展开温暖的双臂。天津的《天津日报·文艺周刊》《文艺学习》《新港》和稍后组建的百花文艺出版社等出版单位,以一流的眼光和编辑水平,推动津门的小说佳作层出不穷。老作家硕果频出,新人新作潜质毕现,不断对全国产生着影响。

小说是以创作成就显示其风采的,一座城市也由此表现出它应有的时代文化的烙印。20世纪五六十年代的津门小说,以长篇力作涌现为主要特征,既说明创作的进一步成熟,又反映出天津作为中心城市的文学实力不断深化,文化半径持续延长。出版的长篇可划分为两类:一是不少作家"刚刚经历了民主革命长期武装斗争的生活实践",以此为背景的作品突出涌现,如"红色经典"之作。二是描写工业建设和工人生活的长中篇小说,经过作家们的努力,本时期取得了一定的成绩,并在新中国文坛上"占有一个重要地位"(《当代中国文学概观》,张仲等人著,北京大学出版社,1991年版,第379页相关叙述),如《海河春浓》。

比照当年提倡的"革命现实主义和革命浪漫主义相结合"的创作方法,天津文学侧重于革命现实主义,以讴歌英雄、赞美新人为主,作品扎实而厚重,在朴实中透着阳刚,使小说的教育和陶冶作用充分凸显出来。

其代表作品是"党领导的农村革命运动的壮丽史诗"——《红旗谱》。久居津门,时任河北省文联主席的梁斌,以酣畅淋漓的笔触,在广阔的历

史背景下,通过冀中平原锁井镇两家农民三代人与一户地主父子间的尖锐而复杂的斗争,对大革命前后党领导的农民革命运动,做了丰碑式的雕画。小说高度艺术化地塑造了朱老忠形象和他"出水才看两腿泥"的个性,从而成为中国当代文学最为壮丽的性格之一。与梁斌悲壮、浑厚、豪迈的风格不同,孙犁以清新、婉约、幽远的笔触描绘抗日战争。他的《风云初记》不直接泼墨于炮火硝烟,而是以人物的微妙关系和鲜明的个性去折射时代人生。其中,李佩钟的形象尤具启迪意义。她柔中见刚,逆境多于顺利的命运,投射出一种人生曲折的美。这是"那一时代阶级关系剧烈变化"引致的"独特创造"。而同样经历了战争洗礼的雪克(孙振),更加重视战争的残酷和对人的考验。他的长篇小说《战斗的青春》描绘了剑与火的人生炼狱,在着力塑造许凤等英雄性格的同时,还突破了创作禁区,写了胡文玉的堕落与叛变。作品不单拓展了革命题材,还创造出一种多角度衬托所形成的审美。这一时期,还有方纪的《老桑树底下的故事》《不连续的故事》,杨润身的《白毛女》(合作),阿凤的《提拔》等。

　　丰富多彩地描绘革命岁月是津门小说的创作优势,体现了天津作家对文学作品教育和鼓舞功能的一贯重视。让文艺成为都市亮点,让小说成为城市精神的一种烛照,已是天津文化的一个特征,一种传统。随着社会节拍和作家对人生感悟的理解,对小说题材的选择、叙事手法也发生了变化。在《新儿女英雄传》获得成功之后,女作家袁静创作了《小黑马的故事》,语言清纯,并富有动感,成为津门儿童文学的一个路标。小说以流浪儿小黑马在新旧社会的不同境遇,让少年读者领会了什么叫幸福温馨,什么叫黑暗冷酷。这一阶段的小说,还以另一种笔力刻画城市中党的地下斗争生活,以南方某城市大劫狱为背景的《小城春秋》(高云览著)和以沦陷区工运、学运为素材的《我们在地下作战》(周骧良著)最令人瞩目。两部长篇小说内容新颖,叙述颇具激情,情节悬念迭出,人物塑造很有个性,带动了一批同类作品的涌现。

　　中华人民共和国成立后,社会生活有了巨大变化,都市的发展更显时代脉搏。人民呼唤反映城区建设日新月异和工业旧貌换新颜的力作，求学时代就入党参加"学运"的王昌定，来到崭新面貌的天津，火热的工厂生活吸引着他，他兼职在一家大型国企，向操作车钳铣刨的师傅们学习。他的《海河春浓》在这一背景下创作出来。小说写生产，写技术改造，写企业领导间的思想冲突，强调企业领导要内行化，要把握经济运行规律，要关心群众生活，在全国方兴未艾的工业题材创作中另辟蹊径。津门文坛以力作描绘经济复苏、深入技术改革的大幕自此拉开。农村题材在津门小说里亦占相当分量，这一时期，描绘乡村新风尚，塑造新人物形象的代表作是《站起来的人民》(王林)和《太阳从东方升起》(曾秀苍)。小说深入地写出时代年轮，字里行间充满着朝气和理想。津沽濒临渤海，海的味道笼罩着城市，也浸润着文学。王家斌的《聚鲸洋》在《人民文学》发表后，立即受到文坛关注，获得茅盾热情评论。这篇作品虽出自年轻人之手，却是中国当代海洋文学的滥觞。

津门当代小说，有着海河水的微波粼粼，滋润心怀；也有着渤海的朝夕潮涌，引发思绪。文学作品可以暖心，也要发出叩问。描绘月圆，也刻画月缺。揭示社会问题，这是文学战斗作用的具体体现。柳溪的短篇小说《爬在旗杆上的人》活画了一位风向标式的人物。他有权无能，常常嘴上边说"上级原则"，脚下边使绊子，伤害了群众的积极性，也损害了党的威望。杨润身的电影小说《探亲记》镜头转向官做大了，亲情却淡薄了的现象，对干部身上的不正之风做了振聋发聩的揭示。方纪的中篇《来访者》角度不同，写一位大学生个人意识严重，以所谓的爱，从精神上束缚其妻子，向她的心灵泼出污水。通过男主人公意识与情愫的扭曲，批判丑陋，赞扬美好，风格独特。发表后引发全国性的讨论。这些小说揭示生活里的不尽如人意，尖锐又不失关爱。津门文学在中华人民共和国成立后的十七年间，主流题材突出，作品多元，创作活跃，成绩很大。

天津当代小说在20世纪五六十年代的创作，坚守生活源泉，坚持革命现实主义的艺术激情，让作品弹奏着时代的声音。其中，更多表现新民

主主义革命的历史和社会主义建设的炽热。老作家佳作迭出,新作者表现不俗,一座都市充满了文学的氛围。

(二)华章再现

1.蓄势待发,劫后重生

有意思的小说,趣味之外,字里行间有着某一时代的奏鸣。或讴歌,或低吟,或欢愉与哀叹二者兼有。从时代发展上看,挫折之后是回归,曲折过去是勃兴。历史的步伐的确如此,天津文坛的变化十分典型。

1978 年起 12 月,党的十一届三中全会召开。此前曾受到很大影响的津门小说界,短时间内便恢复了生机。先是报刊复出,《新港》和《文艺周刊》重绽芳华;《小说月报》《小说家》和《文学自由谈》隆重创刊。随后,创作迅速崛起,新老作家共同努力,使津门小说有声有色,成为全国关注的重要文学现象。蒋子龙的《乔厂长上任记》和他的"开拓者家族",冯骥才的《雕花烟斗》《啊》和他的文化小说,航鹰的《金鹿儿》《东方女性》和她的伦理系列,吴若增的《盲点》和他的蔡庄故事,汤吉夫的《本系无新闻》和他的一系列高校题材作品,既表明天津文学创作进入新阶段,又显示出群体实力。不久,孙犁《芸斋小说》问世,杨润身《九庄奇闻》出版,柳溪推出了《功与罪》,鲍昌创作了《庚子风云》。袁静、周骥良、王昌定、雪克、王家斌的新作,如《朱小星的童年》《吉鸿昌》《探求》《无住地带》和《雪人部落》等长篇,也送到广大读者手中。为尽快适应人们阅读的多样化,通俗小说创作日趋活跃。柳溪在《今晚报》创刊时,以连载方式发表了《燕子李三传奇》;冯育楠陆续推出了长篇小说《津门大侠霍元甲》《总统卫士》《泪洒金钱镖》。一时间洛阳纸贵,先睹为快。

20 世纪 70 年代末、80 年代初中期的津门小说,被评论界称为"从崛起走向繁荣"。

作品带有除旧立新的锐气,言直而切。当时全国文坛多有以讽刺"四人帮"的逆行和写伤痕的作品,津门小说却把目光放在醒世上。像《乔厂长上任记》呼唤整顿,《啊》描写了政治压力对善良心灵的严重伤害,《老涩外传》赞美了干部的清廉,《芸斋小说》运用了新聊斋笔法,入木三分地揭示了一个时期特有的人格表现。《明姑娘》等小说则捕捉平凡的闪光,热情描绘着摆脱羁绊的年轻一代。

蒋子龙笔下的乔厂长和他的"开拓者家族"标志着一个文学大潮的开始,寓时代精神于"改革赞"中。至今,"改革"依然是文艺创作的主旋律和华彩乐章。改革需要开拓,文学也需要开拓。蒋子龙的创作既是对生活的开拓,又是对艺术的张扬,具有多重意义。当"开拓者家族"系列全景地推到读者面前时,以往囿于车间的工业题材变成了历史。

津门小说文化气韵十足。冯骥才的《雕花烟斗》写了地位不同的人,逆境时能交心,顺境中却出现隔阂。《高女人和她的矮丈夫》对人们脑子里的祖上传下来的偏见,予以幽深的反省。吴若增的蔡庄系列小说,描绘人生的"盲点",在烟嘴、瓜皮帽上,抨击固旧伦理对人生的束缚,形象地暗喻人们对现代化进程的期盼。汤吉夫长期执教于高校,痛心知识分子的内耗,痛定思痛,诉诸笔端。他的高校题材触及了文化人遭到尴尬,手足无措的人生。津门小说还掀起了"民俗热",透过民俗看社会历史,冯骥才的《怪事奇谈》写了辫子、小脚,张仲写了龙嘴大铜壶,林希写了"小的儿(妾)""蛐蛐"和"闲人"。这些翻开就难以放下的作品,读者会从津城街头里巷那斑斓又曲折的人生中,寻找有益当代文化发展的教训与经验。

学者型作家鲍昌,他的长篇小说《庚子风云》历经二十年不寻常的辛苦,完成了第一部。虽是大剧的序幕,却也让读者从他对义和团运动的抒写里,体味到作家对中国近代社会的深刻回眸。柳溪的《功与罪》也写了十几年,小说以女主人公方红薇的坎坷人生历程,揭示帝国主义对中国的侵略不只是武力的,还有文化的。周骥良的《吉鸿昌》开拓了新时期的传记文学。王昌定的《探求》揉入了作家的心灵,使投身革命的题材更富有情愫。

20 世纪 70 年代末、80 年代初中期的津门小说,题材多样,社会感强烈,人物个性突出又具备代表性,并以对城市生活和民风、民俗的生动描绘,显现出鲜明的地方特色。

2.老而弥坚,清风勃发

天津小说创作到了 21 世纪前后,进入了一个新的涌动期。老作家宝刀不老,中年作家厚积薄发,青年作者的佳作不断问世。依然与时俱进,虽少些艺术锋芒,却在平实里见精神。

这期间,《孙犁文集》和其"续编"及"耕堂劫后十种"相继推出,同时梁斌、王林、王昌定等老作家和一批中年作家的文集陆续出版,皆为天津文坛盛事。特别是孙犁的文论、书简和特有的书话,在全国产生广泛的影响。他一再强调"中国的"现实主义,作家要提高素质,作品要净化人们心灵,这不仅是对 20 世纪现当代文学的总结,也为 21 世纪的小说铺下一块思想的基石。老作家杨润身是一位熟悉农民、热爱农民的作家。他久居革命老区,把自己的全部心血和才华都倾注到新农村文学的苗圃中。

茅盾文学奖和"五个一工程"奖设立,津门小说《都市风流》和《战争启示录》等入选。《小的儿》获第一届鲁迅文学奖。《都市风流》的作者是登上文坛不久的孙力和余小惠。小说取材于天津的道路建设和平房改造,以壮阔的画面、起伏的情节和全景式的描写,刻画出一座正在建设与变革的大城市如何克服重重困难,理顺干群关系,携手共渡到新的彼岸。《小的儿》是一部市民小说,由经历人生跌落、放下诗行改写小说的林希创作。从内容上看是在追寻老城旧事,笔端却深层抒写了破落家族复杂而畸形的人际关系。《战争启示录》是为纪念反法西斯战争胜利五十周年而作的一部长篇。作者是来自解放区,后在创作中遭到"批判"的女作家柳溪,小说笔下的抗日战争,有高层决策和谋划,有日方的诡谲与阴谋,有城市斗争的复杂交错,有战场的激烈厮杀。结构宏大,历史感突出,情节与资料统一在文学的抒写里,形成一种见证史实的叙述语体,尤其对投降阴谋的揭露,发人深省。

　　党的十一届三中全会召开后的津门长篇作品,数量渐多,内容丰富,文本多彩。《百年海狼》在海洋题材中脱颖而出,《高阳公主》借古代人物倾诉当代女性人生……知青小说作者在天津已是承前启后的创作力量,从最初的描摹当年下乡的身心疲惫,如《当代骑士》《沉雪》《耕耘岁月》;再到迅速融入都市生活抒写楼宇街区的人生,如《天狱》《桅顶瞭望》。天津的业余作者,不断转入专业或成为独立撰稿人;区县文学活动持续发展,凝聚了更多的新人。《精卫鸟丛书》代表了他们的新收获、新水平。女作家群也颇具特色,关注社会问题,题材选择视角独特,也有自己的叙述方式。柳溪年逾古稀,游弋在雅俗之间。谷应致力于儿童小说和民间工艺。航鹰于小说和影视交叉中,从家庭伦理系列走向慈善文学。赵玫的创作方式是个性化的,以文体的变革写女性内在的性征。这一群体里,可列出一串人名,以彩绢和丝线,织出津门女作家长于生活,品味人生,重视题材,写出个性的特点。虽然她们的笔端很少大音希声,却用深沉弹拨风云,并以长号、短笛交织成关心女性命运和普通人生的混响。

　　津味儿之作在世纪之交涌现,绘出天津文坛的一景。林希的"新市井小说"和肖克凡、王松的"俗人"系列,形成了"探寻主人公的文化背景",审视人物个性的"生存状态和生存模式"的小说流派。津沽地域文学,常以清末到20世纪二三十年代的天津为背景,搭建一座三教九流的生活舞台,多元刻画杂色的人物。津味小说对情节、人物,尤其对复杂的矛盾冲突,予以文化观照,批评其中的国民劣根性。特别是涉及"闲人"的描绘,在审丑中让读者对天津的"杂色人生"有了艺术感受。

　　津门文学经历多半个世纪的发展,和城市一起脉动。以电影剧本《白毛女》蜚声文坛的杨润身,追随时代脚步,写出《白毛女和她的儿孙》。马不扬鞭自奋蹄,津门作者都在拓展着自己,为津门小说奉献精品。2002年5月23日,天津召开纪念《在延安文艺座谈会上的讲话》六十年大会,会上对青年作家隆重奖掖,推出两名大奖和四名提名奖。显示着天津文坛的姹紫嫣红,装点着日益丰富的都市生活。

第四节　表现、选择与恪守红色

小说创作或者说文学创作,只是文化的一部分;文学的五彩纷呈,为文化增光添彩。提到唐宋,必说诗词;叙述明清,要讲四大名著。进入社会主义建设阶段,文化要在"新时代"大发展、大繁荣,必然要反映到文学创作当中来。有了这样一个生活之源,文学创作就会现出宏观的视野和壮阔的文化背景。

(一)独特的文坛表现

天津小说创作,特别在 20 世纪五六十年代和党的十一届三中全会召开以来的四十余年间,有着数量众多享誉全国的优秀作品。要了解个中原因,再上一个台阶,就要深入认知天津的文学生态。笔者通过多年积累,概括天津小说的生态:一片绿地、两座山峰、几株大树,多簇的鲜花和芳草萋萋,组成别有洞天的文学风景。

一片绿地:天津有丰富的、好的群众文化创作基础,尤其业余文学创作曾与上海比翼齐飞,尤其是"天津工人业余文学创作社"几乎独步中国文坛。据工人文学社资深成员、作家扈其震回忆——

> "天津市工人业余文学创作社",在时任天津作协副秘书长、知名作家周骥良亲自协调、催生下,于 1956 年 7 月 29 日成立,它是天津市总工会下面的基层单位第一工人文化宫所创建的群众文化社团。它的原名叫"天津第一工人文化宫工人业余文学创作组",后来才改成现在的名称。当时参加成立大会的人基本是发表过一些文学作品或新闻稿件的工人作者,如万国儒、张知行、杨柏林、刘中枢、王德奎、王福全、柯兰等,30 余人。万国儒担任社长,张知行任副社长。

同一年,和平区文化馆也组织成立了"和平区职工业余读书写作小组"(天津市和平文学社)和分支"天津七月诗社"。可见当时的天津那种热气腾腾的注重文化发展、繁荣文学事业的氛围。再后来,其他一些区县也逐渐有了自己的群众文学创作社团。工人作者群体是新社会新时代的"宠儿",是被社会主义新文学建设的需要推上历史创作舞台的……

文学社一经成立,就得到了茅盾、周扬、丁玲等当时中国文艺界权威人士的热情肯定和扶持。主持中国作家协会工作的邵荃麟同志当时专门问到天津工人文学社各项活动的具体情况。他十分兴奋,说三十年代左联时期,"大搞文学社团,几次努力,准备在工人当中建立文学社团都没能实现。盼了三十年,在工人政治翻身与文化翻身之后,终于在天津实现"。由此可见天津工人文学社这一新生事物在中国文学界的影响。文学社经常开展活动,学习文化知识,讨论各地作家和自己的作品,创办报刊,并请著名作家来此讲课,像北京的一些作家和天津的方纪、孙犁、梁斌、袁静、鲁藜、周骥良、杨润身、王昌定、闵人等很多著名作家诗人都曾来过文学社传授创作经验。工人文学社成员也由最初的三四十人,发展到鼎盛时期(20世纪90年代)的将近300人。

文学社最早成员、后来任天津作家协会副主席的阿凤在《我是怎样学习写作的》中说:"解放(新中国成立)以来,工人在政治生活、经济生活和文化生活上发生了新的变化,党对工人无微不至的爱护和关怀,工人们高涨的劳动热情,不断涌现出来的新人新事,感动着我,使我有一种非要把它写出来不可的愿望;我试着写自己熟悉的生活,熟悉的人物,歌颂今天的美好,说出自己内心的话。"这句话真实地讲明了他走上文学创作道路,源自天津工人作家群体的持续壮大,和所承载的时代背景等社会因素。享誉全国的天津工人作家万国儒,原是天津织染厂的工人。在20世纪五六十年代,相继出版了《风雨之夜》《龙飞凤舞》《欢乐的离别》三本

短篇小说集。茅盾先生评价他的代表作《欢乐的离别》时提到："（万国儒）给了我们许多风趣盎然、而又意义深长的仅有二三千字或竟有千余字的短篇，这在短篇小说不能短的今天的时尚中，不能不引人注意。"

工人文学社建社四十周年之际，人们总结说：这支职工文化活动的骨干力量，不单"立足基层，深入实际，勤于创作，提供了许多高质量、高格调、高品位的精神产品"，而且体裁多样，包括小说、诗歌、散文、报告文学和评论在内，"累计 6000 多万字"（见《努力促进我市职工文学创作的新发展——天津工人文学社成立 40 周年工作报告》，《工人文学》1996 年第 2 期）显示出津沽业余文学创作的伟力。正是这片"绿地"的滋润，其中 16 人加入中国作协，98 人成为天津作协会员（数字源自《努力促进我市职工文学创作的新发展——天津工人文学社成立 40 周年工作报告》）。他们的作品，及其深刻的文学足迹，为天津的都市文化做出了叹为观止的贡献。

不多举例了，相信读者会懂得，这片茵茵"绿地"是津沽文化、天津小说成长的沃土！

同时，天津全境刊登群众创作的文化期刊（内部发行）遍布，甚至在保税区、科技新区这些建设不久的地方都有期刊，像天津群众艺术馆《海河文化》、宁河《七里海》、蓟州《芳草地》（曾用名《盘山红》），包括南开、和平、河北和宝坻、东丽等区的文化刊物，不懈地坚持几十年，印证着天津的"一片绿地"有着光荣传统。这个"绿"到现在很好，在全国有相当的影响。要重视这片绿地。

两座山峰：就是梁斌、孙犁。笔者要在后面专章阐释，本节只提几句。梁斌，几乎一辈子围绕着中国的一个汉字来写波澜壮阔的历史。朱老忠在现代革命的大潮中，从自发到自觉的涅槃，反映出中国共产党对参加民主革命的农民如何一步步从"庄稼汉"培养成为共产主义奋斗的"战士"。梁斌从年轻时就写，一直写到《红旗谱》出来，还不断修改。坚持不懈，为了塑造革命英雄攀登不已。梁斌的精神和作品，是天津乃至中国文学的一座"高峰"。孙犁在艺术风格上与梁斌不一样,在当时抗日战争的残酷环境下,他的小说看似婉约却把坚强蕴含在秀美中。这种审美的"高峰",现出隽永的情怀。

几棵大树:有20世纪50年代的杨润身、雪克、袁静、柳溪、王家斌等;有20世纪70年代后期的蒋子龙、冯骥才、航鹰、吴若增、林希、汤吉夫等。这些天津文学的大树有不同的叶子,不同的枝蔓,天津文坛也由此绚烂,被全国所瞩目。

多簇鲜花、芳草:即有影响的青年作家和正在成长的小说作者,活跃在津沽,作品广达全国。赵玫、肖克凡、王松、李治邦、李唯、张永琛、宋安娜、尹学芸、龙一和武歆们都已逐渐从鲜花芳草变成大树。

天津文坛,有山峰,有大树,有花丛,有绿地。盼望今后绿地变成园林,山峰周围有峻岭,大树不只是十几棵,鲜花要盛开。不光闪亮登场,还要在文坛常青。天津文学,在春意盎然的新时代,必须格外努力。并在努力当中,作品除了新鲜劲儿,还要在沉寂时能不断被人们阅读,这是对天津文学的一个考验。要创作出精品,小说能产生梁斌、孙犁那样的影响。

(二)面对浮躁的选择

文学在这一二十年,自觉不自觉地要面对消费市场的冲击。阅读在新媒体的全面覆盖下,变得轻便起来。轻便意味着要求文艺作品不那么强调熏陶心灵和感染胸襟,文艺的意涵要对沉重减负,增加休闲、舒适和"乐呵乐呵就得了"。文化既然是产品,要适应市场需求。可是文艺作品不属于一般产品,它体现意识形态,含着思想要义,表达良善是非。对欣赏者有着陶冶情操的作用。古人认为"文质彬彬,然后君子""欲诚其意者,先致其知",现在尤要树立理想,修身爱国,文化自信。文艺不能失去涵养大众内质的作用,对文化的市场消费要有清楚的认知。

天津文坛在这十几年中,与时俱进,于清醒中走向多元。面对新媒体把握着适度守持的原则,身临浮躁要显现出宁静致远的追求。尽管作品

已没有《乔厂长上任记》时的轰动,也没有纷纷获奖的推动。却在有些沉寂中,赵玫发表了长篇小说《我们家族的女人》《朗园》等作品。老作家杨润身几下革命老区,深入了解农村改革生活;冯骥才留住老城厢影像的同时绘制"作家画";航鹰在倾心于电影电视的编剧之后,全力以赴组建"天津近代历史博物馆";吴若增领着几个人去触电……这些作家试图或已经改变着自己,不过他们并没有忘记小说,不时有作品刊出。那风格、那视角、那内涵,都有所嬗变,更准确地说,是在坚守中有所选择。当然,留下的依然是对天津文化的拥抱、热爱。

《文艺报》等报刊曾报道,天津作家到大港油田,到开发区,到厂矿、乡镇等地深入生活的消息。下基层之后,他们生动写出了反映企业和企业家的报告文学。作家追赶生活,生活又充实着作家。

前几年出现创作方法的改变,创作视角转向自我,给小说写作带来了"震波"。天津的作家并未追逐这股"时尚"。林希的《蛐蛐四爷》《天津闲人》、汤吉夫的《大学纪事》、航鹰的《普爱山庄》、李唯的《腐败分子潘长水》、王松的《红汞》、李治邦的《城市猎人》等,直到最近冯骥才推出了《单筒望远镜》和《艺术家们》,这些作品凸显着浓郁的人生况味,塑造着城市的多彩。天津文坛还进一步把天津的风土人情和三岔河口的积淀作为艺术背景,以改革中的都市生活为时代特色、以市民人生为人物底蕴、以大众面对挑战与机遇为基石,创作了《机器》《天津爱情》《十城记》《潜伏》……

小说作家努力提高自己,张永琛对战争与人的思考,王松对诡谲命运的探求,赵玫对女性心理的描绘,都突破了原有的自己。对天津风情的关注由民俗进入民风。作品内涵更深沉了,语言表现更加鲜活。《新闻年年有》(汤吉夫著)描绘大学讲师老周,有一处细节:对别人让他理发去街头小铺,而不是去理发馆,竟"觉得就跟二十年前头一回让人抹了黑脸拉到街上去游街一样,是奇耻大辱。他红涨着脸冲老伴道:你还不如找根绳来把我勒死算了。"好面子竟如此,仿佛"孔乙己"魂魄还在,生活已弯道超车，"他"依旧死要面子活受罪。

依照时代节拍律动，一直是天津文学发展的步履。从 20 世纪 70 年代末开始，津沽小说从不缺席，只是有所起伏。到了 21 世纪初，创作呈现平稳态势，似平原上的河水，虽缓缓流动却也浇灌着瓜果菜蔬。文学园林中不应全是奇花异果，也需要小草绿叶。见微知著，更含力道。

天津作家群体里，熟知城市生活的多，熟悉农村的少。老作家杨润身一直在革命老区平山县挂职与生活，心血和才华倾注到农村文学的苗圃中。中年女作家尹学芸的足迹从未长时间离开蓟州，她写的《我的叔叔李海》《天堂向左》等，描述与都市不同的生态，把笔端放在婚姻不幸、兄弟失悌、家族困顿上。《菜根谣》的两位女性，原型来自生活底层，山水情感，抵不过世俗的冲刷，妥协了，也伤害了人生的初心和过日子的初衷。小说所反映的"人性在命运转折的关键处引发的各种效应"，对物欲人生极具警醒作用。天津作家站在新高度，对津城街巷胡同交织、中西建筑并存、商埠码头汇映，所形成的城市味道关注有加。从《龙嘴大铜壶》到《津门十八街》，使津味儿抒写由揭示"世态"进入勾勒"世情"。《丑末寅初》和《艺术家们》又从"世情"向"世相"发展。作家似乎运用了一种非历史非风俗非刻意也非标榜的"模糊"手法，告诉读者，在"九河下梢"有那么一种"世相"，不论是摆摊还是做闲人，不论是炸麻花还是当画家，却假也真实，真也真诚。真真假假之中，"海河下梢的百态"形成了一种变体文化，把"老天津"的光怪陆离投影出来，也从另一面印证着今天生活的清新和敞亮。肖克凡的《都是人间城郭》聚焦黎明前的天津大杂院的几户人家。城外解放的炮声隆隆，这处院落的媳妇汉子还为生活琐事忙忙碌碌。知道世界要变，却习惯于浑浑噩噩。谁知新时代不等人，大杂院现出了烦乱与复杂。作茧自缚还是破茧重生，小说写到此处，读者应当明白答案。

天津的文坛，平缓中有浪花，坚实中有突起，不断到生活中闯一番，又不断地增加创作营养。天津这块沃土，让小说创作有嚼头、有回味、有启迪、有沉淀、有引领。天津创作在发展、深化。

（三）恪守天津文学的"红色"

眼下的阅读，人们不太爱看纸质作品，不多接触内容有着教益的文学，却比较接受"刺激"的描写，床头拳头能抓眼球就行。不少人认可这种文字，以为消费时代的小说就是用来休闲的。不希望深刻，花里胡哨更能解闷。"文以载道"那是过去，现在需要的是看几段婆媳斗、宫廷斗，两三章窝囊女婿身世翻转，五六篇穷酸一夜暴富，可是我们的文学能这样吗？

1.梁斌的《红旗谱》

《红旗谱》是 20 世纪五六十年代中国长篇小说的代表作，是描写革命斗争的"红色经典"。它主题明确、意义深刻、人物棱角毕现、谁是谁非分明。写情爱远离卿卿我我，说人生真真切切。历史印痕犹如斧斫，命运起伏更似滚石。然而，这部小说反映出了生活底里的真实，几乎每个情节都见证着曾经的社会历程。与《红旗谱》一起涌现在文坛上的，还有《红岩》和《红日》多部，使"红色经典"成为当代文学史光彩一页。

一部小说有了经典性，可惊四座，可动人心。《红旗谱》写了党领导下的农民斗争，写了战斗者的从自发到自觉，写了民主革命的艰苦卓绝，写了他们站起来我们才能富起来。今天的人们在绿荫底下好乘凉，是无数《红旗谱》里面的先辈们，用流血牺牲栽种和浇灌的"好大一棵树"。前事不忘后事之师，只要是文学的经典都应该具备读后有感悟的层面，内涵要触及心灵，文采要富有意蕴。有益于社会与人生的作品，如鲁迅的《狂人日记》能令读者反思封建社会为什么会"吃人"，歌剧《白毛女》会让观众懂得为什么地主的压迫会引起贫农的反抗。有内容、有力度、有方向的小说，会使读者大众感悟和回味。作品写出来，它的故事起伏和人物命运不能止于过眼云烟，不能看书像吃顿快餐，吞咽几口倒头便睡。小说要在阅读之后有意思还要有意义。可以消遣性地阅读，却不能让文化走向缺乏营养的消遣。文化消遣了，知识会浅薄，人也会矮化。

　　《红旗谱》看后,会振奋精神,感恩前辈,了解征程,理解革命。要知道梁斌从准备创作开始,就把自己融入到波澜壮阔的革命斗争中。并结合自己的战斗足迹和青年时期的创作经验,做由表及里,系统全面的思索。面对挺起腰身的农民群众,个人命运已不再是艺术的聚焦点,作家要透过凸现的个体,走出地平线,去深入厚土,开掘历史。梁斌在战火纷飞的岁月,利用间隙时间,写了纪实作品《三个布尔什维克的爸爸》。随着革命的胜利,作家脑海里放不下浴血奋战的同志和波澜起伏的场景。梁斌决心写出一部留在人们心中的红色小说。在反复提炼之后,历经十几年,在"三个布尔什维克"的基础上,拓展成描写北方农村斗争生活的长卷。以朱严两家三代和冯家两辈的悲壮又惨烈的冲突,把动人心魄的斗争生动反映出来。作品那细致又恢弘的抒写,使《红旗谱》达到了相当的高度。换句话说,《红旗谱》写出了中国农民从压迫中站起来,不畏艰辛,以斗争去谋求生存的深刻历史步履。

　　这个步履,从自发到自觉的历程,是中国共产党人启发、教育、引导的结果。小说描绘的斗争,是时代特点的斗争、全新的斗争,是走向胜利的斗争。《红旗谱》是这样写农民的:已没有了鲁迅笔下的阿Q相,也没有了老舍小说中祥子的骆驼状。不任人摆布,要翻身崛起。他们既不是"苦人儿",也不是"乌合之众",更不是痞子和游民。以朱老忠为典型性格的形象,是作为中国革命生力军出现的,在党的领导下朱老忠们成为新民主主义革命的中坚。

　　小说显示出思想倾向的先进性。孙犁一直主张,中国当代文学要坚持"革命的现实主义"。梁斌的《红旗谱》显然是把站起来的农民形象做了崭新的描绘,让艺术开拓出一片天地,抒写了前无古人的农民斗争生活。评论家李希凡明确指出:"锁井镇的朱老忠及其伙伴们,乃是(20世纪)二三十年代中国农村大变动的一个缩影。"学者陈涌和张炯认为,《红旗谱》凝聚了对现代中国社会生活的观察与理解,着重表现的一个思想就是中国共产党领导的农民革命斗争,是在中国从来没有过的新的思想基

础上进行的，但它又是过去农民斗争的继续，与过去农民斗争的历史保持着承传的关系。新的世界观指导下的亿万农民的革命化，是20世纪中国历史变革中最引人注目也是最具深远意义的事件，也是20世纪中国历史的一大特征。《红旗谱》和朱老忠形象的"深刻的典型性"也就在这里。上述分析、评介，都鲜明而具体地说明《红旗谱》的经典性是涵盖着先进文化内涵的。在当时和今天，这类作品都是时代生活的一道亮丽风景。

一部长篇小说的经典性，笔下人物的典型性塑造是至关重要的。高尔基指出：艺术就是进行典型化的艺术，要创造出典型人物的明确画像。而《红旗谱》刻画的朱老忠形象，不仅符合高尔基的创作要求，并且以鲜活的中国风格，让书中站起来的农民深刻地代表着一个时代的斗争生活。朱老忠形象最为读者称道的，是他那"出水才看两腿泥"的执着，他那不向坎坷命运低头、不悔自己的人生抉择，以及他那一路寻觅、坚韧不拔的性格。作为现实主义代表作的《红旗谱》，运用小说艺术，把在党的思想烛照下，经过斗争的炼狱之后的农村革命，予以"高于生活，又符合生活"的归纳。朱老忠们历经血与火的洗礼，对命运的理解发生了质变，曾经的受难者转变为革命战士。例如，朱老忠的父亲也与恶势力斗争，也性格刚烈铁骨铮铮，却因是自发的争斗，形不成有组织的声势和力度，血染村口的钟下，一时之间家破人亡。缺乏革命理论指导的斗争，必然会是悲剧的结局。当朱老忠从倔强的反抗者成为共产党员之后，人物命运已不是过去的"揭竿而起"或"成者为王败者为寇"。而是在先进思想指导下，有组织地按时代要求去革命，并把自己的一生，奉献给千百万群众要站起来的伟大事业。这也是《红旗谱》为什么着重斗争精神，为什么写得荡气回肠，甚至人物都筋骨毕现的主要原因。

在《红旗谱》之前，不少作品笔下的农民命运充满苦涩，自这部"红色经典"开始，农民作为战斗者形象被赋予了史笔的描绘。同时，作家还把笔深入到朱老忠这一形象的内心，去看其历史积淀，去考察其时代的启蒙，去探索其革命人生的价值。在朱老忠身上正像高尔基所说的，"除了一般的阶级特点之外"，还写出"他最有代表性，而且最后会决定他在社会上的行为的个性特点"。农民从报家仇到报阶级仇，以至成为中国革命的主力之一。这种既是纪实又是艺术的描画，使朱老忠这一典型形象进一步典型化，"给人以力量"。

朱老忠这一典型的塑造有一种理想色彩，但不是用浪漫去雕琢渲染，而是作家从革命经历与观察中写出人物的光彩。这和当时的艺术要求、艺术审美、艺术环境相一致。既要写出英雄品格，也要写道德尺度，艺术的教育功能被格外强调。《红旗谱》的形象具有审美教科书的作用与影响，作品的社会功能也因典型化而发挥出来。

文学应该积极地深入当代生活的问题，并为"真善美而战""给人以力量"。梁斌通过《红旗谱》，以写出时代性为己任，把创作的责任感极大地投射出来。小说出版后，便获得巨大声誉。茅盾阅读后指出这是一部"里程碑的作品"。即便如此，梁斌仍不满足，还要反复字斟句酌。例如，1977 年的《红旗谱》(中青版)第一章，17 个页码，9000 余字。与百花文艺出版社 1986 年版的《红旗谱》第一章相对照，后者竟修改了 348 处左右，几乎不足 30 个字就有修改的地方。大到整句删改提炼，小到标点的考虑、语气词的推敲。这部红色经典发行 20 余年来至少有过 5 次修改。这从一个侧面说明，梁斌在创作上精益求精，语言不闪光，描写不精湛，绝不搁笔。梁斌的创作是对革命人生的艺术总结，也是以肩负使命的艺术创作去继承历史光辉的一页。这种对革命征程的热爱，使《红旗谱》必然会成为一部隽永的艺术精品。《红旗谱》是以史笔进一步实践着解放区的文艺传统，进一步实践了《在延安文艺座谈会上的讲话》所提出的创作原则。并围绕着朱老忠形象的塑造，使思想政治倾向与艺术真实一致起来。

《红旗谱》作为红色经典，半个多世纪以来不单影响鼓励了几代人，并在半个多世纪的岁月中，多次搬上话剧、京剧、梆子的舞台和银幕荧屏以及动漫、插图。这显示出一部典范的文学作品，是一个开采不尽的富矿，能够为多种艺术门类提供坚实的素材，极大地丰富了其他艺术的展

示空间。致敬经典,《红旗谱》当之无愧。

2.孙犁与青年作家的通信

孙犁是我国著名作家,他于1940年代,以短篇《荷花淀》《嘱咐》等蜚声文坛;中华人民共和国成立后,又以长篇小说《风云初记》、中篇小说《铁木前传》、新笔记文学《芸斋小说》等,确定了他在当代文学史上的地位。同时,他还是一位六十年来一直热心扶植青年创作的德高望重的文学导师。他与青年作家通信并应青年人之邀所写的序,就是一笔丰富的文化财富。

孙犁写信给青年作者,始于他在晋察冀通讯社的1938年。留下深刻印象的一次是:1941年准备过平汉路,年仅15岁的小战士刘前冲来信问创作,他在油印刊物《青年红旗》上发表文章"当做回答"。此后在半个多世纪的文学生涯中,孙犁保持用写信来和青年作者联系的习惯。随着时间的推移,这些信发挥出巨大的影响。

按孙犁晚年回忆,与青年通信多集中在两个阶段。一是在《天津日报》编辑副刊时,投稿者来了很多信,他"有信必复,而且写得很有感情,很长"。另一时段,是1976年以后的十几年间。"此时有些在文坛上活跃的青年人,蒙他们不弃,先后把他们的作品送来""提一些意见";孙犁"很认真,谈了他们各自的优点,也多少谈了不足之处。"(见《孙犁文集》第4卷,百花文艺出版社,1992年版。以下引文出自同一本书,不再注明)这些信常被收信人和编辑同志热心发表,作家也支持。所以,孙犁的信成为他影响文坛、批评创作的一种重要的方式。

天津解放前夕,孙犁在河北胜芳筹办报纸过程中,已深入考虑如何去组织一支工人创作队伍。进城后,以《天津日报·文艺周刊》为阵地,辛勤耕耘,倾心辅导,一批工人作者涌现。孙犁是我国当代较早关注工人创作的作家。对基层群众的来稿热情欢迎,严肃细致审阅,认真发现并积极扶植新人,从而使天津工人创作成为我国当代文学史上闪光的一页。孙犁还发现、扶植了一批文学新苗。如刘绍棠对运河的讴歌、从维熙对农村的抒情、韩映山对平原的清唱……很快,聚成"荷花淀派",以对农村的新人、新事、新气象的多点而精致的刻画,表现出当代农村题材的创作发生了质的变化。这一时期,孙犁写了不少信,寄语年轻作者要"成为参天成材的大树在全国各地矗立"。孙犁的这种"文字之交",即以作品为纽带,讨论写作的各种问题。例如,他曾和刘绍棠二十多年没见面,拨乱反正后重逢,激动之余明确希望刘绍棠,"不要再骄傲,不要赶浪头""要保持自己的风格。"孙犁和青年通信是在交心,并且越到老年越"怀有一种热烈的感情和希望"。

青年作家不断把新作送或寄给孙犁,热情来信谈创作的新问题、新情况,孙犁总是抽出时间认真仔细阅读,然后写信告诉他们自己的感受。对青年作家而言,孙犁的信已远远超出一般的书简范畴,具有语境平实、批评鲜明、讨论深入、思想深刻、见识卓绝的文论特征。他的信还被发表在各种报刊上,于是也就超出了私人话语,成为一种与"耕堂读书随笔""耕堂题跋"等比翼齐飞的"芸斋短简"。这是集文学分析、艺术阐释、小说批评和叙事抒情于一体的书信美文。这一时期,和孙犁通信的青年作家,有 20 世纪 50 年代的作家刘绍棠、从维熙、韩映山、房树民……有新时期文学作家刘心武、谌容、贾平凹、铁凝……还有各地的文学新秀马秀华、侯桂柱、袁玉兰等。而给这几十人写的上百封信,加上相关的读书笔记、序跋,是孙犁对当代文坛的新耕耘、新贡献。

通信中孙犁希望和青年作家的关系是"友谊、友谅、友多闻"。他只做一位年长的书友,以真诚、真挚、真切之心去善待稚嫩的花蕾。他的每一封信,无论长短都亲切、中肯,有的几封信围绕一个问题详细阐述。所以,孙犁给青年作家的信,已超出"信"的意涵,有着对当代文学一种系统而广泛、具体而深入的整体性、哲思性、预见性和艺术理性的表述。看似是作者的个人见解,由于其行文言简意赅、厚积薄发,实在是精彩的文学短论。有很多哲理性鲜明的警世语句,即使十几字也极具分量。

例如他对铁凝说:"创作的命脉,在于真实。"这指的是生活的真实,

和作者思想意态的真实。这是现实主义的起码之点。他评点从维熙，"你反映的是一个时代的、生活方面的真实面貌"，不必去实验浪漫主义，还是坚持现实主义创作好。谈到有些苦涩的作品，孙犁也认为，"是来自对生活的观察认识"，也是"现实主义文学的一个方面，一种表现手法"。孙犁强调文学内质需要"纯"，并称铁凝写农村女孩的作品是他这种主张的印证。孙犁指出，写得纯和作家的生活与精神有关，而且"在接近自然的地方，在空气清新的地方，人的想象力才能发生，才能纯净"。可见孙犁强调的现实主义有其特点，一要源于生活，并且要比生活纯美；二要以一种精神境界去塑造典型；三要运用各种表现手法去丰富和深化现实主义。孙犁指出，中国的现实主义是与中国革命相结合的，是同形形色色文学上的反动潮流、颓废现象不断斗争，才得以壮大巩固的。他深情地写道——

"五四"前后，中国的现实主义，由鲁迅先生和其他文学先驱奠定了基础。这基础是很巩固、很深厚的。现实主义的旗帜，是与中国革命的旗帜同时并举的，它有无比宏大的感召力量。中国的现实主义，伴随中国革命而胜利前进，历经了几次国内革命战争和八年抗日战争（今应为十四年抗日战争——编者按）。这一旗帜，因为无数先烈的肝脑涂地，它的色彩和战斗力量，越来越加强了……现实主义将是永生的。

孙犁自己的创作尤其是新时期的短篇小说创作，在实践中坚持并发展了中国的现实主义。他严肃地说："把政治和艺术分成两个标准来衡量一部作品"，会"导致作品的概念化，导致作家的虚伪粉饰"，实际上"于政治与艺术，都是不利的"。孙犁把政治和艺术、生活与创作的互为表里看得很重，视为现实主义一个质的特征。推崇自然清新、无巧之巧的作品，反对"过分着意于创作的技巧和故事的编造"。青年人的作品应该"视野广阔、富有活力、独具风格、如花似锦",而要做到这些,一定要"透出时代、社会特点",同时要汲取各种营养,"扩大借鉴的范围"。孙犁指出:"作家不能老注视一个地方,他的眼睛应该是深沉的,也应该是飞动的。"只要和创作结缘,就应当"把全部精力、全部身心,都用到文学事业上来",并且"必须与自己的民族的命运,紧紧联系在一起""要选择高一些地方站住脚。"现今,"站在文化高地去创作好的作品"已成一种共识,其实孙犁早就对此寄语文坛,号召文学有生力量写出一批不辜负时代的优秀之作。

孙犁在信中格外关注艺术的真善美。他喜欢贾平凹的散文、铁凝的小说,都是以此为着眼点的。孙犁强调,艺术不仅要重视真实情感,还要重视"修辞语法"。孙犁的文学语言原则是,不摆架子,朴素自然,"以民族语言为主,'中学为体,西学为用'";崇尚白描,认为高境界的白描是"去掉雕饰、造作,并非纯客观的机械的描画",能"表露生活之流的神韵"。总之,孙犁提倡艺术美,并且这种"美",是出自对生活的由衷热爱和笔端充分流淌着现实主义的创作手法。因此,孙犁明确指出,反映生活的作品最好是鲜活生动的,因"文美"表现出了小说、散文所渗透的"神韵",才会涌现出一篇篇、一部部佳作。

孙犁格外重视青年修养问题,告诫年轻作者要警惕文坛的风气不正。嘈杂的议论和市场喧嚣,致使一些本来很有前途的作者,"受不住诱惑,走入歧途"。文艺理论出现了某种"庸俗""混乱",把反映历史"不真实"的、现实意义"平庸"与"没根基"的、语言"很芜杂""很污秽"的作品,吹成了"优秀之作",结果造成了青年作家的创作误区。孙犁鲜明告诫:不正常的文化环境不单影响了青年修养,而且波及心灵,所以对"灵魂的创伤,需要正常、健康的滋补"。要重视"作者的人生观""人生观是作者的灵魂;人生观不同,形成了文学作品不同的思想境界",由此也就有了"严肃作家""轻薄作家""为艺术的作家"和"为名利的作家"的区分。不能老是去想"作品的得失荣枯",应"只问自己用力勤不勤,用心正不正,迈的

步子稳不稳"。要深入生活,向社会向人民学习,有了"生活的积累",这些认知提高了,文化也会提高的。从事创作的人应该明白,"艺术与道德并存"。艺术是人生的,也可以是为艺术的,但是不会只为名利。而且只有"教育陶冶人的思想感情的艺术",才会被社会、人民热情欢迎,这样的作家才是"正心意诚"的作家。

青年作家要在创作实践中摸爬滚打,于不断学习不断磨砺中使自己成长。因此写出幼稚作品并没有什么,甚至"文学的模仿,也是不可避免的"。而"很快从这种幼稚状态摆脱出来,发挥自己的特点,形成自己的风格"才是重要的。每位有志文学事业的青年,都应"进修文化",多读古今中外优秀之作。例如对鲁迅的作品,孙犁六十年来苦读不辍,做到了融会贯通。孙犁也由此指出,希望编者、作者都要以其素质和修养耐得住文坛的寂寞,而不去追逐时髦。要以自己的情操和作品"取信于人,取信于科学"。

孙犁和青年作家通信的内容十分广泛,有的谈及创作要旨,有的只是字句的推敲,有的甚至只是问安和嘱托。反映了孙犁的人生、创作、美学观念和文艺思想。他既是作家自己的,也是时代的,天津的,还应该是青年修养所必需的。

3.方纪和这一优秀群体

读方纪作品,仿佛迈入有山有水、花木繁盛的公园。胸有沟壑,笔如泉涌。他歌咏江河的长诗,篇篇是"耸立的青松"——语句潇洒铿锵,意蕴深入个性;他的散文综合起来是"迎春的腊梅"——站在文学的潮头或高歌,或低吟。他重要的篇章多放在讴歌大自然的壮美和站起来的人们身上,写出时代的风采,抒写现实的火热。

方纪接触文学之时,面对的是苦难的中国,满眼的贫弱疮痍。希冀大众挺起胸膛共同呐喊的他,自拿起笔就投入到火热斗争中,把文学熔铸在一生的革命追求里。随着步伐的坚定,他要用崇高的精神,使文学创作成为所奉献的事业的一部分。这也几乎是方纪和他同时代战友的一种集群现象。

在天津,和方纪一样经历的作家,是一个典型而夺目的群体。他们中有写《红旗谱》的梁斌,写《荷花淀》的孙犁,写《腹地》的王林,写《战斗的青春》的孙振(雪克),写《白毛女》(电影)的杨润身,写《团泊洼的秋天》的郭小川,还有周骥良、鲁藜、袁静、柳溪、何迟、萧也牧、鲍昌、王昌定、赵大民……尽管每个人个性不同,文笔有异,但是把文学和革命交织,铸成自己人生追求的他们,从不为个人写作,从不做孤影的吟唱。而是伴随时代,响应号召,为着革命理想行进着,描绘着。正如鲁藜的诗句:老是把自己当成珍珠,就时时有被埋没的痛苦,把自己当作泥土吧,让众人把你踩成一条道路。"当作泥土,让众人踩成道路"就是这一代人的群体特征。从腥风血雨中走来,一路拿笔做武器去战斗。他们把生活的真实、理想的崇高、爱国和为民的深情,流淌在笔端的创作中。用火热生活练就了"心灵深处的奔腾咆哮"和"动脉里炽热的鲜血",锻造出一部又一部的"红色经典",以此丰富和带动了当代文坛。

方纪自己也说:他是这一群体的成员,文学追求和艺术目标是一致的。尽管每一位作家"个人各有心胸""但一切反映了自然真实面貌,又创造了崇高意境的,则无论是绘画、诗、散文,都成为了我国人民的精神财富,为我们伟大祖国的富丽山河,赋予了种种美好的形象和性格,启示了和发展着人们的爱国主义思想情感。"

当中华人民共和国诞生,长城内外、大河上下、腹地边疆到处是日新月异的建设,到处是不断变化的生活,方纪的笔端流淌的更是激情。他在散文中歌唱长江大河,歌唱伟人毛泽东。尤其是那篇《挥手之间》,记录的是"重庆谈判"时,毛主席在机舱门前的挥手,那酣畅的笔墨抒发的是对毛主席的敬仰与热爱。

方纪深情的描述——

人们不知道怎样表达自己的心情,只是拼命地一齐挥手,像是机场上刮来的一阵狂风,千百条手臂挥舞着,从下面,从远处,伸向

主席。主席也举起手来,举起他那顶深灰色的盔式帽"……"一点一点的,一点一点的,举起来,举起来,等到举过头顶,突然用力一挥,便停止在空中,一动不动了。(引文见《人民文学》1961 年第 6 期)

　　文章由远及近,由动到静,由众人挥手,凸显毛主席那开启历史篇章的挥手,记录那历史的一幕。多么精彩的艺术刻画,多么动情的讴歌!

　　方纪幼年时就已植根于心的浓浓乡情,孕育着对家的情怀;炽热的兴国追求,激发着对民族崛起的理想。当方纪为了家国的复兴,决心投入革命,为中华民族崛起而斗争时,他已经把身心与中国命运融合在一起。

　　抗战胜利后,方纪到了承德,他参加土改工作团,接着做了中国人民解放军的随军记者。张家口撤退后,他又先后被调到冀中区党委宣传部、冀中文联以及《冀中导报》等处工作。和孙犁等人"经常一同骑着自行车",在"冀中平原""红高粱挟峙的大道上,竞相驰骋。"(见孙犁《晚华集·〈方纪散文集〉序》山东画报出版社,1999 年版,164 页)

　　1949 年 1 月 15 日天津解放,方纪来到天津,历任《天津日报》副刊部部长、中苏友协总干事、文化局长、市委宣传部副部长、中国作家协会天津分会主席等职务。他夜以继日精神饱满地投入工作,并且在参观大江大河与革命胜迹时,笔端喷发出他对祖国山水的满腔情怀。他的这种激情,是由于亲历了中华人民共和国的诞生,亲眼看到祖国大地生机勃勃旭日阳光。在祖国第一个五年计划建设时期,他又亲身感受到党的领导伟力和取得的巨大成绩。由是,他在游历长江三峡,参观延安圣地时,把满腔的热情熔铸在更能展示激情的诗歌和散文中。方纪的才能还表现在他的文学兴趣是多方面的,包括电影剧本。今天看来,他最倾心的创作,还是小说、散文和诗歌,并各自有着光彩及文学史上的地位。

　　方纪把部分小说结集出版,取名《不连续的故事》。琢磨一下"不连续"三个字,这是在思考:中断故事的地方有了问题,而问题究竟如何,怎么对待?方纪在小说创作中要有所思考和回答。因此他笔下的情节,多以人物内心的冲突和性格之间的矛盾，去反映生活在前行时的若干不足，通过故事的走向，着手如何解决问题。

面对成就，方纪激情哼唱；看到问题，方纪深入思索。这一代从战场走来的作家，在建设时期依然是拿着笔的战士。用奉献拼搏的胸怀所捧出的文学，使天津文坛始终有着悠远奋进的回响。时代的呼唤，始终保持在心田。尽管在困惑时有过低沉，在遭到迫害时有过失落，却从未远离信念。困厄过后，他们很快推出红色经典的续篇：《翻身记事》《耕堂劫后十种》《无住地带》《探求》《战争启示录》《伏虎记》《吉鸿昌》等。作品还能列出许多，生动说明着天津文学的坚实的根基和文学的方向。

这一代作家是隽永的，也是说不尽的。他们是一个时代的文学路标，也是中国当代文坛和天津文学一个优秀群体。给我们留下风骨，留下精神，留下文学财富，留下红色基因，会一直感染着当代和以后。

第六章　『哏儿都』与相声

天津文化有规律有特征，也驳杂繁复。它在"万、千、百"的历程中演绎着九河下梢的精彩纷呈。尤其到了近代，变化之快到了目不暇接的程度，城市性格在不同人的眼中会截然不同。说"码头"者有，讲"荟萃"也行，称为"哏儿都"不少人赞成。虽然笔者认可"要冲之地，京畿门户"是津城的主要文化形态。写了"城市""文脉""文学""非遗"和"妈祖"之后，觉得说说"哏都"，也能从城市幽默的角度了解天津文化。幽默的津沽，被称作"相声窝子"，津城相声是天津文化极具特色的一部分。

第一节　豁达、爽快、幽默的天津

（一）不用偷着乐的日常生活

"不用偷着乐"源自孙福海的一本书名，他用意义与意思互为表里的文字，沿着相声的历史足迹，绘声绘色地描绘了100位相声人的生活片段。每节的篇幅并不长，且只着重勾画一人。然而趣笔横生，既像通讯中的人物剪影，寥寥几笔形象性格便跃然纸上；又好似影视镜头，远景烘托氛围、背景、起因；中近景镜头，刻画神态、动作、话语。由于篇篇生动，那就有了"大珠小珠落玉盘"的精彩。串联成书，栩栩如生的人物画廊便精彩再现，展示出相声人和相声艺术的风采。

孙先生以他对相声界,尤其是对天津相声人的熟悉,怀着对他们德、艺的尊重,刻画了欢声笑语的神采各异,从中抒写出一个令人景仰的群体——哏儿都相声人,深刻而立体地出现在读者面前。

天津相声,上得台来就精神十足,张嘴只说几句,就显得利落、脆生、火爆。让观众意料之外又趣味其中的艺术表现是"现挂"。不论在舞台上还是在生活中,相声当场抓彩都显得那么机敏睿智,那么鞭辟入里。年纪大了的马三立,面对观众,一句"我行吗?"大家即刻鼓掌回应。自己身体偏瘦,手捋着胸口摸到侧面,说那条条肋骨是一本又一本的精装书,学问大都显露出来。一下子就把"有学问"与"书整本装在肚子里"趣味结合,不乐都不行。可是在引人发笑时,绝不糟践自己和搭档。他年轻时即使自己生活困顿,也从不在心灵上矮化自己。相声演员表演的"堂会戏皇亲",辛辣讽刺贵胄权臣。"拿洋人开涮",用半拉锅盖揭露列强盗窃我国文物,都再现了他们的艺品人格。运用幽默奇巧绝妙的一问一答,入木三分地抨击丑恶,或嬉笑怒骂地讥讽奸佞,或出人意料却又高超至极地应对演出及生活中的差错,以及用《打牌论》《贼说话》《挖宝》《丢靴子》《要条件》等经典相声段子去表现令人忍俊不禁的社会世相。在笑的背后,反映市井的趣闻与人生的慨叹。

九河下梢的天津,环境的陶冶,时间的熔铸,让生活荟萃出新,几乎成为城市的人文共识。豆腐可以加入海鲜成为一盘"八珍豆腐",吃鱼可以全鳞入锅做一道名菜"罾蹦鲤鱼",年画、泥人可以"彩绘",作品立马神情毕现。篆刻、剪纸可以"交融"南北风情;风筝、刻砖在粗犷中含着精细。津沽百姓见多识广,懂得讲究也会精打细算,面对生活坎坷能豁达对待及时排解。城市一旦被豁达笼罩,居民平常说话也谐趣乐观。外地朋友一听,觉得天津人都在说相声,被称作"哏儿都"也就不奇怪了。

天津人说话快,还利落、幽默。有文字介绍说"天津话像嘴咬青萝卜——嘎嘣脆",此话不假。谭汝为先生和他的团队,历经数年,孜孜矻矻,辛勤爬梳,精心整理编辑出版了《天津方言词典》,这是一件文化盛

事,为津沽特色语言镌刻出丰碑。

　　语言,尤其是百姓间的口语交流,既是社会生活的主要表现,又是民族群落的重要维系。因环境文脉和历史的集聚、叠加、延续,尤其受"十里不同风,百里不同俗"的影响,人们在不同的人文情境中,经过时空的熔铸历练,说话出现了具有自己特色的音、调、词,并在交谈和语汇使用中,逐步形成了流通在某一区域的方言。同时,方言的出现也有着自己的历史成因、独特足迹,当然也会随着时空变化或嬗变发展,或衰落退出,或在一个历史时期内能鲜活的存在。天津方言自明朝肇始至清代兴盛,直到今天虽有蜕变,但还能活泛地存在于津沽之核心区,并在艺术语言中有一席之地,显然她有着自己的魅力。

　　这魅力首先在于语调,虽有四声,却在不少字的口音上,发声短促音调走底。正如相声里所说的:天津话的"鸭梨"与普通话比较,"鸭"的声音重,"梨"的声调走平。此外,天津话有自己的词汇,很形象很有琢磨劲儿。某人不合群,称之为"各色";处事让人不舒服,称之为"猴鸟"。想一想也是,不合常规就是"出格";让大家看着不顺眼,连寻常的鸡鸭都不如,那就是外国鸡——"猴鸟"了。还有,天津话用的词少,含义却丰富。一个"嘛"字,或是问为什么,或是说干啥事,或者讲这是啥东西。有意思吧。

　　天津话的吸引力还在于它和天津的历史文脉与城市性格互为表里,相辅相成。如,娘娘宫建设早于筑城建卫,天津话就有了:"妈祖在天津叫娘娘,先有娘娘宫后有天津卫。"津沽人喜欢吃海鲜,而且河海通津,就有了"当当吃海货不算不会过",这句又夸张又急盼鱼虾入口的俗语。"拴娃娃"是津门求子的习俗,天津有句歇后语"佘太君拴娃娃——瞎凑热闹"。年轻夫妇想要个孩子去拜天妃娘娘,佘太君儿孙满堂还要去拴娃娃,这是讥讽有些人"没事找事在那添乱"。这些三津方言,一听就知道里面有着文化传递,有卫嘴子对吃的理解,对社交的评判。您瞧,多生动!

　　天津话的意思,要是再深想,神韵还在于话语的方式结构:"大哥,有话好好说,别从后脖颈(天津方言中发音为"gěng")子出来,得(děi)过过脑子。"——虽然这句话没有天津方言的典型辞汇，只是天津话的语调，那天津人、天津城市的性格却跃然纸上。还有天津话的精髓，不只是独特的音调、独特的词汇、独特的哏韵，还在于"小语句，大声调、细情感"所组成的语言交流方式：

　　"我请客。"

　　"耨（天津方言中发音为"nǒu"）逗了，前脚儿媳妇儿落枕，后脚儿小舅崴脚，你还有空儿请客？"

　　"领情了，咱哥们嘛，友情后补，我赶紧还得去老丈人那儿一趟。"

　　"媳妇家的事比救火还急，麻利儿的——走你！"

　　几句话，用天津的声宽嗓阔一说，看，这里有津沽的豁达、干脆，还有天津人的幽默、理解和重情。也就是说，天津话的学问还在于表达的句式与味道，而且里面内涵很深，很有嚼头。天津话的特点不只在独特的词语和音调上，它还在说话时要与场合和氛围相对应。

　　见面，拱手叫二哥，那声音就不能大。问吃了嘛，一定是在饭口的时间，不能刚起床和深夜晚也问"吃了嘛"。走在市井，进大杂院，要议论某位不顺眼的人，可以说些"狗食、碎催"的鄙语粗话；进了大院书房，应当慢声细语；吃饭进了雅间，就要讲些场面的用词。即使劝酒也不能直白："您喝酒别蜻蜓点水，夹口鳎鱼（天津方言中发音为"tǎ ma"，即鳎目鱼），咱酎（天津方言中发音为"zhǒu"）一口。"

　　张嘴说天津话，还要看人看环境，要对路，也就是说话讲究。天津人养水仙，见花开朵朵称赞你会赏花、伺候花，也会对人友善。要是水仙没开花，你人缘又次，歇后语张口就来："水仙不开花——装蒜。"瞧瞧，褒贬人不带脏字。

　　生活中有相声的景象，孕育着笑的使者，推动着笑的艺术。当然也从城市性格，看出了津沽文化乐观的一面。于是，天津的"哏儿都"也就成了

"天津形象"。当然,这有些以偏概全,可是天津的包容豁达却是有着诸多体现。

(二)天津市井文化的"俗"艺术

鲁迅讲《红楼梦》,说一部《红楼梦》,"经学家看见《易》,道学家看见淫,才子看见缠绵,革命家看见排满,流言家看见宫闱秘事。"不同的阅读取向,同一本书,会有差别很大的读后感。"一千个人看《哈姆雷特》,就有一千个复仇的王子。"欣赏是一个复杂的审美实践。和人的基本素质有关,也和训练培养有关,所以,"欣赏也是一种技能、技巧"。很像购物买衣服,是"需要"穿,还是"显摆"给别人看,或是"包装自己"。不管怎么理解消费,总之产品要有价值才行。

文艺作品的价值在于精神需要,是文化消费。只要这首歌、这场戏、这部小说,能让人们觉得有作用,哪怕让人激动了一点,心酸了一下,演出就没有"白瞎",就有存在的价值。

随着社会主义初级阶段商品经济大潮的涌起,文艺生产明显地商品化、通俗化和消费化了。出现了大批读者观众花钱购买文艺作品,用来做各种层面的愉悦享受。看一部长篇小说,希望接受长时间的感动;只听一段相声,暂时放松放松也行。按照兴趣需求去欣赏艺术,这没什么问题。文化消费日益权重,人的欣赏主动性增强了,却休闲化了。而这一过程,在天津体现得比较早,尤其在市井、街衢、胡同。

简要分析天津的市井的趣味价值,大致有三种含义。

一是,在津沽"万、千、百"的步履中,到了清朝中后期步子迈得越来越快。移民的迅速聚集和入津的民众希望共生的心态,促使生活更为密切的大杂院、小胡同里的不同人生,为了共享和谐会进一步地互帮互扶,由此凝聚成津门海纳百川的城市风气。这也是天津城市的个性形成。而宽厚容忍、豁达乐观的津城市民,一旦进入文化的消费,大众欣赏戏剧曲艺的时候,会以放松精神的心态对待作品与表演。这种"笑一笑,少一少"

的趣味,乐活舒心的审美,会使日子过得艰辛、困顿的人们,至少在情趣上获得缓解。相声《钓鱼》生动展示了津沽市井人生谐趣的一幕,也从中看到包括相声在内的天津艺术,有着浓厚的烟火味、平民味,甚至观众随着表演摇头晃肩自乐乐人。

二是,津沽百姓对待文艺作品不是乐一乐就得了,大家还关注着艺术的人生魅力和艺术的生活魅力。听相声不只是逗乐、火爆,还要咂摸咂摸《新局长到来之前》和《买猴》里面的"滋味"。艺术应当"消费",可消费里面存在着艺术的生活魅力。环顾天津的群艺馆、文化站,络绎不绝的参与市民,内心都有着美的追求,有着愉快生活的盼望。若是走访津门大大小小的文化场站,会听到此伏彼起的各种唱段,会看到琳琅满目的吉祥剪纸。同时,大众对艺术的消费,在天津市井中还有着去接受艺术的人生魅力的要求。每年的读书月,会有千万读者写出"读后感",有分量的作品获得读者青睐,座谈会和阅读沙龙时常召开。

天津人谈相声,常提到《买猴》《逗你玩》《十点钟开始》《大保镖》《纠纷》《要条件》《这是怎么了》和《不正之风》等节目。觉得这些相声段子在有意义中充满风趣,风趣里有着社会的蕴藏,有着认识的独到和人生的启迪。

进入21世纪,天津的茶馆相声后浪推前浪方兴未艾,成为津沽一道风景线,并进入了旅游窗口。"到天津不看相声等于没来",让津沽的文化越发增添了茶馆相声的元素。天津茶馆相声既整体又多元所造成的可持续性氛围,与天津自身的相声传统、相声实力、相声人才不断涌现密切相关。于是天津茶馆相声声名鹊起,并成为旅游者必定要观赏的文化行程。

一种文化表现走向火爆,必定要与时俱进,寻找市场,还要修炼内功,也就是应有正视自己推动自己的魄力。天津茶馆筚路蓝缕迎难克艰走过二十几年的经验:第一,要有真诚真切的脚踏实地坚韧创新的茶馆人,要有懂艺术、懂市场、懂听相声的观众。第二,要有一支老中青结合,能稳定能开拓能创作的演员队伍,在此基础上能在演出中下接地气、中

接社会生活、上接艺术境界。大雅大俗,寓雅于俗,俗雅结合。第三是要善于把茶馆相声视为文化凸点,也就是从文化的某一展示力上去体现相声的魅力。

市井百姓也喜欢有着生活价值的通俗文艺。通俗的作品,创作手法较为单一,不过多思考或过多倚重作品的文化含量,而是着眼于大众的文化消费和服务于社会的一时之需。突出的是情感宣泄和心理愉悦。在演绎中,重视情节、重视快感、重视道德简单评价原则。所以通俗艺术作品多为类型化;典型化之作较少,却能经受时间的磨砺。如,郭荣启、马志存的《打牌论》、苏文茂、朱相臣的《歪批三国》。通俗作品突出大众的即兴之乐,关注娱乐效果大于艺术的认识作用,却着重在幽默的回味上。《如此照相》对生活某种扭曲的揭橥、讽喻,远比《虎口脱险》的"事发偶然,情绪所致"要有深意。现在娱乐性相声多属于谐趣、歪理之类,内容不甚深刻,却能在表演上让听众心情愉悦,互动快乐。茶馆相声的兴旺,源自这种氛围。

三是,天津人追求艺术的生活消费和人生体验应各有区别,各有领地。有人流连于茶馆相声,也有的人盯着手机屏幕,不少人去博物馆、去图书馆,一待一整天。去"乐呵乐呵"和去"图书馆读书"看似分流,却不意味着深刻的艺术和浅俗的艺术之间难以相容。津城对待"雅与俗",认为二者应当互补,不能割裂。所以天津百姓有较高的艺术欣赏水平,会听会看,能不浮躁、理性对待一时的火爆,避免艺术的一次性消费的不良发展。

天津城市文化这种对艺术的执着,实际是艺术发展的深化。常听人说,"天津这座戏剧码头不好跑",关键是津门提供着竞争舞台。观众要看演出的真本事,演员也要凭着真本事吃饭。"真本事"标志着演员的声誉和地位,决定着演员的经济收入。戏曲园子的经营者,更看重演员的"真本事"能带来多少上座率。只有本领一流才能在天津立足,即使撂地,也必须拢住人,有人看,有人掏钱,演员才能有饭吃。过去名家未成名前,大都经过撂地的磨炼。津沽的曲艺观众传统上大部分是短工,演出计时收费,艺人就需要拼本事,让短工观众把有限的欣赏时间留给他喜欢的演员与节目。为了这些看演出的衣食父母听好看好,艺人自己和自己拼也和同行拼。说唱艺术之间的"拼"也就是竞争的结果,提高了说唱艺术的整体水平,也促进了天津观众的鉴赏水准。天津"地处要津"城市开放,观众见多识广,要在天津唱红也很不容易。竞争也是激烈的。一度无人可敌的相声大王李德钖,与后辈张寿臣竞相出演,渐渐失去优势,只得甘拜下风。竞争也会促使演员改正自己艺术上的不足或毛病,迅速提高自己的竞争力。结果,既扩大了演员的知名度,拓展了演员的生存空间,观众也在他们的竞争中眼界更高,从而又推动了演出水平的提高。

津城市井文化看似俗其实雅,是在多元化消费中追求"滋味、趣味、意味"。比如天津相声对笑的追求,常常体现在睿智和技巧上。或是"另一只鞋没扔,大爷睁眼等了一宿"的意料之外,或是错位扭转,把小偷让孩子称呼的"逗你玩"转化为掩护盗窃行为的"逗你玩。"至于《大保镖》《夸住宅》《八扇屏》等"贯口活"的相声段子,淋漓尽致地显示出语言的功力和对传统的把握。天津的茶馆相声十分强调氛围火爆味道要足,这味道就是津味。突出声情并茂、脆嘎结合、市井的乐呵。现在艺术的生活消费日益增加,可是市民在喜闻乐见中,还应当需要越看越听越有意思的作品。希望一本书,一场表演不因求"雅"而脱离大众,不因追求"俗"而游弋在"平庸"中。

第二节 "文"与"火"

(一)马三立的"文眼"

相声在茶馆里、在电视频道上很"热闹"。在某些熟悉历史的观众心中,相声的味道似乎不那么浓郁了。今天耳朵听的,眼睛看的单口、对口、群口相声,总是少了些内涵,多了些浮华。也就是说,相声在与时俱进中,

不似从地摊走向舞台时的睿智与厚重,也未能和改革开放初期那样充满着尖锐与鲜活。现在更多的是,在没有完全继承、消化传统段子的同时,忙于拉扯上时髦的话语。于是,一件品相不错的大褂,却偏偏缀上几块茶摊的、镜头的、网络的花布。眼下的相声笑声是有,却总不能像听《夜行记》《开会迷》和《明天十点钟开始》那么回味无穷,也不能和《帽子工厂》《虎口遐想》《瞧这俩爹》同日而语。相声用最简单方式却能展示出丰富的人生形态与小人物性格的本事,集中在讽刺与模仿、突出嘲讽与幽默的艺术表现。进入 20、21 世纪之交,各类艺术表演都不同程度地受到文化消费"短平快"的冲击,时髦欣赏的特点在于"满足眼球"。艺术应具备的"润物细无声",不仅没能增强反而被疾速刺激所削弱。面对如此状况,会油然想起马三立和他的相声。

马三立相声艺术已是我们隽永的文化遗产,需要不断学习用心继承。马三立的艺术特色,是 20 世纪曲坛艺术最生动、最鲜明、最集中的反映。要深入看到马三立与生活的关系,与历史的互融,与环境的蹉跎,与人生的共鸣,才能深刻认知马三立对相声的贡献。

马三立的相声是"说"的艺术。而说是相声基础的基础、特色的特色。马三立在相声中说,即"文哏"里,能说出幽默,说出"笑相",说出世事,说出百态,说出苦涩,说出哲思,说出命运,说出"人"来。用相声语言,在一阵阵笑声里,塑造那个人和他的活动。马三立在相声小段里,常提一个叫张二伯的人,嘴馋还没出息,看到孩子手拿月饼,哄骗小孩子说一嘴能咬出个"月牙儿",还不满足,再咬一口把月饼吞下,却对孩子说"天狗把月亮吃了。"他还自吹自擂会气功,握着一把菜刀砍自己的肚子。马三立那简单又深刻的语言功夫,塑造出一位油滑狡黠,说大话使小钱的胡同闲人,为老不尊。寥寥数语,其艺术达到了一个境界。而只有境界里的笑声,才是真幽默。马三立的"文哏"并非受嗓音所限,不能学和唱。他是以到家、到位、至绝、至妙的"说",让相声的内质凸显出来。突出了"说"的魅力并把其落实在各个段子中,结果马三立相声的"说"表现得出神入化。

他的"说",从生活中来,为了普通老百姓,毕生致力于"追清风洗俗耳",因此就更朴素、沉实。沉实朴素的艺术是见精神的,造成马三立文哏的魂。本书前面提到,多层纸包着一个小纸条,而这纸条上的"挠挠"两字,又最基本地反映着解决皮肤痒痒的办法。这真是个偏方,但恰恰从非医药的角度去治人们意识上的病灶。它是讽刺的,但更是智慧的,也是人生的。所以,马三立的相声能说出哲学。例如《81层楼》,几个人走着楼梯嘴还不闲着,一层又一层的阶梯,猫腰迈腿累得喘气,却在爬上81层高的顶楼后,猛然想起房门的钥匙还在楼下没拿在手中。这是一种深入浅出厚积薄发的命运折射。人生的慨叹、命运的蹉跎,往往从最简单、最初步的一环开始。回眸的幽默,悲中的笑声,传导着深刻的理念。在他的《买猴儿》《似曾相识的人》里,都能说出深度,又笑得有味儿,让观众去思考,这是马三立追求的,是马三立相声的艺术特色。这个特色,切合百姓,适应大众,关乎民心,甚至来自社会底层,市民的大杂院。马三立的相声是平民的相声,人民需要的艺术。马三立的文哏,从不自作高深,更不求怪求奇。而是平易中闪光,妙趣横生,普普通通里有着意料之外,又发乎情理。

马派相声的本质,是从平常中找出不平常。马三立的相声艺术道路分四个阶段:在20世纪三四十年代,他表演的传统活,继承并抓住了说的特点。中华人民共和国成立初期,他以说新相声走入艺术人生,塑造了"马大哈""开会迷"等百姓身边的性格。劫后余生,重登舞台,表演中他把自己和相声统一起来。他说相声,相声就是他。到了晚年,更让相声的灵魂——以讽喻世相的尴尬无奈为人生境遇之镜,求得听众在马氏幽默中有所领悟。

马三立说的《逗你玩》《挠挠》《算卦》等单口小段,达到了至臻至纯的地步。他是以心血,以一生,以精神,以做人来铸造相声,把相声铸成人格,铸成品味。马三立的相声艺术是厚积薄发与时俱进的。他发展着自己,一辈子不懈努力。但是,马三立从不迎合浮躁;马三立的相声艺术"奇外无奇更出奇,一波才动千波随"。

相声是从地摊儿走上舞台的艺术，是一个与观众心灵直接交流的艺术。相声不能跟着感觉走，仅仅为了热闹，为了时髦，而丢掉了相声的人民情、幽默性、平民化的优势，再五花八门也只是让相声不像相声的正宗而已。

马三立的相声即马派艺术的关键是先要做一个活跃在观众心里的相声人，再去把握住相声的"说"。马三立有句让人永远琢磨的口头禅："老观众惦记着我，抬爱我。我要对得起他们。"这不是谦虚，而是艺术大师的肺腑之言。相声艺术是不能不和观众直接交流的，而且在交流中能亲自感受那热烈的气场。相声表演不应受到其他干扰，不能为了服从传播需要，去耍贫卖贱。相声艺术重视积累和厚重，追求对社会的深入了解，对人生的刻骨体味。当艺术普遍出现浮躁时，要提倡"功夫在诗外""沉实见精神"。马三立的相声来自平民，代表平民的文化蕴含。侯宝林的相声追求内在的雅趣，是对相声的文化凝练。他俩的相声风格不同，但魂是一致的。

相声要发展，先把马三立的优秀曲目、优秀表演、优秀内涵和优秀手法切切实实学到手。只有掌握了，才有可能推陈出新。而追求出新，应当在自己的规律与特点上开拓创新，而不是依赖其他媒介手段的强势介入。同时要心无旁骛地扶植演出人才，不断地实践，像马三立一样让相声植于沃土并根深叶茂。还要营造讨论的氛围，求同存异形成共鸣，百花齐放争相斗艳，相声的发展才会不入歧途。

人们是爱相声的，相声也爱它的观众。从地摊上起飞，从舞台上成熟起来的相声艺术，一定会以其民间性、平民性、民族性、人民性和睿智、幽默滋养出它的生命力，保持艺术的青春。愿相声艺术和马派相声保持本色，始终成为天津文化的闪耀之星。

（二）郭德纲的"火爆"

郭德纲"火"了，并成为一种文化现象：即以某种复归的方式，使进入荧屏表演的相声回到舞台，引起反响，形成出乎意料的社会关注，伴有大量的粉丝。

仔细考察郭德纲被更多的人认识，还是依赖了大众传媒。电视加上网络，使郭德纲家喻户晓。回顾曾经的相声和电台、广播的关系，从中可以找到一点规律，即相声艺术离不开传播。但这传播从历史足迹上看，可以分4个阶段——从地摊到舞台—从舞台到电台—从电台到电视—从电视又回到舞台。郭德纲可以归入第4阶段，并成为其中的佼佼者、代表人物。

从相声内涵来分析：第一代相声开拓者基本是以撂地摊吃"开口饭"，表达自己和市井百姓生活的辛酸、人生命运的不济。别看说相声撂地演出，日子过得艰难，但是"穷不怕"，人格尊严要有。所以相声的调侃、讽刺，是从坎坷的境遇里体味出来的。通过讽刺和述说不平，运用幽默、逗哏让听众乐一阵、笑一会儿。所以相声出现在家国坎坷、人生艰辛之时。艺人吃开口饭，是以自己的不容易，面对大众的不容易。苦难萌生了相声这门艺术。第二代相声人从摸索到逐步成熟，致力于对相声人物的塑造，并把表演推到茶馆和舞台。到张寿臣、常宝堃、侯宝林、马三立更以雅俗共赏的追求，用相声刻画出一系列难以忘怀的人物性格。如"说大话者""尴尬人""马大哈"等。进入20世纪80年代以后，电视的介入，使相声面向着镜头，说学逗唱四门功课，发生了"为镜头而生存"的嬗变。尽管第三代领军人物马季和姜昆、冯巩诸位对此下了很大力气去适应电视对相声的改变，也取得了不错的成绩，如《推销员》《五官争功》《换包装》《虎口脱险》《瞧这俩爹》《新武松打虎》《洛桑学艺》……但此时的相声不经意间就露出小品化的身影，再加上创作跟不上，队伍飘零，欣赏环境多元混杂。于是，相声在综艺晚会，尤其是在《春晚》上"挣扎"，并非得已的在难以展开相声艺术铺平垫稳的环境里，去综艺节目"混"脸熟。在浓浓的声光电、舞音美、服化道所造成的氛围中去逗笑，可以说，这是拿说学逗唱的相声"糟改"。可是潮流所迫，电视相声自己或主动或被动地去遮蔽相声的初始、初心，面对镜头手舞足蹈起来，这门艺术也就失去原有味

道。此后,相声在低沉中求索,第四代相声人开始了突破之旅。

那时,众多老中青相声演员面对镜头是苦恼的,当下的欣赏多元使已经被冲击的相声更加境遇尴尬。创作的乏力、队伍的青黄不接和舞台变身歌厅,文化环境浮躁,使这门艺术无法更新。京津等地的相声志士已逐步觉察到"电视相声"不能适应相声今后的生存,也有违张寿臣、马三立、侯宝林、刘宝瑞等大师带领相声摆脱地摊走进舞台的初衷。而且,面对镜头的相声表演,使演员远离舞台,很少与广大观众直接呼应。即使有效果,那笑声是摄录出来的,不是台上台下的面对面交流的"笑果"。镜头下的相声,参加各种晚会和综艺节目,表演受困于时间、氛围、主题的局限,创作难以伸开手脚,观众的接受与欣赏空间因为生活的休闲状态,以消费求乐呵的欣赏风气,也让电视相声从《如此照相》《帽子工厂》《油水大》《不正之风》等时代感强烈、表演深入的艺术高度上滑落。

相声创作走入低谷。不少观众开始回味侯宝林《夜行记》的高雅,马三立《逗你玩》的微妙,高英培《钓鱼》的大俗,并希望在更为深切的幽默和更为尖锐的讽刺里,找到新鲜、辛辣和哲理,在笑声中达到更高的审美。相声本应接地气,现在却飘在半空,何去何从?

遭遇迷茫的不止于相声,鼓曲、话剧、传统戏都面临困境。这是一个潮流。潮流是后浪推前浪的。一个时期后,出现了文化"复归",蕴含着变革发展的气息,预示着艺术的转型。舞台演出增多,小剧场相声悄然出现,电视并不像十几年前那么黏人。文坛艺苑继承传统的呼声和守望历史尊重遗存的意识日益浓郁。不忘初心的人们,先后开始了对各个艺术门类的有继承的新探索。从艺术发展史上看,文艺的较大嬗变,往往总是形式和载体的先行出现,形态走在内涵前面。例如诗歌字数和韵律的发展几乎是从字数、格式开始,甚至内容的表达也要遵循韵律的要求。但是,艺术的初心不能忽强忽弱,要坚持一以贯之。

像相声源自地摊,发展在茶社,面对面用说学逗唱和观众交流,用揭示社会况味与讽刺人生丑行显示其威力。虽说相声今天登堂入室被招入电视的麾下，可它的"根"在于和观众的直接交流，存态在茶肆和小舞台。相声里的"砸挂"，是体现自己艺术特色的重要一环，却在电视镜头下难以发挥；而面对小剧场的新老观众，就能"砸挂"，把相声演员的能耐凸显出来。于是，一些聪明的相声演员在回归意识的萌发下，走向大众，开始并坚持在茶园、小剧场演出。天津的众友相声和名流茶馆、谦祥益文苑已经因为相声表演直接对着观众而声誉鹊起，并在艰苦中取得了不错的业绩。同时，沈阳、北京、长沙、西安等地也有了相声的剧场演出；可见，与观众面对面近距离接触交流俨然成为时尚，相声大会的名称和恢复相声传统表演形态已成态势。

此刻，德云社因在首都，郭德纲又有着相声演员所具备的优点：身姿怪卖，语言快奇、活做得巧，风格亲民；相声内容又经过一定的变化，含时尚因素，具备了去剧场听相声的观众能热情认可的基础。经过媒体交叉报道连续聚焦，粉丝追捧，郭德纲"火"了，甚至不火都不可能。究其原因：

首先，适应了人们对相声要回归传统的需求，这种需求在于电视媒体过于强势，使得许多艺术门类不得不迎合电视镜头和电视播出。电视的"强悍"，让不少艺术门类"弱势"。人们总会对弱势一方关注和扶持。对相声的困境也是如此。看到相声在电视镜头下突出了"演"，而削弱了自身语言的张力，就会回顾传统相声的张力、魅力；看到王平、郑健曾在一段表演中发出了"我们究竟该怎么演相声"的呼唤，也会想到相声被电视化后，境遇尴尬。本该有的铺平垫稳、适时现挂、与现场观众交流互动，都被荧屏"异化"了。

其次，尽管电视方便了传播，甚至相声演员在晚会只说几句露了一会儿脸，便一夜走红。但仔细琢磨原本的艺术味道却衰减了不少。镜头捕捉、剪接等技术手段，会改变所录制的相声节目原有的艺术情态、氛围和节律，使得相声不像相声、戏剧不像戏剧。而相声的尴尬还在于自己出现了"浅薄"，用卖贫耍萌去挠观众的痒痒窝，或是"说加手舞足蹈"，或用"一唱到底"去招徕受众。年轻人觉得无趣，老观众认为糟蹋玩意儿。

这就给郭德纲留下一个辗转腾挪的空间,他有传统的功底,又能让相声近距离与观众交流、灵敏地砸挂抓哏。"德云社"也在实践中抓住机遇,获得了不少观众和年轻粉丝。这是时代使然,也是郭德纲能力的体现。

相声大本营的天津,郭氏目前的演出风格和内容,要在被称之为艺术码头的地方去进一步适应。从艺术要有饱满度来说,郭德纲是相声坯子,站在台上就有相声的范儿。几段听下来,一是他表演的传统段子,是用分切、组装和辅以时尚搭起来的,段子里的人物,就是他,而不是塑造成"开会迷""马大哈""骑自行车人"和"二他爸爸"等鲜活性格。二是使用大量的伦理哏,有点失分寸。三是过于投入"网络意识"下的舆情走势,缺乏筛选,只求剧场效果和舆论放量,表演是放开了却有收不住的时候,这就和艺术既要含蓄又有张力、既要尖锐又有趣味、既要通俗又有内蕴,有些距离。

要说郭氏相声不是艺术,太过尖刻;不应无视他对相声的热爱拥抱,全力以赴。他部分剧场的演出往往有着能"炸响"却不能"回味"的表演追求,过于迎合市场,热闹有余,韵致不足。

艺术天地留下倩影的老艺人和名角们,不会对市场小觑,更不会忽视票房,但他们号召观众的是绝对的真功夫——用锤炼几十年的真正的艺术力量去感染大家。感染与迎合,在社会欣赏上有金石之别,前者显示的是艺术的魅力,后者只是表演的刺激效应。郭德纲的表演不是在迎合观众,而是要感染大众。

郭德纲是时代的抓住者,面对相声被荧屏越拖越远,能挺身而出,这是要记住的。艺术需要扎实继承传统,增厚内修,由内而外,让表演在传承中拓展出新,又在出新中把艺术熔铸成经典。提倡出彩,可是一定要走向深入。同时,作品和表演是相辅相成的,关键是塑造出让观众留下深刻印象的情节、性格。越隽永,越能经受时间的磨砺。这一点上,马三立、侯宝林、马季是我们学习的楷模和艺术的榜样,相声后辈应当对此深入学习、深刻体会。

当前,正值社会大潮风起云涌,却又泥沙俱下的嬗变发展时期,艺术也会在这大潮中披沙拣金。艺术需要继承、开拓并在锤炼、锻造中厚积薄发,十年磨一剑。相声艺术是文化的轻骑兵,但不是短、平、快,不是"快餐"。天津相声在表演中,能让巧、奇、妙中的笑料变得厚重和隽永。当场让观众发笑是小技艺小手段,一句"二他妈妈拿木盆来,可赶上这拨了",让观众在回味中常笑常新,这才是相声艺术的真谛。正如天津谦祥益文苑在开演时,演员集体在台上说的一句话:好好说相声,说好的相声。

第三节　重睹芳华新相声

"新相声"是个容易产生歧义的概念。脱胎于传统段子是"新相声",嫁接改动之作也是"新相声",有些新鲜内容的也是"新相声"。本书专指独立创作出来,刚刚露面演出的段子为"新相声"。

2009 年初秋,在津门举办的"全国(天津)相声新作品大赛",是改革开放中不在电视镜头下的相声比赛,演出的是各地老中青相声作者的新作品。段子全新并且事先还有了文案的初选、复选,才组织演员选择适合自己的本子排练。正式上场前要经过苏文茂、常贵田等名家的指导。多达十几场和规模很大的比赛型的表演,在天津和全国相声界引起很大反响。这次比赛之余,参加者还到茶馆和高校观摩了年轻演员与社团新秀的表演,甚至"华夏未来"也组织了儿童专场。足见大赛的严肃、权威、盛大,可以作为新时代相声发展的珍贵一页载入史册。

笔者在 2009 年有幸参加"全国(天津)相声新作品大赛"忝列评委,和众多新老相声名家台下接触,开会交谈。他们那种对舞台的执着、对艺术的投入、对段子的切磋、相互之间的默契都感染着笔者。临近活动结束,笔者接受组委会的委托写了一篇述评,刊登在《曲艺》杂志 2009 年的第 10 期上。根据这篇文章,本书讲讲大赛的情景和"天津相声文化"对

"新"的要求。

（一）落幕也是开始

2009 年在秋风送爽中,天津的大街小巷都感受着相声所给予的笑,回味着"说学逗唱"所带来的睿智和对人生、社会的赞美与针砭。"全国（天津）相声新作品大赛"的决赛场地在中国大戏院,在这座有着历史沧桑的风貌建筑里,每场新相声演出都是一次笑的艺术盛宴。观众也以畅怀的笑声和把巴掌拍红,称赞大赛涌现出的优秀新作品。

老观众说,好长时间没听到这样的相声了,节目中有的揭示地摊卖货和城管间的矛盾,有的反映的哥开车遇见尴尬事的复杂心态,有的讽刺谋私官员权比命大。魏文亮、王佩元的一问一答,还把老年人孤寂的情景表现出来。年轻观众更多的是在接受欢乐,领会生活的多彩和幽默;在台上台下的互动中咀嚼人生况味,笑个痛快。行里的人和坐在评委席上的专家,他们高兴的是,在 2009 年,相声以一种回归中的复兴,开花吐蕊,并伴随着新中国成立 60 年庆典的到来,捧出芳香和绚丽。相声大赛的组织者更是从内心涌动着付出艰辛后的欣慰。包含着发动、初选、复审和比赛,长达近 200 天的日日夜夜里,做策划、跑联系、发通知、组脚本,召集专家学者和相声作者面对面讨论修改,更是在"压活"（实验演出）后及时提意见和建议进行完善。尤其是把共同看好的作品,通过"拍卖"以这种前所未有的方式,让相声脚本以其沉甸甸的价值,走进市场,走进业界,走进公众视野。

（二）高起点筹办

这次大赛,由中共天津市委宣传部、中国曲艺家协会主办,天津文学艺术界联合会、今晚传媒集团、中国曲艺家协会相声艺术委员会承办。因为大赛全名是"全国（天津）相声新作品大赛",具体的工作就落在天津文联的领导和各位工作人员身上。他们夜以继日,高度负责,大处举纲、细处不放地把十几个环节紧张有序地铺开。当众多稿件从全国各地汇集到津门，由名家组成的审稿组已伏案细读，同时反复讨论修改，经常是对某个要点、某一个包袱、某一句话，要提几条甚至是十几条意见、建议。一旦获得作者和相关曲协、院团的积极回应，组委会迅速召开改稿会，与作者边沟通，边修改。这就是组委会对参赛作品评审所首创"四会一评"，获得了相声作者广泛称赞。

然后举行影响颇大的相声新作的脚本拍卖，地点在北京人民大会堂。按照市场化运作的方式，敲响了相声拍卖"第一槌"，也为我国相声艺术事业寻求产业化之路做了可贵探索。姜昆在评价本次相声作品拍卖时称，这一举措具有里程碑式的意义，在新世纪中国曲艺事业的发展上具有指导性的作用。曲艺耆宿朱光斗在接受记者采访时也说，作品拍卖会，使相声作者的著作权得到了保护，作者的劳动价值得到了认可。

大赛组委会一系列创新之举，使相声作者心潮澎湃，演员关注，新闻记者聚焦，圈内外为之一振，广大观众更是充满期盼。在我国相声创作不尽人意的情况下，本次大赛创造了三项第一。一是在 3 个月的征稿期内，收到来自全国和海外华人的参赛作品 1019 篇，开创了以往相声大赛征稿数量的新纪录。二是决赛推出了 12 个专场，来自全国各地的百余位相声演员为观众奉献了 70 余段新相声，这也是历次全国相声大赛决赛作品数量最多的一次。三是参赛作品在继承传统的基础上，创作手法有了较大创新，题材和类型较之历届都有所突破。

全程参加大赛读稿和评审的曲艺史专家倪钟之先生多次说，本次大赛必将在相声历史上留下浓重而深刻的一笔。中国曲协顾问朱光斗先生认为，大赛在天津举办是一件大事，对全国的相声创作产生长远的影响。时任天津文联党组书记的孙福田作为牵头人，更对相声今后的发展充满信心，并把本次大赛作为登上新阶梯的坚实奠基。值得一提的，他还特别邀请了老演员演出新作品。杨振华、金炳昶多年不登场了，在盛情邀请下，这次专程从沈阳赶来，演出了新作《一封家书》。

以全国为视野,以新相声作品创作和几轮演出掀起高潮为主旨,高屋建瓴,缜密组织,精心安排,实效第一。节骨眼处推出大手笔,在铺路育人、新作选出上做文章。这就是本次大赛的组织特点和经验,并为今后的"续篇"立下了路标。

(三)盼望佳作

全国(天津)相声新作品大赛的评委来自中国曲协和天津文联,既有相声大家,又有曲艺界前辈和相关领导,还有资深的作家、编辑、理论和评论工作者。他们不管是老相识,还是新朋友,都因大赛而结缘,并为相声事业认真、客观、公平地遴选获奖之作。苏文茂先生虽身体欠佳,但他每晚提前到场认真观看,还有所记录,讨论时发言。朱光斗先生、常贵田先生和丁元先生,每次看完比赛作品,常夜不能寐,对每一个新作都有点评,并在发言中反复比较作品,多次提出真知灼见。中国曲协的刁惠香女士、黄群、黄箭先生,以他们多年对相声的观察和研究,仔细分析新作品的内涵与表现形式,提出自己的公允意见。李金斗先生也观看了演出,并留下了意见。可以说,每位评委都非常负责较真。中国曲协的几位同志每场都做观后记录,天津的评委也都以践行大赛宗旨为目标,多次发言,认真归纳,更好地推出力作、佳作。

经过投票,产生了一等奖一名,二等奖三名,三等奖五名,荣誉奖三名,特别奖两名。作者来自天津、北京、东北和南方各地。少儿专场、大学生专场的参赛者都获得了奖励,天津的"茶馆相声"获得了中共天津市委宣传部的表彰。

(四)"津味"十足与"舞台"相声

这次大赛的全过程贯穿着对相声历史和现状的思考,并以五本《全国(天津)相声新作品大赛入围作品集》,一本《全国(天津)相声新作品大赛优秀作品集》,约180万字,显示了一种文学的、审美的、发展的追求。

姜昆时任中国曲协分党组书记，他在《入围作品集》的"序"中指出，这是相声"喜露春颜"的表现，以新作"再创辉煌"。天津市委宣传部领导在《优秀作品集》的"序"中认为，大赛的优秀之作"是当今时代的民俗画卷，婉而多讽、含而不露、引而不发，中国美学提倡的许多原则，都在这些作品中得到了淋漓尽致的发挥，使人警醒、让人智慧、助人健康、令人愉悦"。这都是在深层次上考虑相声的可持续性发展。

在大赛的各个环节，每每从理论上议论相声的昨天、今天和明天。

相声在经历了老一辈的开拓，20世纪五六十年代的辉煌，1970年代末、1980年代初伴随思想解放的振兴之后，相声的"说学逗唱"以"说"为主，由于自身"极少有好作品"，以及受到外部的"冲击"，变得"苍白"和"不自信"了。

随着社会的发展和文化生活的多元，人们的审美情趣也多样化，对相声的欣赏也不断提出了更多样，更个性的要求。并且随着市场经济的拓展，艺术的休闲性被趋俗趣味所笼罩，加上电视对娱乐活动的影响，不仅改变了生活方式，也改变着对相声的欣赏取向。结果，相声最根本的，以幽默、风趣、讽刺的语言塑造笑的人物、笑的意境、笑的词句等艺术特点，被镜头需要的表演给解构了。当然，电视相声也有创造，装扮性增强，节奏加快，错位功能凸显，语言的时代特色也随处可见。不足的地方也明显，那就是相声缺少了和观众的直接互动，变得不那么亲切，尤其是艺术气场衰减了，对社会人生的剖析削弱了。

艺术发展常常会在低潮之后，出现翻转。一段时间内，相声还在"镜像化"，文字脚本却不足，文学性日衰。当相声市场萎缩的时候，大众盼望相声回归舞台，成为一种潜在的要求。同时，市场又给现在的茶馆相声提供了空间。于是，茶馆相声火了起来。其实茶馆相声是一种亚文化现象。所谓"亚文化"，只是重在时尚，而缺乏开掘和厚重。当我们以市场的生存原则看茶馆相声，演员和作品的着力点在于效益，哄着观众是必须的。这本无可厚非。关键是失去了艺术对美的推动，也就是常说的，把通俗变成

天津随谈

262

趋俗。但就其茶馆相声在今天的活跃,也是对当代文化生活的一种丰富,是城市文化的增容,是坊间休闲和旅游娱乐的重要载体。

　　讲起相声的起伏跌宕,作为大赛评委的朱光斗、常贵田、苏文茂、孙福田、倪钟之、张庆长、王永良、张春生诸位先生,都以自己的亲身体会感慨此次大赛的重要,他们曾经创作并演出过《昨天》等经典作品,有的更是见证新中国曲艺发展的排头兵。朱光斗几次在评委会上说,大赛推动和促进相声创作的目的达到了。一些作品从投稿到表演甚至有了质的飞跃。常贵田认为,本次大赛在推动相声新作品的创作上,的确出现了非常可喜的局面。苏文茂说,此次大赛上演的新段子非常好,题材多样,形式新颖,具有时代气息,作为一个老相声演员,非常高兴和欣慰。评委们认为,相声经过前辈和大师们的努力,从"撂地"走向舞台。舞台相声在侯宝林和马三立的引领下,不仅以《夜行记》《买猴儿》《友谊颂》等经典作品蜚声于世,而且获得了大众广泛的欢迎。舞台相声大气、深刻,在摒弃了旧相声的市井气和低级趣味之后,会以健康的幽默,在尊重艺术、尊重自己的同时,尊重了观众,也赢得了观众。

　　笔者也认为舞台相声是相声的中流砥柱和相声的根基。对这种看法虽无明确定论,但也能达成共识,那就是经典相声作品所确立的艺术风范。

　　"全国(天津)相声新作品大赛"再现或接近了舞台经典相声的风范,评委心中希望天津相声努力做出表率。大赛组委会还精心安排了四场"茶馆"新作品专场,一场大学生新作品专场和一场少儿新作品专场。以此全面地反映眼下相声创作的态势。大学生演出的新相声,突出了三"新":接近80后、90后的生活,内容新;贴近青年时尚互动,结构新;多用流行"雷语",语言新。仅仅是找流行歌手的发音特点,就明显地把大学生相声推向了青春舞台。而少儿相声,强调了儿童心理,尤其是《他俩和她俩》,小演员不断地互换母子、父女角色,形象指出家庭教育的脱离童趣、童心,从而以少儿的视角批评了父母"爱的扭曲"。引人关注的是茶馆相声,中国曲协的领导和北京的曲艺、相声名家,刚到天津就想看天津的茶馆相声。仅仅一场下来，就留下深刻的印象——表演火爆，怪、帅、脆；老中青结合，功力厚。各个茶馆人满为患，已是津门一景。更重要的是，天津的茶馆相声把新相声创作摆在突出位置上。从参加大赛的四场茶馆相声上看，他们的新作品关注社会焦点，比如《明星梦》直指不切实际的一夜成名，《话说天津卫》通过地名的变迁，述说着津沽大地的巨变，透着对家乡的爱。

全国（天津）相声新作品大赛的重要作用，不单单是大力推动相声新作品，而是借此举让相声复兴并发展。有着百年历史的相声艺术，复兴要从自己的优秀传统开始。其中舞台相声的继承十分必要。

舞台相声的以轻骑兵的身姿，凝聚着文化的幽默与讽刺的蕴含。用"说、学、逗、唱"乐活社会，臧否人生，揭示丑恶，更是相声艺术的闪光。在艺坛上必将发挥深刻影响的此次相声新作品大赛，它的贡献就在于高度重视了舞台相声，在着力回归的同时，结合今天文化消费的需要，在意识上现代，在审美上动感，在表演上贴近。尤其是内涵上力求突破媚俗，走向由俗至雅、雅俗共赏的层面。新时代要深入构建和谐社会，艺术面对经济的快速发展也要振翅高飞。新相声作品大赛就是翱翔的大雁，虽说比起雄鹰来它朴实又平民，但大雁以其候鸟的影响力，给天空、大地、人生带来了节拍和韵律。

相声以其幽默的语言，广博的民间性和深刻的社会底蕴，历尽创造和艰辛，走过了100多年的历程。尽管因多种原因现在有些低落，但人民需要，社会需要，业内人士更是多方面携手振兴相声。全国（天津）相声新作品大赛以丰硕的成果和实践，铺垫出相声走向美好的路径。正如参赛的相声演员在大赛结束时所期盼的，此次大赛为广大相声作者和演员提供一个学习和交流的舞台，对于推出新作品、培养相声人才功不可没，希望能继续办下去。仅仅过了一年，"谦祥益文苑"主办了天津相声节，邀请各地同行参演。此后连续十届，产生广泛影响。

天津为相声事业的重睹芳华，正在不断——努力！

尾声　说不尽的天津文化

俯下身来说天津，可以讲的地方实在太多。

天津文化不一样且说不尽，津门文化琳琅满目，用十几万字很难全面顾及，甚至连主要内容也可能挂一漏万，何况笔者的能力有限。尽管前面分析了天津的"环境""文脉""非遗""妈祖"和"文学"等内容，却依旧不能全面介绍津沽文化。用言犹未尽的"说不尽"，作为本书尾声也就释然了。

回顾天津历史文化足迹，曲折发展的同时伴随着挫折与战斗。自金元以来，津门扼守京师的作用有增无减，直到资本主义列强以"坚兵利炮"敲开国门，胁迫清廷签订一系列不平等条约，天津也未曾停止过斗争。"火烧望海楼"显示出津城民众的"路见不平一声吼"，让蚕食性文化的入侵受到遏制。而几次大沽口保卫战彰显了天津城市的爱国志气与行为。

大沽口是海河的入海口，也是京、津、冀通向渤海的咽喉,护卫京师的"海门"。清咸丰八年(1858),英法联军侵占天津,迫使清政府签订《天津条约》。第二年,入侵者趁交换《天津条约》要去北京之际再次发动了侵华战争。

1859年6月17日,侵略军司令贺布率英舰20艘、法舰2艘抵大沽口外,拽倒拦江铁仓戈,无耻挑衅。6月20日,英国公使普鲁斯、法国公使布尔布隆到达大沽,要求清军将防御设施撤掉。清廷照会联军从北塘入境,英法联军却以军舰10艘,在大沽口再次拖拽铁仓戈破坏清军防线,随后向炮台发起轰击。守卫炮台的爱国官兵忍无可忍,奋起反击。先是守军各营的大炮环轰敌舰,后派小船游击战斗。打沉英法军舰3艘,重创3艘,统帅贺布受了重伤,英法联军不得不仓皇退至远海。此次大沽口保卫战的胜利,是第二次鸦片战争中,清军在抗击外来侵略所取得的唯一一次胜仗,沉重打击了侵略者的气焰。从中也反映出天津的不屈精神和津沽抗击入侵的胆魄。

本书撰稿时,欣逢中国共产党建党一百周年,天津应当抒写的红色烙印数十处。1919年五四运动时,为动员商人罢市抵制日货,天津学生群情激昂,走上街头,组织"跪哭团",用"齐声大哭"和"身着丧服"的方式,站在有日货摆卖的店铺门口,阻止商人销售日货。当学生代表马骏到天津总商会,动员大家罢市,支持北京学生的爱国运动,有人质问,学生身无分文,商人不做生意收入会严重受损。马骏向大厅木柱撞去,被同伴拽住,随后他抓起桌上的墨盒猛击自己的头部,鲜血流出,血洒天津总商会,高呼:我有一腔热血,报效祖国。年轻的热血号

召革命，足见百年前的"天津精神"天地可鉴。

五四运动的大幕拉开，天津首先响应，声援北京学生对北洋政府屈服于帝国主义的坚决抗议，支持"拒绝在巴黎和约上签字"和"废除二十一条"等爱国主张。成立了学联等团体，将爱国的浪涛推向高潮。年底时，福州发生了日本居留民团枪杀我国学生和巡警事件，激起全国人民的极大愤慨。天津各界爱国团体在南开操场举行数万人的国民大会，义愤填膺，并成立了国民大会委员会，声势浩大抵制日货的浪潮再次在津门掀起。1920年的1月23日，天津学联委员在东门里的"魁发成"发现店方勾结日本人，殴伤学生，还隐匿日货不报，民愤大增。各界纷纷到省政府请愿，反动当局残酷镇压，先后逮捕各界代表及学生20余人，查封学联和各界联合会，造成政治事件。周恩来、马骏、于方舟、张若名、郭隆真和马千里等分别被拘在警察厅内，与外界隔断，后来经过绝食抗争才有所放松。周恩来根据被拘代表的叙述和日记编写了《警厅拘留记》，记录了1月23日到4月7日的遭遇。这是对五四爱国运动的珍贵记录，也是天津"红色"的较早篇章。以不屈不挠的斗争，显示出天津文化的隽永靓丽。

这一时期，南开学校、北洋大学堂、觉悟社、法政学堂礼堂……深深留下了中国共产党早期领导人李大钊和年轻革命者们的光荣足迹。他们组织社团，结社学习马克思著作，发文宣传革命，在反帝反封中介绍民众联合，揭露反动当局与日本政府的丑陋勾结。例如，张太雷积极参加北洋大学学生演讲团，到东大沽等地先后演讲6次，每次听众多达数百人。即使出国寻求解救苦难中国的道路，也与天津的仁人志士息息相通。李大钊的宣传共产主义、周恩来的组织学运、于方舟的主办《新生》，无不显示着天津在建党前后与"红色"结缘，为"红色"增彩。天津文化有着深刻的红色基因，潮头挺立，迎风沐雨。

天津在中国共产党成立之后，发展组织，深入基层，斗争层层展开，很快成为北方革命的领导中心，坚持在大都市进行党的工作的典范之地。天津市和平区黑龙江路隆泰里19号有一处两层普通楼房，曾是刘少奇来津工作和居住过的地方。1935年瓦窑堡会议后为了贯彻党中央瓦窑堡会议精神，为明显扭转白区工作指导思想，建立抗日民族统一战线，刘少奇同志受党中央的委托，于1936年4月初，来天津担任中共中央北方局书记，建立了北方局机关，领导华北地区的抗日运动。当时，他以南开大学"周教授"的身份开展工作，天津的抗日救亡运动日益深入，党组织逐步壮大，抗日民族统一战线在日伪严密管控下发展。刘少奇同志还在天津抱病撰写了《肃清关门主义冒险主义》《关于白区工作给中央的信》等多篇指导文章。批判了"左倾"路线的错误，在实践中予以纠正，使北方局和"白区工作"始终坚持正确的方向。从上海迁来的秘密印刷厂设在津门唐山道47号，毛泽民、柳直荀等依靠各种掩护，印制、传递大量革命文件和宣传品。

担任中共顺直省委组织部部长的彭真，早在1926年革命处于低潮时，他就来到天津。不久有15名志士，包括中共天津地方执行委员会书记李季达先后被军阀杀害。彭真同志处变不惊，面对危险，接任天津地委书

记。加强基层组织战斗力，明确方向，团结进步人士；还深入到工人、农民之中，广泛宣传，领导大众进行坚决的斗争。特别是他在天津近郊（西青区）发动领导的五村农民"反霸护佃"斗争，进一步传播了革命思想，集聚了革命力量。

"五村"是五个毗邻的村庄的简称，包括小刘庄、小滑庄、东楼村、西楼村和贺家口。当时，这一带的"揽头"是绰号"李善人"的恶霸李尽臣。为了建房出租获取巨利，他打算"倾村灭佃"，反霸斗争由此而起。彭真同志在组织天津各大纱厂工会开展工人运动的同时深入五村，并在西楼前街22号建立了操练武术的国术馆，掩护斗争。在中国共产党领导下，农民团结起来，成立"五村农民护理佃权委员会"。1927年夏，农民运动骨干甄元和加入中国共产党，成为五村农民中的第一个党员，此后多人入党。斗争已见成效，李家却出尔反尔。农民护佃委员会组织五村的全体佃农，手持"打倒土豪劣绅""归还我的土地"等标语小旗，冲破法警的阻拦，向法院提出了控诉。请愿虽未得结果，但经过这次斗争，大大鼓舞了农民们的斗志，使广大农民认识到团结起来的力量。此后，又有近6000名工人和农民包围河北省高等法院，举行静坐示威。

"五村反霸"斗争，起起伏伏一直延续到20世纪40年代。这是在党的领导下，天津人民开展的一场时间持久、规模宏大的革命斗争。在一座企业众多的商埠，党不仅领导工人，还领导农民斗争，使"白区"革命斗争实践，成为党建的重要一翼。天津在民主革命和抗日斗争中，做出了自己的成绩。

　　"平津战役"的天津之战,解放军会师金汤桥的那一瞬间,不仅拉开津沽历史大变革旧貌换新颜的恢弘一幕,也是中国两种命运决战从胜利走向胜利的伟大时刻。津门的钢铁开合桥是走向城市近代化的倩影,"解放军会师金汤桥"更是中国人民站起来的见证!解放天津的战斗中,前线指挥部设立在杨柳青石家大院,至今以"爱国主义基地"感染和教育着一代代年轻后辈。同时,津沽地下党员不顾安危,冒险搜集和送出国民党军队的城防图,为战斗的最后胜利奉献出智慧和血汗。在留住永久记忆的平津战役纪念馆,人们只要看到那面用金字镌刻着烈士姓名的大理石墙,长长的名录,鲜血铸成的革命道路,催人泪下,涵养着中华各民族站起来、强起来的初心,激励人们接过红旗,继续前进的精神!

　　中华人民共和国成立之后,天津日新月异,经济迅速恢复,第一个五年计划业绩辉煌,享誉海内外。

　　天津以她的历史厚重,以她的近代变化、以她的红色积淀、以她的五彩纷呈,生动显示着"说不尽"的文化,必将在中国共产党的领导下更加辉煌,也越发地说不尽。

后　记

　　辛苦数月,终可搁笔,重新检视,感觉尚可。当本书即将付梓,由衷感谢关心并帮助我的人们。更由于宣传部相关领导的推动、百花出版社从上到下的支持、沽上多位新朋老友的鼓励襄助,才使《天津随谈》圆满问世。特别是百花文艺出版社汪惠仁总编题写书名,本书编辑胡晓童精心付出,剪纸技艺非遗传承人尚君提供力作,为这本读物格外添增光彩。

　　不多赘言,全在心里了!

张春生

成稿于 2021 年 12 月 8 日

订正于 2022 年冬